姚群峰／著

# 自动销售

## 数字时代打造畅销产品的15个秘诀

SELF
SELLING

企业管理出版社
ENTERPRISE MANAGEMENT PUBLISHING HOUSE

图书在版编目（CIP）数据

自动销售：数字时代打造畅销产品的 15 个秘诀 / 姚群峰著 . —北京：企业管理出版社，2023.10

ISBN 978-7-5164-2883-2

Ⅰ.①自… Ⅱ.①姚… Ⅲ.①产品营销 Ⅳ.① F713.50

中国国家版本馆 CIP 数据核字（2023）第 159229 号

| | |
|---|---|
| 书　　名 : | 自动销售：数字时代打造畅销产品的15个秘诀 |
| 书　　号 : | ISBN 978-7-5164-2883-2 |
| 作　　者 : | 姚群峰 |
| 策　　划 : | 刘玉双 |
| 责任编辑 : | 刘玉双 |
| 出版发行 : | 企业管理出版社 |
| 经　　销 : | 新华书店 |
| 地　　址 : | 北京市海淀区紫竹院南路17号　邮　　编:100048 |
| 网　　址 : | http://www.emph.cn　电子信箱:metcl@126.com |
| 电　　话 : | 编辑部（010）68701661　发行部（010）68701816 |
| 印　　刷 : | 三河市荣展印务有限公司 |
| 版　　次 : | 2023年10月第1版 |
| 印　　次 : | 2023年10月第1次印刷 |
| 开　　本 : | 700毫米×1000毫米　1/16 |
| 印　　张 : | 20印张 |
| 字　　数 : | 307千字 |
| 定　　价 : | 80.00元 |

版权所有　翻印必究　·　印装有误　负责调换

# 序言

## 引爆流行，你也可以

### ——打造畅销产品，实现自动销售

◇ **数字时代的市场环境变化**

近年来，随着中国经济由高速增长阶段转向高质量发展阶段，企业的市场环境发生了深刻变化，最大的变化是数字时代来临，新冠疫情与5G建设加快了经济社会数字化转型进程。

数字时代，市场环境有三大特点。

（1）存量竞争

改革开放以来，中国经济社会快速发展，人口红利巨大，企业通过广告、渠道与促销等营销手段，可以建立品牌认知，获取新客户，实现业务增长。

当前，各行各业都进入了存量竞争时代——随着人口红利逐渐消失，大部分行业的产能过剩，增量客户趋于枯竭，这导致市场竞争异常激烈。

（2）新媒体

一是社交媒体、短视频及直播等十分流行；二是媒体与用户的注意力日益碎片化，甚至粉尘化；三是人人都是媒体，人们分享信息、参与传播更加快捷与普遍。

（3）新消费

人们对美好生活的向往使得需求层次增加。一是消费升级，人们追求品质与个性化；二是年轻人追求新潮与精神享受；三是消费者主权崛起，消费者追求参与权、话语权、选择权。

今天是最好的年代（数字化、新媒体、新消费），也是最坏的年代（经济增速下降、存量竞争、碎片化），怎样应对剧烈变化的市场环境，是企业经营者必须回答的关键问题。

## ◇ 数字时代的营销模式创新

传统营销模式是"广告为王""渠道为王""促销为王"；数字时代，企业策划价值、创造价值、宣传价值的方式发生了变化。利用传统营销模式吸引用户注意力变得越来越困难，营销效率越来越低，广告失效，渠道瓦解，促销不灵，获客成本越来越高，探索数字时代的新营销模式成为当务之急。

那么，数字时代的新营销模式究竟是什么呢？企业要围绕存量竞争、新媒体、新消费，重新构建企业和消费者的关系，放弃以企业和产品为中心的旧营销模式，采用以客户为中心的新营销模式。

数字时代，消费行为模型是"知晓—兴趣—购买—忠诚—推荐"，那么，新营销模型就是：

$$营收增长 = 知晓 \times 转化 \times 客单价 \times 复购 \times 推荐$$

根据新营销模型，企业的营销战略要回答三个问题。

（1）如何提高知晓率？

让客户知晓、产生兴趣，也就是吸引流量、提高曝光度。这涉及策划营销活动，吸引客户注意力，让客户谈论分享，从而提高品牌知名度，吸引目标客户。

（2）如何提高转化率？

说服客户购买，也就是让流量价值变现。这涉及如何进行产品策划与包装，让产品好卖，典型的思路如直击客户痛点，抢占客户心智，最终提高营销效率。

（3）如何提高复购率与推荐率？

让客户重复购买、宣传推荐，也就是让客户与企业形成长期连接，实现客户价值最大化。这涉及怎样培育忠诚客户（即私域流量），怎样让客户主动推荐（即社交裂变）。

这三个问题的答案，就是新营销模式的内涵。

## ◇ 新营销模式的本质：病毒营销

病毒营销，又称自动营销，就是营销信息像病毒一样自我复制与扩散，实现信息自动传播、产品自动销售、客户自动增长，最终引爆市场流行。可见，病毒营销的获客成本低，营销效率高。

病毒营销包括三个领域，即策划域、产品域、客户域。这三个领域的任务不同：策划域的任务是营销策划要"巧"，策划的营销活动富有感染力，营销信息能像病毒一样自动传播；产品域的任务是产品要"好"，产品直击客户痛点、品质卓越、体验非凡，能够自动销售；客户域的任务是客户关系要"铁"，客户成为忠诚粉丝并主动进行宣传推荐，企业实现自动获客、自动增长（如图1所示）。

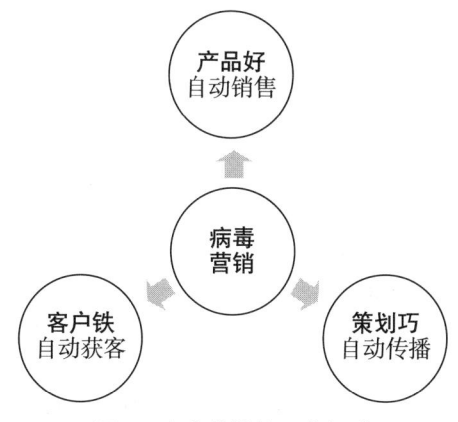

图1　病毒营销的三大领域

结合新营销模式的内涵，可以发现，策划域要提升客户"知晓率"，产品域要提升"转化率"，客户域要提升"复购率"与"推荐率"。

因此，新营销模式的本质是病毒营销。

产品是 1，是根本；营销策划和客户关系是 0，对产品有放大作用。

产品好，营销策划和客户关系也好，就是 10、100、1000……产品就能引爆市场流行，快速占领市场。

产品好，却不重视营销策划以及客户关系维护，也难以有可观的销量，因为"酒香也怕巷子深"。

产品不够好，营销策划和客户关系好，或许能风光一阵子，但最终会露出真面目，结局还是 0。

产品很普通，凭借营销策划和客户关系好，能在市场上掀起波澜，如果产品能够不断改进，通常也能引爆市场流行。

本书是病毒营销之产品域的"武功秘籍"，探讨产品怎样"好卖"——怎样打造具有病毒性的产品，实现自动销售。

## ◇ 提供好卖的畅销产品，是企业的根本任务

企业的根本任务是为市场提供满足消费者需求的产品，促进社会经济的发展。世界一流企业的重要标志是产品卓越，所谓产品卓越，就是产品能给消费者提供更多的价值，表现为畅销、好卖。

随着移动互联网的快速发展，微博、微信、抖音、今日头条等媒体平台兴起，信息透明，广告宣传、渠道经销、物流仓储等环节被压缩，流通费用减少，企业与消费者的沟通成本降低，沟通效率提高。企业不能再过度倚重广告宣传、渠道经销、促销推广的传统模式，要致力于打造"好卖"的产品——让产品在市场上畅销起来。

iPhone 价格很高，但其销量全球领先；同仁堂已有三百多年的历史，到今天还是一个知名品牌；麦肯锡从不打广告，客户如果想咨询，得自己找上门去。

桃李不言，下自成蹊。只要打造出真正好卖的产品，产品能够自己卖自己，企业甚至无须花钱打广告、组建销售团队，客户就会纷至沓来，投资人也会踏破门槛。如果产品不好卖，不能自动销售，企业即便"烧钱"做广告、

打价格战，去客户面前努力推销，也难有效果。

## ◇ 怎样打造好卖的产品，实现自动销售？

大家都知道产品好卖很重要，也都希望产品能自动销售，但是，迄今为止，在打造病毒性产品、实现产品自动销售方面，还没有人总结过方法论，广大产品经理、营销经理迫切希望打造好卖的产品，却缺乏科学的指导方法，尚处于摸索、试错阶段。

在三十余年的营销策划实践中，笔者负责或参与过百余个产品创新项目，既有成功的经验，也有失败的教训。十余年来，笔者聚焦于病毒营销策划领域，初步探索出打造病毒性产品、实现产品自动销售的方法论，包括目标、路径、驱动力、方法，整理成这本书。

## ◇ 自动销售的原理与方法

本书包括四部分内容。第一部分是基本原理；第二至第四部分介绍策划病毒性产品、实现自动销售的15个秘诀，从营销职能的角度看，这些秘诀分别属于策划价值、创造价值与宣传价值的板块。

第一部分介绍自动销售的原理，包括营销的本质、自动销售的模型及驱动力——六大病毒效应。

第二部分介绍怎样策划价值、实现自动销售，包括秘诀1至秘诀5：把握发展趋势；创新商业模式；洞察客户痛点；掌握使用场景；设计价值主张。

第三部分介绍怎样创造价值、实现自动销售，包括秘诀6至秘诀9：提供非凡体验；打造卓越品质；产品简捷化；产品社交化。

第四部分介绍怎样宣传价值、实现自动销售，包括秘诀10至秘诀15：打造心智定位；打造产品卖点；塑造品牌价值；品牌人格化；起个好名字；设计品牌口号。

理论源于实践、高于实践，任何理论都难以与具体实践完全吻合。营销是一门实践艺术，本书试图将产品营销策划方法体系化、科学化、工具化。本书提出的自动销售模型包括 1 个目标、2 个路径、6 个驱动力、15 个秘诀，为笔者创造的理论模型，或有瑕疵，恳请读者朋友批评指正。

姚群峰

二〇二三年六月

# 目录 CONTENTS

## 第一部分
## 自动销售的原理：产品具有病毒性　　　　　　　　　　　　　1

### 原理1　营销的本质：自动销售　　　　　　　　　　　　　　3

传统营销模式无法让企业走出困境。数字时代，企业经营理念需要回归创造客户、创造价值的本质，深刻认识营销工作的根本目标——打造好产品，使产品好卖，实现自动销售。

### 原理2　自动销售模型　　　　　　　　　　　　　　　　　　18

自动销售的市场表现是产品好卖，具有病毒性。运用15个秘诀，打造六大病毒效应，做到"人引人""货叫人"，即可实现产品自我销售。

产品病毒性的强弱主要取决于转化率与曝光度的高低，转化率与策划价值、创造价值的9个秘诀有关，曝光度与宣传价值的6个秘诀有关。

### 原理3　病毒效应：自动销售的驱动力　　　　　　　　　　　28

打造病毒性产品，实现自动销售，有两条路径："人引人"——用户吸引用户；"货叫人"——产品吸引用户。

要实现"人引人""货叫人"，就要在产品策划时克服知识诅咒效应，发挥口碑效应、网络效应、简单效应、模仿效应与从众效应。这六大效应统称病毒效应，是产品病毒性的源泉和驱动力。

## 第二部分
## 策划价值，实现自动销售　　　　　　　　　　　　　　　　　55

### 秘诀1　把握发展趋势　　　　　　　　　　　　　　　　　　57

策划新产品时，首先要顺势而为——把握社会演变、技术进步与市场需求发展的潮流，顺应消费升级、创新浪潮、数字化转型与行业跨界融合等趋势，这样才能乘风而起——新产品的市场空间大，容易培育竞争优势，销售起来也容易。

## 秘诀 2　创新商业模式　　　　　　　　　　　　　　　　74

企业策划产品时，首先要创新商业模式，即利用信息技术优化产业价值链，重构行业成本结构。当前，商业模式创新的主要方向包括免费经济、短路经济、平台经济与共享经济等。

新产品具有创新的商业模式，就容易建立竞争优势，获客成本低。

## 秘诀 3　洞察客户痛点　　　　　　　　　　　　　　　　91

策划新产品的核心任务是洞察客户痛点，确保新产品针对客户的强需求。数字时代，企业要挖掘客户数据，洞察个性化需求，掌握找准客户痛点的各种方法，通过融入客户生活了解客户痛点。

## 秘诀 4　掌握使用场景　　　　　　　　　　　　　　　　114

场景化的产品，紧密贴合消费者的需求，消费者容易接受，能实现自动销售。

企业要掌握客户的消费场景，基于场景开展营销与产品创新。掌握消费场景的捷径是与客户共创价值，包括加强与客户互动交流、将客户纳入价值创造过程。

## 秘诀 5　设计价值主张　　　　　　　　　　　　　　　　131

营销的核心任务是给客户制造认知。策划新产品时，企业要控制消费者的认知，激发新的需求，设计并宣传价值主张——产品给客户提供什么样的价值。这样一来，消费者就会主动追逐新产品，新产品由此实现自动销售。

# 第三部分
# 创造价值，实现自动销售　　　　　　　　　　　　　　145

## 秘诀 6　提供非凡体验　　　　　　　　　　　　　　　　147

数字时代，客户体验成为竞争优势的重要来源。客户体验能够实现产品与服务的差异化，提升客户黏性。通过创新打造非凡体验的方法包括产品设计创新，体验注入情感，产品外观、产品包装、门店定位以及产品使用方法创新等。

## 秘诀 7　打造卓越品质　　　　　　　　　　　　　　　　　163

企业为客户创造价值，关键是提供品质卓越的产品。这要求企业推进数字化转型，降本增效提质，并发挥精益求精的工匠精神。

超预期的产品品质与服务体验，能感动客户，使其主动为企业宣传，产品实现自动销售。

## 秘诀 8　产品简捷化　　　　　　　　　　　　　　　　　　189

产品要简单化、标准化、快消化，种类要少而精，服务要方便快捷，这样才能降低理解成本和使用门槛，节省消费者的时间和精力，消费者会快速购买，产品信息容易传播，企业不用费力推广，消费者会主动追逐产品。

## 秘诀 9　产品社交化　　　　　　　　　　　　　　　　　　205

产品社交化，就是使产品成为社交沟通工具，用户使用产品的行为会吸引其他人；产品外显化，就是使产品公共化，容易被人看见，用户使用产品就是在宣传产品。产品实现了社交化、外显化，就能自我传播、自动销售。

# 第四部分
# 宣传价值，实现自动销售　　　　　　　　　　　　　　　221

## 秘诀 10　打造心智定位　　　　　　　　　　　　　　　　223

对于新品牌、新产品，企业可以使其成为某个新品类或新特性的代表，在消费者心智中占据一个位置。企业还要减少客户购买顾虑，建立客户信任，降低客户的购买风险，使客户快速购买。

## 秘诀 11　打造产品卖点　　　　　　　　　　　　　　　233

企业向客户宣传产品价值，关键是设计与传播产品卖点，就是结合产品的特性与优点，提炼产品能给客户带来的好处，并通过营销宣传活动向客户传递购买理由，以打动消费者，使其下决心购买。

## 秘诀 12　塑造品牌价值　　　　　　　　　　　　　　　255

营销就是沟通，而品牌是沟通的工具。瞄准消费者的痛点，有针对性地宣传相应的价值主张，塑造品牌的核心价值（功能价值、情感价值或者社会价值），使品牌在客户心中形成独特的记忆或联想，使产品实现自动销售。

## 秘诀 13　品牌人格化　　　　　　　　　　　　　　　　272

塑造品牌形象的关键是使品牌人格化，即建立拟人化的个性，形成独特而鲜明的形象，包括设计品牌角色、品牌个性以及品牌原型。人格化品牌受到消费者的喜爱，容易与消费者建立联系，实现心灵沟通。

## 秘诀 14　起个好名字　　　　　　　　　　　　　　　　285

名字是产品与品牌的重要组成部分，用来与消费者进行沟通，传播产品与品牌的价值。

好名字能给人美好、深刻的印象，具有内在传播动力，能够提高沟通效率，使产品实现自动销售。

## 秘诀 15　设计品牌口号　　　　　　　　　　　　　　　293

企业要设计精练的品牌口号，传播品牌的价值主张，激发消费者行动起来。

品牌口号要有客户视角，聚焦于一点，传达具体利益，还要简单直接、生动具体。优秀的宣传语具有内在传播动力，既能打动消费者，使其下决心购买，又能提高沟通效率，方便客户将产品推荐给别人，使产品实现自动销售。

## 参考书目　　　　　　　　　　　　　　　　　　　　　307

# 第一部分

## 自动销售的原理
## 产品具有病毒性

本部分介绍自动销售的背景、本质、模型和驱动力（如图 2 所示）。营销的目标是自动销售，就是使产品"好卖"，具有病毒性；实现产品自动销售的路径是"人引人""货叫人"；驱动力是六大病毒效应。

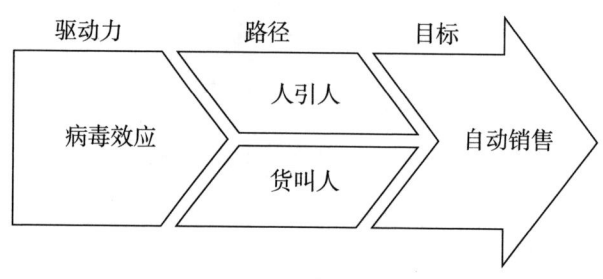

**图 2　自动销售**

## 原理 1
# 营销的本质：自动销售

传统营销模式无法让企业走出困境。数字时代，企业经营理念需要回归创造客户、创造价值的本质，深刻认识营销工作的根本目标——打造好产品，使产品好卖，实现自动销售。

## 一、数字时代，产品为王

当前，数字经济成为推动经济增长的主要引擎。所谓数字经济，就是以数据资源作为关键生产要素，以现代信息网络作为重要载体，以信息通信技术的有效使用作为效率提升和经济结构优化的重要推动力的一系列经济活动。

数字化，就是利用数字技术驱动业务活动。数字化不仅改变了人们的生活，而且改变了企业的营销模式。

### 1. 数字化改变了人们的生活

（1）数字化改变了信息传播方式

传统媒体时代，主要传播机制是"传播"。媒体担任"守门人"角色，负责筛选信息，媒体传播什么，消费者就看什么。企业营销经理的核心工作是打广告、树品牌，消费者借此了解有哪些产品及产品的功能和卖点。

到了 PC 互联网时代，增加了一种传播机制叫"搜索"。消费者可以主动搜寻自己想要的资讯或商品。营销经理开始购买关键词，做搜索引擎营销（SEO/SEM）。

到了移动互联网时代，又增加了一种传播机制叫"推荐"。网络平台会搜集大量的用户数据，利用算法判断用户的喜好，并给用户推荐个性化内容。

（2）数字化改变了信息获取方式

在过去信息匮乏的年代，人们主要依赖电视、报纸等媒体的单向灌输来获取信息，广告轰炸的效果显著，一则央视广告可能影响几亿人，品牌的广告语如果成为流行金句，可以确保品牌产品多年畅销无阻。

今天是信息大爆炸时代，媒体环境发生了巨大变化，电视、报纸等媒体的受众大幅减少，手机成为人的"新器官"，信息来源从单一转变为多元，信息内容碎片化甚至粉尘化，各种新闻、资讯、广告像粉尘一样无处不在，人们却难以记住。广告轰炸的成本极其高昂，而且难以突破平台壁垒和消费者的认知屏障。今天，人们不仅拥有更多元的信息平台，而且掌握了信息获取的主动权，人们可以自行搜索，在社交媒体上参与话题讨论，各大内容平台还会筛选、推荐让用户更感兴趣的内容。

（3）数字化改变了社交方式

人们拥有多个社交媒体账号，可以更方便地和朋友、企业（品牌）连接。人们在网上分散在各种各样的小圈子里，如社区、群组。企业开展营销宣传时，不能只关注曝光，还应该考虑怎样破圈，打破不同平台之间的壁垒和人际圈层。品牌建设不能只追求知名度，还应该考虑怎样与消费者建立连接，把消费者变成粉丝。

（4）数字化改变了消费方式

消费者可以随时随地买东西，除了实体店，人们可以在电商平台买，在看直播时买，在刷视频时买，在阅读文章时买，在微信群里买，购物渠道变得极其多元。

## 2. 企业营销工作陷入困境

中国企业的传统营销模式，简而言之，就是先研发、设计、制造出产品，再想方设法将产品推销出去。推销的方法主要如下：在户外广告牌、电视、报刊等传统媒体，以及网站、微博、微信等新媒体上打广告，向人们展示产品的优势；购买百度关键词；找明星代言；制造噱头，开展各种公关活动；打折、降价、赠送；雇用销售人员；等等。

很多企业家迷信营销、崇拜营销，却对产品不够重视，经营理念是"广告为王""渠道为王"，认为只要大胆投入广告费和渠道佣金，就能把二流产品卖得比其他同等产品好。一双运动鞋生产成本是 50 元，商场零售价是 300 元，加价部分中，广告宣传费与渠道佣金占比很大。很多创业者重营销、轻产品，热衷互联网炒作，拿钱"砸"市场，花费大量资金打广告、买流量、做促销，疯狂"烧钱"，陷入迷途。

随着数字时代的到来，很多企业的营销工作陷入困境，主要表现在以下几个方面。

（1）传统营销模式面临多重挑战

首先，传统营销模式的宣传效果差。移动互联网使信息趋于透明，消费者容易比较价格，这使广大企业不可避免地陷入价格战、广告战。

其次，传统营销模式难以吸引与留住用户。数字时代，用户注意力碎片化、稀缺化，媒体难以吸引用户注意力，这使得企业的获客成本（Customer Acquisition Cost，CAC）居高不下，营销效率低下，即使能侥幸获得一些用户，也难以真正留住用户。例如，顾客想在淘宝上买一双运动鞋，一般会直接以类似"男运动鞋"这样的关键词进行搜索，往往不会记住自己是在哪家店购买的。网店相对于实体店难以树立品牌、沉淀客户，这导致网店经常要花钱买流量、买页面、搞促销等，货卖了却赚不到钱，获客成本大大提高，亏损成为普遍现象。

最后，购买过程复杂化。消费者不再被动地接收营销信息，购买过程复杂化和碎片化，每个决策阶段都要经历多个触点（与品牌的互动点）。

（2）线上获客成本越来越高

互联网流量红利逐渐消失，网上获客成本越来越高。前些年，网上商家数量较少但流量较大，网店的获客成本较低；现在，淘宝、京东、拼多多等电商平台上已经没有自然流量了，数千万家网店都在想方设法让自己的排名往前靠。2022年，阿里系电商的获客成本达929元/人，同比增长234%。

（3）营销模式创新的效果不及预期

当前，大多数行业都进入同质化、超竞争阶段，互联网对各行各业的冲击、颠覆也愈演愈烈。在这种背景下，很多企业家热衷于"互联网营销""数字化转型"，跟风进行"模式创新"，"砸钱"建平台、拉队伍，微博营销、微信营销、社群营销、网红营销……折腾了好几年，却没有效果。

今天，不管是价格战、广告战、渠道战与拉关系的传统营销模式，还是以"互联网营销""数字营销"等名义进行的各种"营销创新"，都没有让企业走出困境。

### 3. 数字时代，让产品自己说话

与这个瞬息万变的数字时代相适应的营销模式究竟是什么？

其实，不管在什么时代，都要遵循基本的商业规律。我们先依据基本的商业规律初步分析一下。

（1）营销模式的核心是定倍率

商业社会进入成熟期之后，各个行业的生产与流通环节的合作格局、利益分配趋于稳定，各种产品逐渐形成了特定的定倍率，就是零售价相对于成本价（生产成本）的倍数。

$$定倍率 = 零售价 \div 成本价$$

定倍率反映了交易成本的高低。

传统商业的交易成本非常高，需要完成很多环节才能达成交易——寻找用户；与用户沟通，让用户关注、产生兴趣以及信任；收款；物流；等等。这些都需要付出代价，零售价与生产成本之间的那部分主要不是利润，而是营销成本（宣传费、渠道费和人员成本等）。

例如，一双运动鞋的生产成本是50元，商场零售价是300元，定倍率就是6。一般而言，个性化产品的定倍率比较高。据统计，中国市场上产品的平均定倍率大约是4，鞋类、服装是5～10，眼镜、首饰、化妆品达到20以上。

传统的营销模式，就是用高定倍率支撑高昂的广告宣传费与渠道费。化妆品行业的广告费、明星代言费较高，服装、眼镜行业的渠道费（库存和佣金）较高。例如，服装零售店每销售1件衣服，大概需要3件库存，库销比高达3∶1，服装的定倍率达到5～10；眼镜店通常会就常见度数的镜片和各种镜架备库，眼镜的定倍率超过20。

（2）互联网降低了定倍率

互联网降低了信息的不对称程度，使生产与流通成本降低，企业策划价值与宣传价值的效率提高。企业可以快速、及时地接近市场，大大提高与消费者的沟通效率，从而开发出更能解决用户痛点问题的产品；互联网大大压缩了广告宣传、渠道等方面的费用，信息传播成本降低，导致产品价格降低，产品知晓率提高，产品的市场表现越来越取决于产品本身，好产品可以获得更多的用户。

互联网对各行各业的颠覆，核心就是降低定倍率。消费者在线下花300元购买产品，其价格中可能包含50元的制造成本（创造价值的生产环节）和200元的销售费用（宣传价值、传递价值的流通环节）；移动互联网和电子商务实现了产销直接联系，不需要中间商，库存成本、渠道成本及营销宣传成本大幅降低，从而降低了产品的定倍率——产品比以前做得好，价格比以前低，同样的产品，在网上可以只卖150元，品质却比原来同价格的产品好一倍（100元用于创造价值）。小米手机刚上市时，手机行业的定倍率大约是2，而小米把定倍率大幅降低，甚至接近1，即手机按照稍高于生产成本的价格销售，很快，小米手机便跃居销量排行榜前列。

（3）好产品自己会说话

移动互联网时代，信息透明且传播速度非常快，"垃圾产品"没有了生存空间，过度营销、忽悠消费者的做法已经行不通了。广告大师威廉·伯恩巴克（William Bernbach）说过："为低劣的产品做广告，只会加速它的一败涂地。"产品不好，过度倚重广告宣传，只会让自己臭名远扬。

杰夫·贝佐斯（Jeff Bezos）讨厌广告，他因为贬低广告的作用而名噪一时。他曾称广告是"当你的产品不引人注目时，你所支付的价格"。

乔布斯认为，科技企业的最大危机是垄断后开始孤傲，不再专注于提升产品，不再为用户考虑，而是更看重市场营销。

埃隆·马斯克（Elon Musk）曾声称，特斯拉不做任何广告，也不支付任何明星代言费，而是用这些钱来打造伟大的产品。

好产品不需要推广，就像智能手机，一经推出，很快就普及全球。如果你的产品推出去不能快速抓住用户，肯定是产品不够好，一定要好好思考自己的问题。

好产品自带宣传功能，产品本身就是强大的宣传工具，麦当劳、星巴克很少做广告，产品却一直畅销。星巴克唯一的宣传工具就是产品——咖啡和咖啡店。前些年，虽然很少见到日本商家做广告，但很多人照样坐着飞机去日本抢马桶盖，背电饭锅，买化妆品。

企业要坚决转变重宣传、重渠道的传统营销模式，下决心回归商业的本质，回归产品价值，用心打造好产品。

---

## 📝 案例　　　　星巴克：畅销的秘密

星巴克畅销的秘密很多，最大的秘密就是坚持提供优质的产品与服务，采取多种措施确保咖啡的品质，包括采购优质的咖啡豆、制订严格的生产作业流程等。

星巴克让每位员工都承担宣传品牌的责任，通过与顾客交流有关咖啡的专业知识，赢得顾客的信任与口碑。星巴克不花钱打广告，却愿意将钱投资到员工身上：对员工进行知识和技能培训，使其成为"咖啡通"；提高员工福利水平，提升员工的积极性。

## 二、企业与产品的本质

数字时代，依靠好产品就能走出当前的市场困境吗？我们先来探讨一下企业和产品的本质。

### 1. 企业的使命：通过提供价值来创造客户

人们通常认为，企业的使命是盈利，其实这是错误的认识。被誉为"现代管理学之父"的彼得·德鲁克指出，企业的使命是创造客户。客户原本是不存在的，是企业和企业家通过对市场和客户需求的洞察，开发出产品或服务，从而创造了客户和市场。盈利只是企业为客户提供价值的"副产品"，它是结果，而不是目的。如果企业一味注重盈利，可能会误入歧途。在经济衰退时期，有些企业为了维持盈利而偷工减料、削减成本，这会使其陷入泥潭，甚至破产倒闭；有些企业致力于提高产品质量或服务水平，经营状况会比前者好得多。

所谓创造客户，就是洞察需求、研发生产产品，传播价值并提供让客户满意的产品，最终满足客户的需求。可见，创造客户的本质，就是解决客户的问题，为客户提供价值，并在此过程中成就自我——获得合理的利润（如图3所示）。

| 策划价值 | 创造价值 | 宣传价值 | 满足需求 | 盈利 |
|---|---|---|---|---|
| ·洞察需求<br>·价值主张 | ·研发生产<br>·品质体验 | ·购买理由<br>·制造认知 | | |

图3 企业的使命：创造客户

企业要回归创造客户的初心，提供更多满足市场需求的好产品。

1998年，海尔发现洗衣机在某地不好卖，投诉多，调查发现当地盛产地瓜，人们用洗衣机洗地瓜导致下水管堵塞。对此，海尔不是教育消费者，而是研发能洗地瓜的洗衣机。五菱汽车也一样，老百姓要拉货，车身加长；老百姓要上山，底盘加高；老百姓要好看，前脸变美：五菱汽车声称，消费者需要什么，五菱就造什么。

## 案例　　　　家得宝"变态"式满足客户

在一次关于客户对热水器品牌态度的调查中，家居用品超市家得宝（The Home Depot）的客户经理询问客户喜欢哪些热水器品牌。

在客户反馈的名单中，通用电气（GE）牌热水器名列第三。实际上，通用电气根本就不生产热水器。遇到此情此景，很多企业会一笑了之，认为客户记错了。

家得宝的做法是：说服热水器领先厂商瑞美（Rheem）为家得宝独家生产某款热水器，并说服通用电气允许其使用品牌，通用电气负责售后服务和零部件业务，家得宝支付相关费用。后来上市的通用电气牌热水器销售大获成功。

客户说你没有你就没有，有也没有；客户说你有你就有，没有也要想办法做出来。

（1）什么是客户需求

我们先区分一下需要、欲望、需求这三个概念。需要源于人们心理或者生理上的缺失感，人们想用一些东西来弥补。欲望就是获得用于弥补这种缺失的具体产品或服务的想法。需要是抽象的，可以分为若干层级，而欲望是具体的。需求是一个经济学术语，是指给定某一种产品的价格之后，会有多少客户愿意花钱购买该产品。举个例子，你想放松一下，你的需要是娱乐；满足娱乐这个需要，有多种具体方式，从而形成欲望，例如看电影、看电视、打扑克、打麻将、玩游戏等；由于每个人的兴趣不同，不同的娱乐方式，愿意花钱购买的人数也就不同。很多人都有娱乐的需要，有些人的欲望是看话剧，但票价太贵了，需求较低。

本书对需要和需求这两个概念不进行严格区分，对客户、用户和消费者这几个概念也不进行严格区分。

客户需求，源于客户当下面临的任务、问题与焦虑。

任务比需求更能说明用户的根本动机。从任务的视角来看，竞争不一定是同行之间的事——电话能让用户更快地与外地的人取得联系，再快的汽车也无法在这一点上跟电话相抗衡。

（2）根据核心需求定义所属行业

现代营销学奠基人、美国哈佛商学院教授西奥多·莱维特（Theodore Levitt）指出，企业要根据自己满足的核心需求来定义自己所属的行业，这样才不会犯"营销近视症"，实现基业长青，例如，铁路业的衰落是因为行业主管人员认为自身属于铁路业而非交通运输业。

按照这个思路，福特不属于汽车业，而属于独立和自由行业；大多数餐馆属于体验行业而非食品行业；服装鞋子属于时尚行业，而非鞋类行业。美国通用汽车公司凯迪拉克事业部总监德雷斯沃说过，凯迪拉克汽车的竞争对手不是雪佛兰汽车、福特汽车，而是钻石和貂皮大衣，因为客户购买的不是"交通工具"，而是奢侈品带来的"社会地位"。由于数字技术带来的颠覆，柯达不再属于照相业与电影业，而应属于捕捉和保留记忆的行业。

你的企业从事什么业务？你的企业销售的是什么？你的客户购买的是什么？这些都不是简单的问题。

## 2. 产品提供解决问题的手段

西奥多·莱维特说："人们想要的其实并不是一个1/4英寸[①]的钻头，他们想要一个1/4英寸的洞！"买电钻其实就是为了买墙上的洞，使用电钻只是打洞的手段。其实，客户需要的也不是墙上的洞，而是把照片挂到墙上。再进一步分析，客户真正需要的是回忆往日时光。

客户掏钱购买产品的原因是产品能为客户解决问题。德鲁克说："客户购

---

① 英寸：英美制长度单位，1英寸约等于2.54厘米。

买的从来不是产品本身,而是对需求的满足。但是,制造厂商不能制造出一种价值来,只能制造出一种产品。所以,制造厂商认为有价值的东西,对于客户来说可能是不相干的东西或纯属浪费。"

消费者需要的不是产品,而是问题的解决方案。消费者生活中有很多问题要解决,他们需要用不同的产品来解决问题。每家企业都应该不停地问自己:客户购买我的产品,究竟是为了解决什么问题?

产品的本质是客户价值。客户购买的不是产品本身,而是产品能给他带来的好处。产品创新的出发点,不是客户或者产品本身,而是客户需求——客户要解决的问题,即客户用产品干什么。

以客户为中心,就是以客户要解决的问题为中心,而不是以他们的年龄、收入为中心。企业要找出客户面临的问题,帮助客户更好地解决问题——这样的产品才能为客户提供价值。

## 三、营销的本质

虽然"营销"这个词天天被人们挂在嘴边,但很少有人能够说清楚营销是什么。

有的人认为营销是做广告,有的人认为营销是炒作,有的人认为营销是打折促销,有的人认为营销是人员推销。其实,这些都与营销相关,但都不是营销的本质。

### 1. 营销的职能:策划价值、创造价值与宣传价值

(1)营销的出发点是客户价值

1963年,密歇根大学杰罗姆·麦卡锡教授提出了以产品为导向的市场营销4P理论[产品(Product)、价格(Price)、促销(Promotion)、渠道(Place)],将营销理论简化成模型框架,便于记忆和传播。

4P理论的根基是理解和满足客户需求,而提供产品是满足客户需求的手段。价格是产品的价值表达,渠道是产品的通路呈现,促销是产品的信息沟

通。价格依附于产品，渠道放的是产品，促销讲的是产品。

1990 年，罗伯特·劳特朋教授将关注点从产品转移到客户，提出了以客户为导向的 4C 理论 [ 客户需求满足度（Consumer Need Satisfaction）、成本（Cost）、沟通（Communication）、便利（Convenience）]，他指出如下几个要点。

①客户不关心产品是什么，他只在乎自己的需求是否得到满足。

②客户不关心你怎么定价，他只在乎能否节约自己的成本。成本包括显性成本（付出的金钱）与隐性成本（时间、精力等）。

③客户不关心你搭建了哪些渠道，他只在乎自己买东西是否便利。

④客户不关心你怎么宣传促销，他只在乎沟通的效率和信息的有效性。

4C 理论的核心是"以客户为中心""客户价值"。一切从客户出发，为客户提供价值，由客户的偏好决定企业的努力方向和资源投入，培育企业的资产和核心能力，这样的企业才能拥有市场能力并持续成长。

（2）营销就是为客户策划价值、创造价值，向客户宣传价值

产品不好卖，无外乎两个原因：一是客户觉得产品没价值，自己不需要；二是客户不知道产品有什么价值。因此，营销的基本任务就是通过策划价值、创造价值和宣传价值来赢得客户并留住客户。

①策划价值。在新产品立项时，掌握目标客户需求，聚焦于客户的问题、麻烦或任务，设计产品的价值主张。这样一来，客户遇到相关问题或者需要完成相关任务时，就会主动寻找、购买该产品。

②创造价值。研发制造品质卓越、客户体验优秀的产品来解决客户的问题。客户从消费产品中获得的效用（好处）要超过其所付出的代价（价格与交易成本等），效用超过代价越多，客户获得的价值就越多。

③宣传价值。在宣传推广产品时，制造认知，占领消费者心智，宣传产品（品牌）能带来的利益，使消费者"认识—认知—认同"，产生兴趣和购买意愿。

营销就是沟通。企业与客户的沟通效率高，客户容易感知产品价值，就会主动去追寻产品。营销工作就是向消费者传递信息——宣传、展示产品或品牌价值，使消费者快速"认识—认知—认同"。

## 2. 营销的目标：自动销售

**（1）营销的目的是让销售变得多余**

销售是为现有产品寻找客户；营销是一个涵盖销售，比销售链条更长、更为复杂的过程，营销不仅涉及市场需求是什么，是否可以满足这样的需求，是否生产以及生产怎样的产品，还涉及定价、宣传、渠道及销售等。

营销与销售的重点不同。销售是说服客户购买已有产品，而营销是先弄清楚客户需要什么，再研发制造产品；销售是卖自己想卖的，而营销是卖客户想买的；销售是把产品"卖好"，而营销是使产品"好卖"。因此，德鲁克指出，如果营销工作做得完美，就不需要销售了，因为产品在设计制造时已经符合潜在客户的需要。

德鲁克说："营销的目的是让销售变得多余。营销就是要深刻地认识和了解客户，确保产品或服务完全符合客户的需要，从而很自然地销售出去。"

这段话源自德鲁克1973年出版的经典著作《管理：使命、责任、实践》，原文是："The aim of marketing is to make selling superfluous. The aim of marketing is to know and understand the customer so well that the product or service fits him and sells itself."

德鲁克接着指出："理想情况是，营销创造出准备购买的客户。那样的话，只需要提供产品或服务就可以了。"也就是说，市场营销的最高境界是客户主动购买，产品自动销售。

通过思考企业、产品、营销的本质，我们发现，传统营销模式其实念歪了营销这门经，忽视了营销的本质与目标，已经误入歧途。企业营销工作要回归正途，说起来很简单——打造好产品，让产品自动销售。

**（2）产品畅销的关键：营销前置**

为客户提供价值的第一步是策划价值，就是在新产品立项时，完成产品营销策划工作，包括选择目标客户、洞察客户需求、明确使用场景、设计价值主张等，其中，核心任务是设计价值主张。价值主张，即价值定位，就是决定向客户提供什么样的价值。在开发产品之前，企业首先要明确产品的核心价值是什么，明确对哪些客户来说这是核心价值。

乔布斯曾经说过："你得从用户体验出发，倒推用什么技术，而不是先找一帮厉害的工程师把产品做出来，然后再想怎么把它卖出去。"

回归营销的本质，让产品自动销售，就要求营销前置（如图4所示），在研发生产之前完成价值策划工作。在价值策划基础上研发、设计和生产的产品，就是客户真正需要的。这样一来，企业甚至无须花大力气打广告、组建销售团队，客户就会纷至沓来。不在产品策划上下功夫，不了解客户痛点，不知道客户的使用场景，直接研发和生产产品，这样的产品就难以销售，需要花钱"砸"广告、搞公关、打价格战，纵然历经千辛万苦，也可能是竹篮打水一场空。

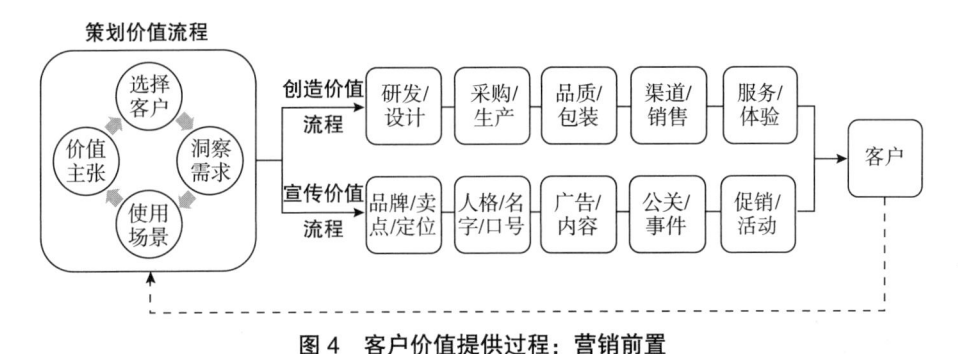

**图4 客户价值提供过程：营销前置**

苦练七十二变，笑对八十一难。美国陆军四星上将乔治·巴顿有一句名言："一品脱的汗水，可以挽救一加仑的鲜血！"[①] 这个理念演化成军事训练的经典口号——平时多流汗，战时少流血。

前期营销策划时多流汗，后期宣传与销售时就少流泪；研发制造之前多做价值策划工作，面向客户的销售工作就很容易。

---

### 案例　　杜国楹：先明确用户需求，再设计产品

传统创业者做产品，首先考虑自己有什么资源、技术以及好点子，据此

---

① 品脱、加仑均为英美制容量单位，美制1加仑等于8品脱，等于3.785升。

把产品做出来，再去找用户。

杜国楹的逻辑完全相反，是倒着做——先识别核心人群、核心需求，再设计产品。首先要识别用户，摸清用户需求和使用场景，把问题分析清楚，再系统定义产品（问题的解决方案），最后才是研发设计产品、组织生产（开工厂）、整合供应链（培育上下游）等。

二十多年来，杜国楹先后打造了5款高知名度的产品：背背佳、好记星、E人E本、8848手机和小罐茶。

1997年，他洞察到中小学生的坐姿问题，研发了背背佳，开启了全新的矫姿带品类市场。

2003年，他发现学生对英语电子词典的需求不仅是"查单词"，更重要的是能够帮助学习和记忆，便研发出好记星，提出五维记忆法，开创了英语学习机这一品类。

2009年，他针对商务人群经常做笔记的需求，开发了数字笔记本E人E本，打造中国商务平板电脑第一品牌。

2015年，他注意到企业家群体的手机需求未被满足，推出8848高端手机。老板需要一款高端的、独特的手机，既是奢侈品，可以彰显用户身份，又是工艺和科技的结合，定价在一两万元，换机时不纠结。

2016年，他发现很多高端人士没有合适的茶可喝，市场上的高价茶难辨真伪，质量没有保证，便推出小罐茶，又一次大获成功。

### 3. 自动销售的内涵

所谓自动销售，就是以客户需求为中心，在洞悉客户痛点的基础上，将产品设计得具有病毒性，通过产品吸引客户、客户吸引客户，实现产品自我销售，提高营销效率。

世界上的成功品牌，无不实现了自动销售。苹果公司每次发布新产品时，都会有成千上万的粉丝在全球各地的苹果零售店排队；同仁堂开业三百余年，依然是一个知名品牌；麦肯锡从不打广告，客户如果想咨询，得自己找上门去。

产品被用户主动推荐给朋友，实现自动销售，最终引爆市场流行——这是所有企业家、创业者梦寐以求的目标，是营销的理想状态与最高目标。在现实中，营销经常难以达到理想状态，销售工作往往还是必要的。

如果你知道自己要去哪里，全世界都会给你让路；如果你不知道自己要去哪里，任何风都是逆风。自动销售是营销工作的努力方向和最高境界，追求自动销售，可以保证营销工作方向正确，提高营销效率。

自动销售与《孙子兵法》的战略思想一致，都是战略对抗点前移。

孙子兵法的基本战略思想是"不战而胜"，即先胜后战，赢了再打，自己先做到不可战胜，立于不败之地。

《孙子兵法·军形篇》中有："昔之善战者，先为不可胜，以待敌之可胜。不可胜在己，可胜在敌。故善战者，能为不可胜，不能使敌之必可胜。故曰：胜可知，而不可为。"从前善于打仗的人，总是先创造条件使自己立于不败之地，然后捕捉战机战胜敌人。做到不可战胜，就会掌握战争的主动权，敌人出现空隙，就乘机击败他。所以，善于打仗的人能使自己不被战胜，而不能使敌人一定会被战胜。所以说，胜利可以预见，却不能强求。文中又有："是故胜兵先胜而后求战，败兵先战而后求胜。"胜利之师，总是先立于不败之地，才去打仗；失败之师提前没有准备，先同敌人交战，然后希望通过苦战侥幸取胜。

高手过招之前，胜负已定。高手会先掌握取胜的各种资源和条件，稳操胜券，才向对方宣战。而"菜鸟"在战前没有考虑清楚便开战，就算最后侥幸获胜，也会付出极大的代价。可见，不战而胜的关键是将战略对抗点前移，关注点不是放在交战时，而是放在交战前。企业经营工作也要将营销前置，在营销策划阶段充分考虑客户痛点与使用场景等因素，使产品好卖，这样上市以后，产品必然能够自我销售，轻松占领市场。

本书探索怎样打造病毒性产品，实现自动销售。

不忘初心，方得始终。营销要回到使产品好卖、自动销售的本质上来。

这真的可以实现吗？有没有科学系统的方法实现产品自动销售？产品自动销售的路径和驱动力是什么？有哪些方法与实操技巧？

本书系统阐述了自动销售的理论与方法——打造病毒性产品，让产品好卖，帮助企业打造数字时代的营销模式。

## 原理 2
# 自动销售模型

　　自动销售的市场表现是产品好卖，具有病毒性。运用 15 个秘诀，打造六大病毒效应，做到"人引人""货叫人"，即可实现产品自我销售。

　　产品病毒性的强弱主要取决于转化率与曝光度的高低，转化率与策划价值、创造价值的 9 个秘诀有关，曝光度与宣传价值的 6 个秘诀有关。

## 一、自动销售的表现：产品具有病毒性

　　自动销售是营销的目标。那么，自动销售的市场表现是什么？怎样实现自动销售？

### 1. 病毒性的内涵

　　自动销售的市场表现就是产品好卖，具有病毒性。产品具有病毒性，是指产品在进入市场后像病毒一样自我扩散、自我销售。

　　病毒一词源于流行病学，病毒性是指通过自我复制扩大自身数量的一种特征。投资 Hotmail 的风险投资家史蒂夫·朱尔维森（Steve Jurvetson）首次提出了"病毒性产品"这个概念，用来描述那些能像病毒一样自我扩散进而占领市场的产品。

　　在产品上市之前的价值策划活动中制造病毒效应，涉及选择客户、洞察

需求、明确使用场景、明确价值定位、包装设计、宣传策划等，这些工作使产品上市以后能够自我宣传、自我推荐，实现自动销售。

病毒性产品的获客成本比较低，甚至非常低。

在传统营销方式下，企业主动宣传产品，用户被动接受，是"一次销售"，即企业只能触及第一级用户，这导致大部分用户都是新用户，几乎每次销售都要靠广告、渠道或促销来拉动，因此营销费用和获客成本高。而病毒性产品是自动销售的，通过消费者的相互影响，形成连锁反应，从而实现二次销售、三次销售……，用户数呈指数型增长。可见，病毒性产品的营销费用和获客成本低。

事实上，如果每次销售都像首次销售那样依靠广告或促销来拉动，这样的企业很难在市场中生存。以广告为例，一般而言，广告最多只能影响其所覆盖人群中 20% 的人，剩下 80% 的人要靠这 20% 的人来影响。

打造病毒性产品，实现自动销售，才是真正的营销。产品没有病毒性，不能自动销售，靠"烧钱"来打开市场，其实是不懂产品营销策划的表现，纯属瞎折腾。

富有竞争力的企业，产品通常具有病毒性，能够自行发展用户——产品自动吸引消费者，消费者主动宣传产品。企业开展的广告与促销等活动，只不过起到初始刺激的作用，就像滚雪球一样，在开始时轻轻一推，小雪球自己滚起来，依靠惯性越滚越大，用户数量呈指数型增长，引爆市场流行。

Hotmail、电子贺卡网站 Blue Mountain Arts 都是早期典型的病毒性产品，用户使用电子邮箱、电子贺卡的行为就是在宣传推广电子邮箱、电子贺卡，每个用户都是产品的推广者。

---

## 案例　　Hotmail：第一款病毒性产品

Hotmail 是微软公司推出的一款可以免费使用的电子邮件服务类产品，任何人都可以上网收发电子邮件，而不受服务器的限制。Hotmail 在每一封电子邮件下面都加了一句话："请登录 www.hotmail.com，免费注册你的个人电子邮箱。"这样一来，人们使用 Hotmail 的次数越多，这一信息就传播得越广——不用花钱，Hotmail 就病毒式蔓延开来。

一旦用户使用 Hotmail，那条自我推销的广告语就会出现在用户发送的电子邮件中。只要用户没有特意将那条广告语删除，它就一直存在。苹果也采用了同样的策略，电子邮件底部标志线以下的自动宣传栏中写着"发送自我的 iPhone"。

目前，这种宣传已经成为互联网产品的普遍做法。

## 案例　　　　　任天堂的 Wii：流行的秘密

很多孩子玩游戏会上瘾，从而影响学习和身体健康，因此家长不愿意给孩子购买游戏机。传统游戏机企业的做法是到处打广告、请明星代言等，但是效果不佳。

任天堂（Nintendo）发现，如果游戏机不影响孩子的学习和健康，家长就会热烈欢迎，主动购买。2006 年 11 月 19 日，任天堂在日本率先推出了一款不影响学习和健康的游戏机——运动型体感游戏机 Wii。消费者玩游戏时，手里要拿一个体感遥控器，真正运动起来。例如，打篮球时，用户做一个投篮动作，游戏中的人物也会做相应的投篮动作；打乒乓球时，用户做一个扣球的动作，游戏中的人物也会做一个相应的扣球动作。同时，Wii 游戏机支持多人对战，全家人可以一起玩，增进亲情，人们在家中就可以轻松享受运动的乐趣。

很多家长看到朋友家里的 Wii 之后，也给自己的孩子购买。没有做广告，几乎全靠口碑传播，Wii 很快获得了大量家长的青睐，迅速流行开来，消费者甚至要提前一两个月订货才买得到。Wii 的销量远远超过当时的竞争产品索尼 PS3 和微软 Xbox 360。截至 2013 年 7 月，Wii 累计销量突破 1 亿台，成为当时全球最畅销的游戏机。

随着移动互联网时代的到来，智能手机游戏几乎取代了传统的游戏机，Wii 的时代也宣告结束了。

## 2. 影响产品病毒性的因素

产品怎样才能具有病毒性呢？我们先剖析一下典型的病毒性产品。

Hotmail 是第一款具有病毒性的产品，其特点非常鲜明。第一，简单易用。在 Hotmail 网站上，用户只要点一下鼠标，就可以进入电子邮件服务页面；只要点几下鼠标，就可以开始使用它，同时将 Hotmail 自带的广告发给朋友。第二，免费。第三，"Hotmail"这个名字引人注目，它由两个词组成，完美地诠释了产品的内涵。

典型的社交媒体公司，例如微博、微信、抖音，以及 eBay、YouTube、Facebook 与 Twitter 等，其产品的病毒性比较强，广受用户欢迎，用户会主动与他人谈论，向他人推荐，从而使产品迅速风靡市场。这些优秀产品的共同特征是：第一，真正满足了人们的需要；第二，使用方便，例如加载速度快；第三，功能简单，易学习；第四，名字简单，朗朗上口；第五，不断优化和提升客户体验。

新产品占领市场的过程与新思想的传播过程比较类似，都属于创新的扩散过程。美国新墨西哥大学教授埃弗雷特·罗杰斯（E. M. Rogers）提出了著名的创新扩散理论，他认为，影响创新扩散速度的主要因素有如下 10 项。

①群体类型。年轻、富裕和受教育程度高的群体能迅速接受新产品。

②决策类型。决策人数越少，新产品扩散速度就越快。

③营销努力。企业的营销工作会影响新产品扩散速度。

④满足需求。满足的需求越显而易见、易感知，扩散速度就越快。例如，头发稀少或秃顶者能迅速接受治疗脱发症的药物。

⑤相容性。新产品与人们的生活经历、生活方式以及价值观的符合程度越高，扩散速度就越快。

⑥相对优势。与现有产品相比，新产品越有优势，比如性能更好、成本更低、性价比更高、能带来社会声望或者便利等，扩散速度就越快。

⑦复杂性。简单易懂的东西容易扩散。新产品简单，使用方便，扩散速度就快。

⑧可观察性。消费者越容易看到他人使用新产品的状况与效果，新产品

的扩散速度就越快。可观察性强，会引人关注，使人们谈论。

⑨可试性。消费者试用新产品的成本与风险越低，扩散速度就越快。如果人们可以简单、方便地学会使用产品，或者企业为用户提供免费样品、价格优惠等，降低试用门槛，扩散速度就快。

⑩感知风险。采用新产品可能造成的后果越严重，不确定性越强，扩散速度就越慢。降低风险的方法包括展示历史成功纪录、权威机构认证或第三方证明等。

## 案例　开市客超市：流行的秘密

20世纪90年代，开市客（Costco）成立，定位为连锁会员制仓储批发卖场。2015年，开市客的销售额仅次于沃尔玛。

开市客成功的秘诀是：定位为中介服务商，依靠优质服务吸引客户，依靠老客户吸引新客户。

零售业是低买高卖，赚取差价，而中介服务是进行交易撮合，降低交易成本，收取服务费。开市客并非主要靠卖东西赚钱，而是经营客户，靠收取会员费赚钱。由于商品品质好、价格低、服务好，所以顾客愿意成为开市客的会员。很多消费者对开市客建立了绝对的信心，甚至只去开市客购物。2019年，开市客的付费会员超过9000万，会员忠诚度很高，年续费率达91%。

开市客依靠服务吸引客户、依靠客户吸引客户的主要做法如下。

①精选优质商品。开市客只卖大约4000种商品，而沃尔玛卖十几万种甚至更多的商品。开市客有庞大的采购部门，所有上架的商品都要经过层层审核。

②低价。由于商品种类少，因此可以大批量采购以降低进货价。自有品牌尽可能提高性价比；非自有品牌采用独家定制的大包装，以降低价格。

③流量经营。开市客将店铺开在商业中心附近，在美食区提供免费的酸黄瓜、洋葱，分量大，让顾客"占便宜"；提供无利润商品来吸引客流，例如4.99美元的烧鸡年销售近6000万只，消费者好评如潮，产生了好口碑；业务

范围广，高频刚需类商品较多，例如食品种类占商品种类总数的60%；开设全城最便宜的加油站，加油顺便购物，从而提高了消费者的消费频次。目前，开市客已成为全美最大的有机菜市场、红酒与汽车零售商，还提供旅游、在线图片服务等。

④安全放心。消费者购物没有任何后顾之忧，决策成本低，可以快速购买。退换货不问原因，只要不满意，随时可以退换。商品种类少、品质好、价格低，消费者不用挑选比较，不用关心质量，不用比价，看到需要的东西直接拿走，快速结账。

## 二、打造病毒性产品的自动销售模型

### 1. 自动销售模型

经过长期的营销策划研究与实践，笔者剖析了数百个畅销产品的成功经验，初步探索出打造病毒性产品的自动销售模型，其基本逻辑如图5所示。

图5 自动销售的基本逻辑

（1）1个目标：产品自动销售

（2）2个实现路径：人引人；货叫人

"人引人"，即已有用户吸引新用户，用户替企业卖产品。数字时代，人们讨厌自吹自擂、强迫性吸引注意力的硬广告，相信人际沟通，好友推荐与网友评论对消费行为的影响最大。

"货叫人"，即产品吸引用户，只要有人使用产品，就将产品传播开来。俗语"人叫人，千声不语；货叫人，点头自来"，成语"桃李不言，下自成蹊"等，都可以用来说明产品本身的吸引力对用户行为的影响非常大。

（3）6个驱动力

知识诅咒效应、口碑效应、网络效应、简单效应、模仿效应、从众效应,这六大效应统称为病毒效应,是产品病毒性的源泉和引擎。

(4)15个秘诀

笔者初步总结出打造病毒性产品、制造病毒效应、实现产品自动销售的15个秘诀。

这些秘诀大体上分别用于实现策划价值、创造价值与宣传价值的营销职能。

所谓"策划价值",就是策划好产品。本书中的秘诀1至秘诀5属于策划价值板块,可以概括为把握发展趋势、创新商业模式、洞察客户痛点、掌握使用场景、设计价值主张。

所谓"创造价值",就是研发制造好产品。本书中的秘诀6至秘诀9属于创造价值板块,可以概括为提供非凡体验、打造卓越品质、产品简捷化、产品社交化。

所谓"宣传价值",就是传播产品价值,促使客户购买。本书中的秘诀10至秘诀15属于宣传价值板块,可以概括为打造心智定位、打造产品卖点、塑造品牌价值、品牌人格化、起个好名字、设计品牌口号。

当然,上述划分并非泾渭分明,也存在交叉重叠的情况。例如,秘诀9产品社交化既属于创造价值,也属于宣传价值;秘诀10打造心智定位既属于宣传价值,也属于策划价值;秘诀13品牌人格化,也是打造品牌资产,因而既是宣传价值,也是创造价值。

自动销售模型如图6所示。

运用某个秘诀,就能产生某种驱动力(病毒效应),并通过某个路径,达到自动销售的目标。例如,通过提供非凡体验(秘诀6)、打造卓越品质(秘诀7),能产生口碑效应、模仿效应(驱动力),通过"人引人"(路径),实现自动销售的目标。

### 2. 病毒系数

(1)病毒系数:衡量产品病毒性

新冠病毒(COVID-19)的变异株奥密克戎(Omicron)的传染性很强,病毒系数大约是10(在没有防护的情况下,1位感染者平均传染10人),传播

图 6　自动销售模型

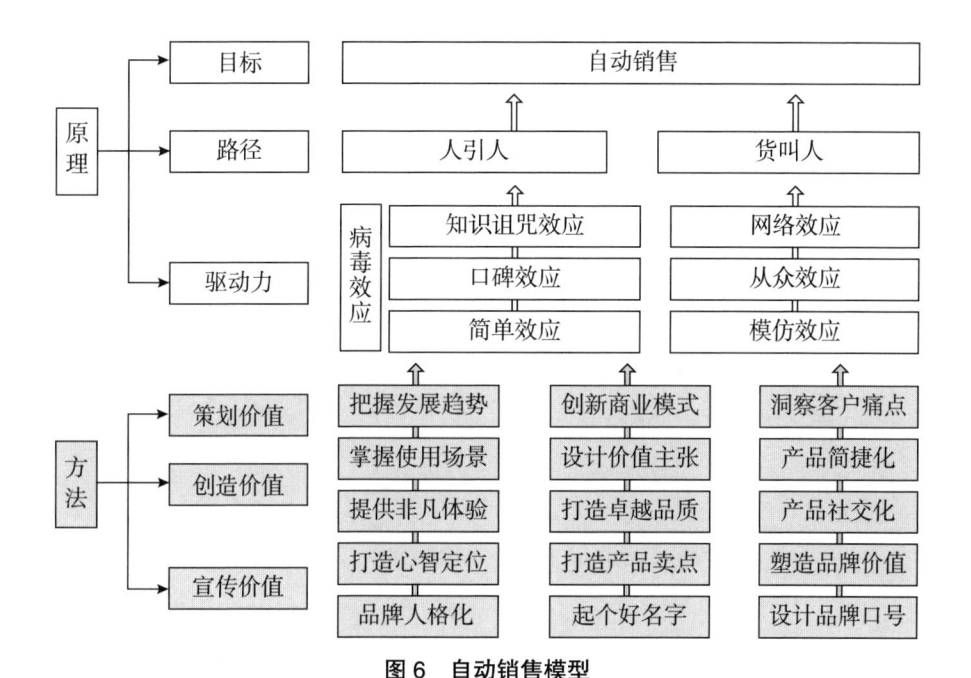

代际间隔是 2.83 天。也就是说，在没有防控措施的情况下，1 周之内 1 位感染者会传染超过 100 人，病毒传播到第 3 代，9 天感染者超过 1000 人。

我们可以用病毒系数来衡量产品病毒性的强弱，即衡量产品进入市场后的自我扩散速度、用户的自我增长速度。病毒系数，又称传播系数，是指平均每位用户能带来的新用户数。

病毒系数产生的主要驱动因素是曝光度与转化率。曝光度是指每位用户平均"感染"或者邀请的潜在用户数量。转化率是指产品"感染"的潜在用户中有多大比例转化为真实用户。产品的曝光度越高，"感染"的潜在用户越多，潜在用户的转化率越高，病毒系数就越大，产品病毒性就越强，用户增长速度就越快。

病毒系数的计算公式如下。

**病毒系数 = 曝光度 × 转化率**

我们以电子贺卡网站为例来计算病毒系数。有些人会点击鼠标向别人发送贺卡，如果收卡人也喜欢发给别人，他就会加入这一行列。假设一开始有 10 个发卡人，每个人平均给 5 个朋友发贺卡（曝光度是 5），50% 的收卡人对这个活动感兴趣并参与转发（转化率是50%），那么该产品的病毒系数为：

$$病毒系数 = 曝光度 \times 转化率 = 5 \times 50\% = 2.5$$

贺卡的病毒传播过程如下。

10个人发送50张贺卡；

其中有25人参与转发，发送125张贺卡；

其中约63人参与转发，发送315张贺卡；

其中约162人参与转发，发送810张贺卡；

其中有405人参与转发，发送2025张贺卡；

……

假设从上一轮传播到下一轮的时间为3天，这样在54天内就拥有了5800万名用户！这就是病毒性产品的用户指数型增长。

当然，现实情况并非完全如此。贺卡很难保持50%的转化率，而且不久就会出现重叠的情况，例如一个人收到多个人发来的贺卡。很明显，转化率与曝光度一样，都很重要。如果转化率从50%降低到30%，用户数就会从5800万减少至不到1万。

（2）估算产品的病毒系数

我们可以根据自动销售模型来估算产品的病毒系数。

产品病毒性的强弱，取决于对15个秘诀的运用程度，根源在于六大病毒效应的强弱。转化率与策划价值、创造价值的营销职能有关，产品直击用户痛点，价值主张有力，品质卓越，体验非凡，潜在用户就容易转变为真实用户，转化率就比较高。产品的曝光度与宣传价值的营销职能有关，产品与众不同，卖点突出，品牌价值突出，个性鲜明，名字好，就能自我宣传、自我传播，与消费者沟通的成本低、效率高，曝光度就比较高。

根据笔者的经验，病毒系数可分为四个等级。

● 病毒系数 ≥ 2：产品的病毒性较强，获客成本极低，市场扩散速度极快，能够迅速获得上百万用户，成为现象级产品，引爆市场流行。

● 1.5 ≤ 病毒系数 < 2：产品的病毒性一般，获客成本一般，市场扩散速度较快，能够获得上万甚至几十万用户，市场表现一般，不温不火。

- 1≤病毒系数＜1.5：产品的病毒性不足，获客成本较高，市场扩散速度比较慢。
- 病毒系数＜1：产品缺乏病毒性，无法实现自我传播，获客成本很高，需要花巨资进行宣传推广，很难在市场竞争中获胜。

企业家和创业者可以根据自动销售模型，判断产品病毒性的强弱，估算产品的病毒系数。如果一个新产品基本符合自动销售模型，曝光度与转化率比较高，病毒性比较强，就有可能以低获客成本自我销售、自我传播，用户数量实现指数型增长；如果一个新产品不太符合自动销售模型，缺乏病毒性，就需要打广告，费力进行市场推广，前途未卜。

（3）病毒周期：产品病毒性的重要影响因素

除了曝光度与转化率，病毒周期也是产品病毒性的重要影响因素。

病毒周期，就是从老客户发出邀请（发送链接、推荐分享），到潜在客户完成转化（参与转发、注册或入网）所花费的时间。周期越短，营销效率越高，营销效果越好。

以 Hotmail 为例，大部分用户每次只向一位联系人发送邮件，有少数用户发送小规模的群邮件，只有极少数的人一次性向许多人发送个人邮件，所以 Hotmail 的邮箱签名注册链接的曝光度较低。Hotmail 的转化率很高，这是因为当时人们从未听说过免费邮箱，所以对它很感兴趣。人们收到邀请的频率也是重要因素。人们发送邮件的频率很高，大多数邮箱用户非常频繁地给朋友、家人和同事发邮件，所以，即使 Hotmail 的曝光度低，但是高转化率和高频率使 Hotmail 的链接极具病毒性。

可见，如果曝光度低，可以设计具有吸引力的双向奖励（例如同时给邀请者和接受者提供奖励），以提高转化率和频率。

## 原理 3
# 病毒效应：自动销售的驱动力

打造病毒性产品，实现自动销售，有两条路径："人引人"——用户吸引用户；"货叫人"——产品吸引用户。

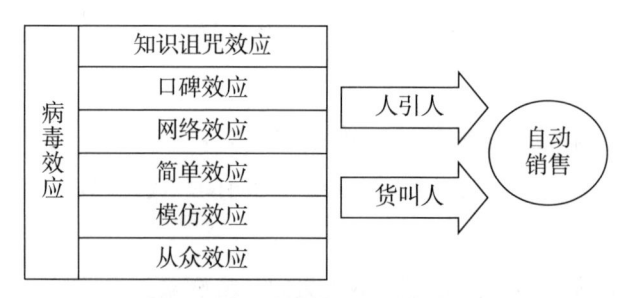

**图 7　制造病毒效应，实现自动销售**

要实现"人引人""货叫人"，就要在产品策划时克服知识诅咒效应，发挥口碑效应、网络效应、简单效应、模仿效应与从众效应（如图 7 所示）。这六大效应统称病毒效应，是产品病毒性的源泉和驱动力。

## 一、知识诅咒效应

人人都会沟通吗？未必！沟通其实是件困难的事情。当两个人沟通时，其实是六个人在沟通：真正的你，你以为的你，他以为的你；真正的他，他以为的他，你以为的他。试想一下，其中会有多少误会，会有多少误解？你在和"你以为的他"沟通，但你知道"真正的他"的想法吗？

营销就是企业与消费者进行沟通，发现、激发客户需求，为客户策划价值、创造价值，向客户宣传价值的过程。各种营销活动本质上都是信息沟通活动，而信息沟通的主要障碍是知识诅咒效应。

### 1. 知识诅咒效应与换位思考

（1）知识诅咒理论

经济学的一个重要理论是信息不对称理论，即在市场经济活动中，信息更多的一方能够更加准确地预测信息缺乏一方的决策。为了反驳该理论，美国经济学家科林·卡麦勒（Colin Camerer）和马丁·韦伯（Martin Weber）在1989年发表的一篇论文[1]中提出了知识诅咒理论：一个具备特定知识的人，无法准确地分析一个不具备这种知识的人会怎样思考或者行动，不管这个不具备知识的人是别人，还是自己。

所谓"知识诅咒"（Curse of Knowledge），就是当我们获得某种知识后，就很难体会缺乏这种知识时的状态——不理解获得知识以前的状态及未获得该知识的人。获得某种知识的人，与未获得这种知识的人之间，有一条巨大的沟通鸿沟，它严重阻碍人们的顺畅沟通。

1990年，斯坦福大学研究生伊丽莎白·牛顿（Elizabeth Newton）因一项研究获得心理学博士学位。

她做了一个简单的实验，实验中有敲击者和听猜者两类角色，敲击者拿到一份列有25首著名歌曲的清单，包括《祝你生日快乐》和美国国歌《星条旗永不落》等人们耳熟能详的歌曲，每位敲击者选定一首，然后通过敲击桌面把曲子的节奏敲给听猜者听，听猜者要根据敲击的节奏猜出歌名。

在听猜者猜歌之前，敲击者预测其猜中的概率是50%。在实验中，敲击者一共敲击了120首歌曲，听猜者只猜对了3首，猜中率仅为2.5%。每个敲击者都认为实验结果不可思议：这节奏还不够明显吗？听猜者为什么费了那么大力气还听不出来？当敲击者得知听猜者把美国国歌猜成《祝你生日快乐》时，不禁露出愤怒的表情：你怎么会这么愚蠢呢？其实问题在于，在敲击时，

---

[1] C Camerer, M Weber. The Curse of Knowledge in Economic Settings: An Experimental Analysis [J]. Journal of Political Economy, 1989, (97): 1232-1253.

敲击者脑中会响起歌曲的旋律，而听猜者却感知不到旋律，只能听见一串不连贯的敲击声——类似莫尔斯电码那样古怪的节奏；敲击者想象不出听猜者听到的是一个接一个分离的敲击声，而不是连贯的歌曲旋律。

知识诅咒是一种认知偏见，是由"无知"变成"知"所产生的心理现象。我们的知识诅咒了我们，让我们忘记自己当初无知的状态，很难想象世界在未知者眼中的样子，从而难以与人沟通。这类似于心理学中的透明度效应——人们会高估自己的透明度及他人对自己的了解程度，也称为"共情缺口"。

实际上，知识诅咒效应无处不在，敲击者和听猜者的实验每天都在世界的各个角落发生。敲击者和听猜者，就是营销者与消费者、经理与员工、老师与学生、官员与群众、作家与读者……，沟通是如此艰难，你听不懂别人，别人也听不懂你，双方都受困于信息不对称。

无知是一种非常宝贵的资源。被乔布斯奉为圭臬的"Stay Foolish"意为"保持愚蠢"，就是指回到一张白纸的初始状态，没有预设和偏见，客观地反映事物的本质。但是，这很难做到，因为我们往往不甘"愚蠢"，急于用经验证明自己很优秀。"资深"让我们变得僵硬和迟缓，过去的成就成为我们脚下的沼泽。我们总是停留在舒适的旧世界里，用过去的经验和习惯进行判断，而不是先搞清楚新环境是什么样子，再去身段柔软地学习、适应与改变。

（2）发挥同理心，换位思考

克服知识诅咒效应，关键是发挥同理心，设身处地，换位思考。

《庄子·外篇·秋水》有云："井蛙不可以语于海者，拘于虚也；夏虫不可以语于冰者，笃于时也；曲士不可以语于道者，束于教也。"这句话的意思是：不可与井底之蛙谈论大海，因为它的眼界受狭小居处的局限；不可与夏天的虫子谈论冰，因为它受到时令的局限；不可与见识浅陋的人谈论大道理，因为其受到了后天教育的束缚。

同理心（Empathy），又称共情，是指设身处地地理解别人、体验别人内心世界的能力。

莎士比亚说："没有受过伤的人，才会嘲笑别人身上的伤痕。"小说《了不起的盖茨比》的开头是这样一段话："每当你想批评人时，你要记住，世界上并不是所有人都拥有你所具有的条件。"人类的悲欢并不相通，每个人的成长环境、思维方式不同，三观各异，很多时候就缺乏相同的评判标准。我们可以不赞别人，但要尽力去理解。

"横看成岭侧成峰，远近高低各不同。"每个人，每个事物，都是有着不同侧面的多面体。立场才是真相，角度才是真理。科学的认识需要站在不同的立场与角度看待与思考问题。

换位思考，站在对方的立场上，理解对方的价值观与思维方式，这样就能消除大部分分歧，提高沟通效率。

换位思考能力可以通过训练获得，方法是：作为一个倾听者，确保不以自己的观点和态度来决定自己在沟通时的立场。例如，有位客户感觉公司不重视员工权益，你本来可以立即反驳，告诉他公司在保护员工权益方面做了多少工作，但你要克制，你应该做的是：首先，客观牢记客户的观点和感受，包括客户陈述的事实和情绪；其次，用你自己的语言，把客户要表达的意思陈述一遍；最后，询问客户你的理解与复述是否准确，如果不准确，就重新陈述，直到他认为你真正理解他了。

客观复述对方的观点，站在对方的立场来阐述与思考问题，这要求你在真正听懂对方之前，心态平和、客观地倾听对方诉说，而不是仅凭只言片语就做出回应或进行争辩，你的倾听将更加有效，你的成见将减少，你将获得对事物的更系统、更深入的了解，而不是仅仅站在自己的立场上"盲人摸象"。

### 2. 克服知识诅咒效应，提高营销沟通效率

（1）实现"客户视角"

我们天生以自我为中心，站在自己的角度考虑问题，关心自己的期望和问题，关心能解决自己的问题的方法，我们天生不习惯"客户视角"。

有一则寓言叫"小白兔钓鱼"。一天，小白兔去钓鱼，结果一无所获；第二天，它又去钓鱼，还是一无所获；第三天、第四天，它还去钓鱼，仍然一无所获。小白兔灰心极了，但是它想"坚持就是胜利，我再去一次"。第五天，

它刚到河边，鱼竿还没摆好，奇迹发生了——一条大鱼从河里跳出来，大喝道："你要是再敢用胡萝卜当鱼饵，我就揍死你！"

一个产品，从企业的视角来看，就是"我能提供什么"，从消费者的视角来看，则是"能帮我解决什么"。客户不会关注你的产品，客户只关注他的问题谁能解决、怎么解决。

凯文·凯利说过："也许宇宙中最反直觉的真理是，你给别人的越多，你得到的也越多。"企业要把复杂留给自己，把简单留给客户。如果营销经理整天想的是怎样搞私域流量、提高转化、促进销售，怎样压低成本、提高效率，那未必能够成功；如果想着怎样更好地满足客户需求、方便客户，怎样提高产品质量，反而更容易成功。

俗话说，"干活不由东，累死也无功"。在策划新产品时，最重要的是放下自我，要有特别强的同理心，追求"小我、忘我、无我"的境界，不能用自己的喜好与审美去思考消费者，要克制自己的感受和情感，从消费者的视角和认知出发去感受，站在消费者的立场去思考问题。要理解客户究竟在想什么，找准客户的真实需求；聚焦于客户面临的问题或需要完成的任务，设计出对解决问题或完成任务大有帮助的产品。

但在现实中，很多企业从产品、技术出发，还有很多企业站在营销的视角，却忘记了客户的需求。很多营销人员往往认为客户像自己一样了解产品，具有和自己相同的背景知识，这导致大多数宣传文案成了围绕企业和产品的"垃圾"信息。很多销售人员向客户介绍产品的功能、好处、价格甚至企业本身，客户往往没有兴趣听，因为产品是你的，与客户无关，客户只关心自己的问题与喜好。请记住：千万别"念叨"你的产品，除了你和你的同事，没人关心你的产品。

谷歌的理念是"以客户为中心，其他一切纷至沓来"，亚马逊的理念是"成为世界上最以客户为中心的公司"。德鲁克指出，真正的市场营销要从客户的属性、现实状况、需要及价值观出发。不是"企业要销售什么"，而是"客户想要购买什么"；不应强调"产品有什么效用"，而应强调"这些就是客户所追求、所重视和所需要的满足"。

那么，怎样才能实现"客户视角"呢？

"春江水暖鸭先知"，鸭子每天泡在水里，能清楚地感知水温的细微变化，而人只能看到水沸腾或结冰等显著变化。实现"客户视角"的基本方法，是了解客户的生活与工作——花大量时间和客户在一起，观察客户的生活，倾听客户的声音，这样才能保证自己的直觉与客户一致，防止"想当然"，避免被知识遮蔽了双眼。

对于面向公众的产品，营销人员要实现"客户视角"，参考方法如下。

● 亲自试用产品，将自己带入与消费者相同的情境中，理解消费者的真实感受。

● 利用百度指数，获得消费者在搜索相关信息时百度指数的"需求图谱"与"人群画像"。

● 利用知乎问答，查看知乎相关专题下消费者都问了什么问题。

对于面向组织的产品，营销人员要实现"客户视角"，在与客户沟通时要努力做到如下几点。

● 了解客户的生产经营特点，与客户说"行话"，从而快速、准确地抓住客户痛点。

● 从客户的愿景和业务发展目标出发，与其探讨当下存在的问题，让客户主动说出需求和痛点。客户清楚自身的问题，但不清楚解决方法，所以要让客户把自己的问题谈透了，不要轻易提出你的解决方案。

● 掌握客户所处行业的发展趋势，洞察客户的内在需求，以专家的姿态向客户提出科学的、前瞻性的建议。

**案例　　　　　明星企业怎样了解消费者**

亚马逊的 CEO 杰夫·贝佐斯在开会时总会摆上一把空椅子，提示参会者：未在场的消费者才是会议中最重要的人。亚马逊的高管每周都有几小时的"Customer Voice"时间用来听客服录音，处理客户投诉。

联合利华的 CEO 帕特里克·赛斯考既不坐在会议室召开客户座谈会，也不翻看大堆的客户数据，而是到市场中与客户交流互动。他每周往返于联合利华全球总部和英国总部之间，途中他会亲自在经过的杂货店购物、做调查。

腾讯的"10/100/1000 法则"是：产品经理每月必须做 10 个用户调查；关注 100 个用户博客；看 1000 个用户反馈，包括帖子、微博等。

360 的产品经理每月必须在用户论坛、微博上关注用户的反馈。以前，他们还要经常去网吧接触初级电脑用户，去中关村的大卖场直接与销售手机、电脑的商家交流，以直接获取用户的真实想法。

（2）注重沟通效果

沟通不是你说了什么，而是别人听到了什么。

你说了什么、做了什么不重要，重要的是消费者感受到了什么、怎么评价你。你认为自己是什么不重要，重要的是消费者对你的感知和定义。消费者怎么看你，比你是什么更重要。要经常问自己一个问题：这是我们的看法，还是目标客户的看法？

在进行营销沟通时，首先要明确：你想让对方听到什么？如何才能让消费者听到的正好是你想让他们听到的？

克服信息传播的知识诅咒效应，培育产品的病毒性，具体措施较多，包括洞察客户痛点、掌握使用场景、设计价值主张，以及打造产品卖点、塑造品牌价值、品牌人格化、起个好名字、设计品牌口号等（详见第二、第四部分的相关内容）。

## 二、口碑效应

### 1. 超预期体验产生口碑

口碑效应，就是客户为产品说好话，主动向别人谈论、推荐产品，口口相传，从而源源不断地引来新客户。

客户如果觉得产品很好，就会主动告诉朋友，因为他觉得这是在帮助朋友,而不是在为企业做宣传。市场调查显示,现在只有14%的人相信广告,而90%的人更相信熟人的推荐。在影响消费者购买行为的因素中,亲戚朋友的推荐与意见位列第一。

客户一般会将特别的经历(好的或坏的)告诉他人,这就形成了口碑。客户对产品的感受达到基本期望,客户感觉满意,这种情况下一般不会产生口碑;客户感受低于基本期望,客户不满意,就会抱怨,产生负面口碑;客户感受超过基本期望,客户非常满意,感到意外惊喜,这种情况下会产生正面口碑。

在智能手机发展初期,小米为什么能获得巨大的成功?同类产品平均售价4000元,小米只卖1999元,性价比超高,人们忍不住要把这种信息告诉朋友,否则就觉得自己对不起朋友,各种媒体也积极地跟踪报道,"一机难得"的抢购风潮由此形成。

人们为什么会主动宣传推荐呢?"病毒营销三部曲"之《感染力2.0》一书指出,人们谈论分享的动力来自4个方面,即本能驱动、获得信息、建立关系、塑造形象。

怎样制造口碑,促使用户主动与人谈论并推荐你的产品?"病毒营销三部曲"之《客户经营》一书指出,让客户进行口碑推荐有一些基本方法,如提供超预期体验、利用利益驱动、利用种子用户、利用意见领袖KOL、利用消费领袖KOC,此处不再赘述。

### 2. 峰终定律

用户体验的口碑效应与峰终定律有关。诺贝尔经济学奖得主丹尼尔·卡尼曼研究发现,人们对一个事物的感受,取决于高峰时与终结时的体验,而对过程体验的好坏、时长及比重,人们几乎没有记忆,这就是峰终定律(Peak-end Rule)(如图8所示)。

峰时与终时的体验主宰了人们对一段经历的感受。如果在一段经历的高峰或结尾,你的感受是愉悦的,那么你对整个过程的感受就是愉悦的——即使这次经历总体上很痛苦。

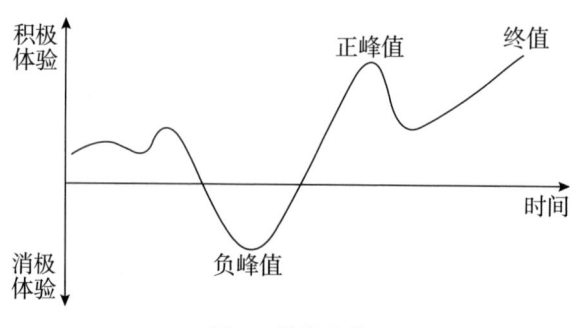

图8　峰终定律

卡尼曼研究了病人在结肠镜检查期间所感受的痛苦水平和所记忆的痛苦水平。病人的检查时间为4～69分钟，每位病人每隔60秒报告一次他们的痛苦指数，指数用从0到10的整数表示（0表示无痛苦，10表示无法忍受的痛苦）。他们共测试了154位病人，图9所示为其中两位病人的痛苦指数。

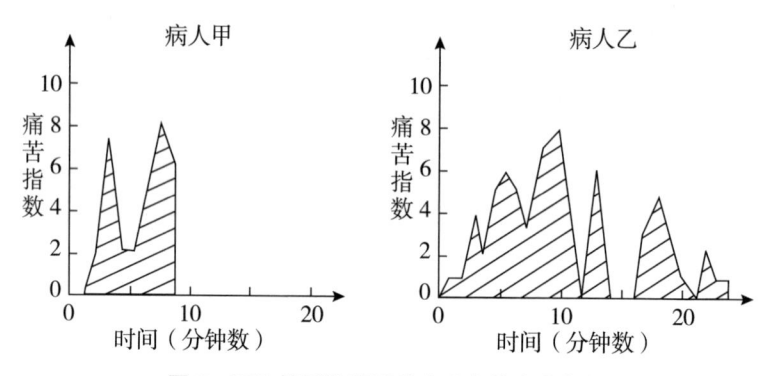

图9　两位接受结肠镜检查病人的痛苦指数

显而易见，病人乙的经历更为糟糕，所感受的痛苦明显超过病人甲。但是，当病人们对其经历进行总体评价时，病人甲感觉更加痛苦。进一步的实验发现，病人对痛苦的总体评价与他们所感受到的最大痛苦及在最后几分钟所感受到的痛苦紧密相关。

还有一项噪声实验。让两组受试者听相同时间的强噪声，然后，让A组停下，让B组接着听一段时间的弱噪声。很明显，B组的受试者比A组的受试者遭受了更多的折磨，但是你猜怎么样？B组的痛苦指数反而比A组低！

卡尼曼发现，人类对感觉的记忆有"偏见"，记忆不能精确反映真实的感受，人类不能理性地看待整个感受过程，而是选择性记忆——挑选、保留经历中少数关键的细节或瞬间——高峰或低谷，以及最后时刻。

峰终定律告诉我们，人是感性的（这与传统经济学的基本假设"人是理性的"不同），要重点管理人们的"峰终感受"，"峰"与"终"就是"关键时刻"（Moment of Truth，MOT）。

第一，在某方面做到极致。由于极端感受会决定用户对产品的印象，所以，对企业而言，最重要的就是把某件事情做到极致，给用户创造"高峰"体验。例如，要让新产品的某方面（功能、性价比或售后服务等）远远超过其他同类产品。

第二，提升"最后时刻"的感受。拉斯维加斯有一家酒店，当客人结完账准备离开时，门童会递上几瓶冰镇矿泉水；某餐厅会向晚餐客人赠送一份糕点，作为第二天的早餐；美国联合航空公司在旧金山至纽约的航线推出"优质服务"，在飞机着陆前为头等舱旅客提供温热的甜饼和薄荷糖。这些案例都成功制造了"最后时刻"的美好感受，提升了客户感受水平。然而，有些企业在一开始提供好的感受，关注整个服务过程，却忽视了"最后时刻"的客户感受，这就得不偿失了。

### 3. 社交媒体放大口碑效应

前互联网时代，好产品也有口碑，但口碑传播的衰减率很高。数字时代，社交媒体放大了口碑效应。现在微信有十几亿用户，微博有几亿用户，人们在各种社交媒体上关于产品的浏览、转发、互动等口碑行为成为营销传播的放大器和加速器，对于真正好的产品，人们会忍不住发朋友圈赞美甚至推荐给朋友。如果产品真的好，社交媒体会把整个世界送给你；如果产品不够好，社交媒体会把你的整个世界拿走。

企业要防止口碑的负效应。俗话说："好事不出门，坏事传千里。"亚马逊创始人贝佐斯说过："如果你在现实世界中让1位客户不满，他会告诉6个朋友；如果你在互联网上让1位客户不满，他会告诉6000个朋友。"有些企业不愿意建微信群让客户聚在一起，主要原因就是负面情绪的感染力很强，一个客户的抱怨会影响一群客户。

利用口碑效应和峰终定律培育产品的病毒性，具体措施包括提供非凡体验、打造卓越品质、产品简捷化、产品社交化，以及打造心智定位与产品卖点、起个好名字、设计品牌口号等（详见第三、第四部分的相关内容）。

## 三、网络效应

### 1. 网络效应与梅特卡夫定律

所谓网络效应，是指一种产品或服务用的人越多，价值越高；价值越高，用的人越多。

网络效应分为直接网络效应和间接网络效应。

直接网络效应，是指同一市场内的消费者之间具有相互依赖性，消费者可以相互增加效用——消费者越多，人均使用价值就越高，网络价值随用户数增长呈现指数级增长。以电话、微信为例，一个人使用时几乎没有价值，十亿人使用时，你的社交圈基本上就平移过去了，用它可以和所有朋友联系，你会离不开它。

间接网络效应，是指基础产品和辅助产品的互补性所导致的需求依赖性，即产品价值取决于互补产品的数量和质量。产品的互补产品越多，市场需求就越大。

人们通常说的网络效应，是指直接网络效应，也称作梅特卡夫定律（Metcalfe's Law），即网络价值与应用人数的平方成正比。这是由计算机网络技术革新的先驱、以太网发明人、3Com公司创始人罗伯特·梅特卡夫（Robert Metcalfe）在1980年提出的。

电话网、互联网都符合梅特卡夫定律。在网络节点少的时候，网络价值很低，如果只有一部电话或一台电脑，那么电话网或互联网的价值就是0。随着节点（用户）增加，节点互联互通，整个网络的价值就呈现指数级增长。当拥有电话的人越来越多时，电话网对用户的价值就越来越大，用户可以给越来越多的人打电话了。用户越多，价值越大；价值越大，用户越多，正反馈形成良性循环。

梅特卡夫定律的证明如下。

假设网络中所有节点可以两两相通，在有 N 个成员的网络中，每个成员可以与其他成员建立 N–1 个关系，网络总价值（总连接数）等于 N × (N–1)/2。随着联网的节点数增加（N 增加），用户从网络中获取的价值会加速增长，跟 $N^2$ 成正比；而购买成本是线性变化的，与 N 成正比。达到某个临界点后，价值超过成本，之后净价值呈指数级上升。

所以，假设网络中有 10 个成员，那么成员之间就有 45 个关系。如果网络规模翻一番，成员增至 20 个，那么关系数量就不是简单地翻一番增至 90 个，而是增至 190（20 × 19/2）个。简而言之，网络规模变为原来的 2 倍，网络价值就变为原来的 $2^2$ 倍。[①] 如果世界上有 100 部电话，就比有 20 部电话好 25 倍（$100^2 / 20^2$=25）。

### 2. 网络效应的理论模型

网络效应也称网络外部性，是一种正反馈效应，梅特卡夫定律只是对网络外部性的一种解释。网络外部性的理论模型很多，各模型的适用场景和条件各不相同。本书将典型的模型列举如下（如图 10 所示）。

①萨尔诺夫定律（Sarnoff's Law）。由 RCA 公司创始人 David Sarnoff 提出，他认为网络价值与听众/观众的数量 N 线性相关。这一模型适用于早期的单向网络（例如广播网、电视网），不适用于多向交互的互联网。

②梅特卡夫定律（Metcalfe's Law）。认为网络价值与网络用户数 N 的平方成正比，$V=N^2$，适用于电话网络。

③里德定律（Reed's Law）。由计算机网络和软件业先驱 David Reed 提出，他认为网络价值是网络用户数的指数函数，$V=2^N$。这一模型适用于互联网上的群组网络，例如聊天室、邮件列表。

---

① 当 N 的数值较小时，计算结果略有误差。

图10 网络效应的理论模型

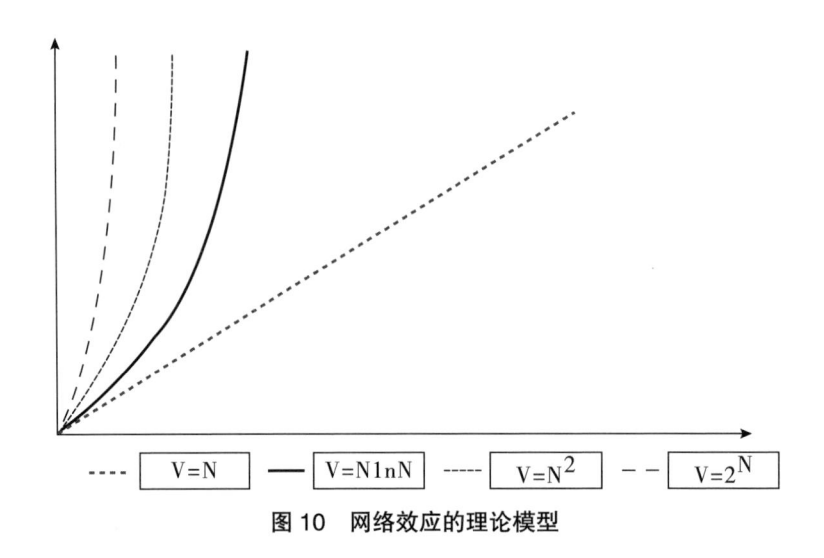

④Briscoe-Odlyzko-Tilly设想。2006年由Briscoe、Odlyzko与Tilly共同提出，他们认为网络价值与NlnN成正比，V=NlnN。这一模型适用于互联网这类多向交互网络。

### 3. 网络效应导致"人引人"，实现指数型增长

人类的沟通和传播工具不断发展，从最初的口耳相传、烽火传信、飞鸽传书，到邮驿、现代邮政、电报、电话、传真、移动电话、电子邮件、即时通信、视频通信等，沟通和传播的效率与效用不断提高，这既是技术进步的结果，也是网络效应在发挥作用。

老用户不断吸引新用户，使用产品的人越多，这些产品就越有价值，就能吸引更多的人使用，人们也愿意推荐其他人加入，最终几乎所有人都会选择该产品。

网络的社交属性越强，网络成员（用户）之间的互动性越强，网络的指数效应就越强，网络的价值就越高。以社交媒体为例，由于任意两个用户都可以产生信息交互，因而其具有巨大价值。只有少数人使用微信时，微信的价值不大；当使用微信的人越来越多，人们通过微信构建自己的社会关系，微信就成了人们生活的一部分，这种网络关系一旦建立就会产生很强的锁定

效果。网络达到一定规模后，用户就会被彻底"锁定"，即使有更优秀的产品出现，他们也难以离开。

有网络效应的产品，具备天然的排他性，没有人习惯了使用微信后还会再用聊天宝。借力网络效应，品牌可以实现用户规模无限增长，最终横扫天下。因此，具有网络效应的产品，一旦获得先发优势，产品的影响力就会像滚雪球一样快速增长，后来者很难追赶上。

## 案例　　微博市场竞争：先发优势明显

2009年8月，新浪上线了新浪微博，由于产品体验优秀，又没有竞争者，不到4个月，用户就突破500万，第二年用户量直接飙升到5000万，成为炙手可热的社交媒体。看到新浪微博迅猛发展，2010年4月，搜狐上线了搜狐微博；一个月后，腾讯也推出了腾讯微博。

由于网络价值与网络节点数的平方成正比，假设新浪微博的用户数是4000万的时候，搜狐微博用户数是1000万，那么，虽然新浪微博用户数只是搜狐微博的4倍，但新浪微博的价值（影响力）却是搜狐微博的16倍。虽然竞争产品只比新浪微博晚上线了几个月，但都没在市场上激起多大水花。

可见，具有网络效应的产品，用户积累到一定规模之后，会通过"人引人"实现自动增长；没有网络效应的产品，只能通过营销活动去发展客户。

20世纪90年代以来，互联网新经济迅猛发展，互联网向社会经济各领域快速渗透与扩张，在网络价值增长快于用户数增长的理念指导下，创新企业疯狂地追求增长而忽视盈利，在某种程度上，这也导致了高科技投资的冒进和泡沫。

由于互联网的开放性及用户间互动会产生巨大的网络效应，互联网公司不仅能获得用户群体的直接贡献，还能获得用户互动产生的潜在贡献。当社交平台拥有几亿、几十亿用户的时候，其信息流是用户数的平方级别，变现的价值非常大。例如美国的社交媒体巨头 Facebook，在全球拥有大约 24 亿用户，仅仅依靠互联网广告就支撑了数千亿美元的市值；腾讯依靠 QQ 和微信的十几亿用户，通过互联网广告、网络游戏和互联网金融等业务变现，市值达到数万亿元。

今天，以微信为代表的社交媒体平台，节点的连接已经不仅限于"人＋人"，而是扩大到了"人＋人＋服务"，这进一步增强了网络效应，提高了竞争壁垒，最后实现赢者通吃。微信普及之后几乎没有竞争对手了；网约车平台也是如此，平台上集聚的司机和乘客数量越大，平台的价值就越高。

### 4. 打造产品的网络效应

具有网络效应的事物很多，最典型的是沟通和传播工具，如语言、货币等。一种语言只有一个人说，那么它很快就会消亡；说一种语言的人越多，这种语言的价值就越大。没人使用、没人接受的货币没有价值；流通量越大的货币，价值就越大。

具有网络效应的事物还有现代金融产品（例如银行借记卡、信用卡）、公共交通工具（例如民航、高铁）、社交媒体产品（例如微博、微信）等。传统社群、俱乐部也具有网络效应。

很多企业的产品都具有一定程度的网络效应潜力，不是显而易见的，企业要努力发掘这种潜力，利用网络效应改变商业模式。例如 Dropbox，用户存储的文件越多就越有可能邀请别人加入，以实现合作办公；身边使用 Dropbox 的人越多，分享文件就越容易。

社交团购业务就制造了网络效应。拼多多充分利用社交裂变的优势，通过社交媒体让有共同需求的人快速拼团，极大地刺激了消费者之间的信息交互，提升了买卖双方的匹配效率，提高了商品周转率。社交团购适合两类商品：一是没有品牌或者品牌知名度低的商品，这类商品适合更在意性价比而不是品牌的客户；二是时效性较强的商品，如水果，社交团购可以快速地将商品与更多的用户进行匹配，商品售价自然可以打折扣。

因此，企业要下功夫去了解用户如何使用产品，挖掘产品的网络效应，实现指数型增长。Eventbrite 是一个活动推广平台，通过出售活动门票来收取提成，它鼓励购票者与其朋友分享他们将要参加的活动，这样既可以吸引更多的用户，又可以增加门票销量，购票者也能从中获益，因为更多的朋友去参加活动通常会让自己的体验更佳。这种做法使 Eventbrite 吸引更多的活动主办方，因为这种分享机制帮助主办方售出更多门票。Eventbrite 发现，每发送一个分享链接就会为活动主办方带来 3.23 美元的额外收入。

利用网络效应，使用户吸引用户，培育产品的病毒性，具体措施有产品社交化、品牌人格化等（详见第三、第四部分的相关内容）。

## 四、简单效应

所谓简单效应，就是人们喜欢简单的事物，简单的信息容易传播。

### 1. 简单是一种生产力，复杂是一副枷锁

懒惰是人的天性，懒人推动世界进步。

英国哲学家罗素说过，大多数人宁愿去死，也不愿思考。在日常生活中，我们懒得去读，懒得去写，懒得去思考。我们生活中的大多数新产品都是"懒惰产品"，网上购物、即时信息、移动支付、微波炉、快餐等，都迎合了人们懒惰的天性。

数字时代，消费者变得更加懒惰。信息爆炸，商品泛滥，消费者面临的选择太多，而大脑能够接收的信息量有限，这导致消费者很忙、很累，时间与耐心越来越少，不愿去理解复杂的事物。由于网上的信息转换成本极低，手指轻轻一点即可，因此消费者会本能地绕开甚至屏蔽复杂的信息。

（1）追求简单是人的本能

复杂源于人们的习惯、规则、礼仪，源于人们喜欢卖弄自己的知识或技能。一般而言，把简单的事情变得复杂比较容易，例如增加多余的装饰、构件、想法、语言等。纵观历史，处于颓势的民族，从建筑、家居、服装到语言，表现出来的大多是繁杂和冗余，而积极向上的民族往往崇尚简洁、

大气。

老子曰："少则得，多则惑，是以圣人抱一为天下式。"莎士比亚说："简洁是智慧的灵魂，冗长是肤浅的藻饰。"西方商界流行的奥卡姆剃刀定律，就是"如无必要，勿增实体"——怎么简单怎么来，不要搞那些复杂的东西，最简单的就是本质的、最好的。

世界上最宝贵的东西是时间，而简单能够节省时间。我们喜欢简单，讨厌复杂，因为简单就意味着速度更快、时间更短。我们总是试图对世界进行简化和抽象，我们从小所学的公式、定理、理论就说明了这一点。我们经常凭主观感受评价事物，觉得越简单的东西越可靠，而复杂的东西故障率高。我们喜欢看起来或听起来简单的东西，认为一个听起来简单的方案执行起来也相对容易。

爱因斯坦说："凡事都应当尽可能简单，而不是较为简单。如果你不能把事情简单地说清楚，那就是你还没有完全弄明白。"

人人都希望简单，但是很多人没有能力做到简单，因为简单很难实现。功夫到家自然返璞归真，大师的文章都是浅显易懂的。只有复杂的头脑才能发现简单的道理，只有智者才能把繁杂的事物描述得简单而明晰，只有伟大的企业才能设计制造出简单易用而又高级的产品。

（2）简单的力量

少即是多，简单的想法非常有力量，更容易进入我们的大脑。从宣传的层面来讲，把一个复杂的想法一次性放到受众大脑里是非常困难的；而如果你将一个简单的想法放入受众大脑，围绕着它构建一系列画面，慢慢就会形成光环效应，产生印象。宣传（包括营销）就是将一种认知放到受众的大脑之中，让消费者能够从大脑中调取相应的印象，并付诸行动（如购买产品）。

自己没想清楚，就不能说清楚，受众就不可能听清楚。在叙述事情、表达观点时，高手的语言往往简练深刻、通俗易懂，"菜鸟"却喜欢堆砌专业术语、创造概念、故弄玄虚。简单的商业模式才容易受到投资者的青睐，硅谷的一些创业者的商业计划书能写在餐巾纸的背面。如果创业者不能用一句话说清楚产品要解决什么问题，就说明他还没有想清楚。

（3）简单不是少，而是没有多余

简单化，就是剥去外壳，找到核心，通常采取强制排序的方法，剔除次要的、多余的和不相干的元素，包括非常重要但不是最重要的元素，只保留唯一的最重要的元素，直击事物的本质。

例如，企业的工作流程要追求简单、实用而非完美，要把管理环节尽可能规范化，把岗位操作标准化、制度化。

乔布斯说："专注和简单一直是我的秘诀。简单比复杂更难，你必须努力厘清思路，让它变得简单。但最终这是值得的，因为一旦你做到了简单，你就能创造奇迹。"为了让有限的注意力高度集中，乔布斯把分散精力的事情全都过滤，为事情设定优先顺序，并把精力集中在最核心的事情上。

## 2. 简单能提高沟通效率

在电视剧《汉武大帝》里，霍去病建议汉武帝给兵士的诏书越短越好，语言越通俗越好，因为兵士听不懂文绉绉的话，他们最在乎的是皇帝怎么赏、怎么罚，对其他事情不感兴趣。

企业开展营销策划时，要遵循以下原则：产品要简单；信息要具体；内容要直白；文字要简练。

（1）产品要简单

简单的产品，人们易理解、易使用，价值凸显，产品信息容易传播，因而具有病毒性。

比萨斜塔就是一个"活广告"。不是某个聪明的营销人把比萨斜塔弄斜的，它就是一座斜塔，没有复杂的信息，没有"也""和""还有"之类表示连接的词，它只是草坪上矗立着的一座斜塔。人们很容易告诉别人关于比萨斜塔的信息，每年有上百万人参观比萨斜塔。把比萨斜塔的图案印在T恤上，这个信息就很容易被理解和传播。罗马万神殿很美，很壮观，是一座保存完整的罗马帝国时期的建筑，其建成时间比比萨斜塔早1000多年，非常值得一看，但人们很难告诉别人有关罗马万神殿的信息，万神殿每年的参观人数还不到比萨斜塔的1%。

## （2）信息要具体

营销信息要尽量简单具体，如果复杂抽象就无法抓住人心，难以传播。美国广告大师克劳德·霍普金斯指出："广告一定要做得特别简单，才能吸引简单的人们。"

战略是企业的灯塔，它向企业员工及外部利益相关者说明企业是谁、要往哪个方向去。战略要清晰、具体、易沟通、可执行，要让所有人都能看得懂。但是，很多CEO喜欢用宏大、笼统的概念来描述公司战略，语言云山雾罩。当老板们高喊"世界领先的××商"之类的口号时，通常会在自己头脑里播放一首员工和客户都听不到的旋律。但是，"世界领先的××商"怎样指导企业与某个合作伙伴的谈判？"服务卓越，争创一流"要求企业怎样服务于某个大客户？这种抽象的概念性口号，除了自我陶醉，能有多少实际意义呢？

1961年，时任美国总统约翰·肯尼迪发出一项呼吁："10年内要将人类送上月球，再平安接回来。"如果肯尼迪是某家公司的CEO，喊出"我们的目标是依靠高度有效的创新机制及航天创举成为太空产业的全球领导者"的口号，还能触动人心吗？

美国的乔氏超市（Joe's）将目标客户描述为"开着旧沃尔沃汽车的失业大学教授"，员工就很容易理解，每位员工的脑海中都能清晰地浮现出一幅目标客户的图像，而"注重生活品质、消费有节制的客户"的描述就难以达到这样的效果。

## （3）内容要直白

企业要简单地描述产品，简洁地阐述产品的价值，将产品的复杂技术掩盖起来，让客户很轻松地理解产品，这一点对创新产品来说尤其重要。

乔布斯在发布第一代iPhone时，介绍这个产品是"能上网、能打电话的大屏幕iPod"。一个新产品，如果客户听了介绍后一头雾水，不知道它对自己有什么用处，又怎么能销售出去？

如果营销人员可以向自己的家人说清楚自己的产品，就很容易向客户说清楚；如果连自己的家人都听不懂，就别指望消费者能听明白。

进行营销沟通时，很多营销人员喜欢堆砌华丽词语，让用户摸不着头脑。营销语言不能模糊不清、抽象空洞，更不能故弄玄虚，要尽量简单、具体，营销人员要用消费者的口语而非自己的专业术语进行沟通，说消费者听得懂的话，让人能轻松明白你要表达的意思。

由于知识诅咒效应，我们经常会在自己的专业领域忘记别人不知道我们知道的。我们经常认为自己成功传达了观点，而听众却觉得我们在夸夸其谈，原因在于我们在讲"行话"，自话自说，并没有有效沟通。行业术语是专业圈子或者组织内部的专门用语，外人很可能不懂。例如，专业人员写的文章，大众读者经常觉得晦涩难懂；撰写地产文案的人对"容积率"这一概念烂熟于心，但很多消费者就不明白它的内涵。其实，无论是苹果的乔布斯，还是腾讯的张小龙，在他们的演讲中，你很难听到复杂晦涩的概念。

### 案例　　"互联网大厂"的"黑话"

2021年，在字节跳动9周年演讲中，创始人张一鸣展示了一段充斥着"价值链路""自然势能"等行业用语的汇报材料，他批评了这段令人听得云里雾里的复杂描述。

一石激起千层浪，一时间，人们开始热议"互联网大厂"流行的"黑话"。这些"黑话"貌似高端，例如：

深度串联、势能积累、高频触达、关键路径、生态闭环、归因分析、快速响应、价值转化、结果导向、服务链路、价值链路、生态化反、耦合性、精细化、引爆点、感知度、回路、补位、赛道、纽带、拆解、联动、布局、阈值、迭代、深耕、反哺、抓手、颗粒度、赋能、打法、组合拳、跨端……

如果你不确定客户是否明白某个词语的意思，那就换一个更简单的说法，基本方法有二。一是假设受众知道得少，经常提醒自己：对于这方面的知识，受众可能没有自己知道得那么多。二是少用技术术语和缩写，多用一些解释性的词语，让人们容易理解。

（4）文字要简练

啰唆的文字不仅浪费阅读时间，还惹人烦。美国作家海明威说："修改小说的最好办法，就是写完之后对半折，删掉其中一半。"南北朝时期的文学理论家刘勰在《文心雕龙》里指出："句有可削，足见其疏；字不得减，乃知其密。"意思是，文章中有可以削减的句子，足见其粗疏；文章中没有一个可以删减的字，才知道其精密。

小卖部门口挂着一个牌子，上书"本店有新鲜羊肉出售，每斤30元"，其实只需要"羊肉30元/斤"就够了，"本店有……出售"是累赘，"新鲜"也是多余的；饭店门口的招聘信息，"本店诚聘业务人员，男女不限，吃苦耐劳优先，有意者请联系，电话……"真啰唆！

有些人写文章，经常使用冗长的条件状语和补充说明，这实际上反映了作者不知道该表达什么观点——要么害怕承担责任，不敢判断；要么稀里糊涂，不知道怎么判断。

语言文字要简洁精练，用短词短句，删减枝蔓，尽量用简单、直白的文字把事情描述清楚；简化结论，观点鲜明，让人一目了然，这样才能高效传递信息——人们快速理解、容易记忆，并可能与他人分享。

利用简单效应，培育产品的病毒性，具体措施有产品简捷化、突出卖点、品牌人格化、设计好的名字与品牌口号等（详见第三、第四部分的相关内容）。

## 五、模仿效应与从众效应

俗话说："有样学样，无样看世上。"有榜样就参照榜样，没有榜样就看大多数人是怎么做的，随大流。模仿效应与从众效应比较相似，都是群体思维的产物。

## 1. 模仿效应

**（1）模仿是人的本能**

模仿，就是人们自觉或不自觉地效仿别人的现象。模仿是人类的本能，人一生下来就会模仿别人说话、走路、吃饭和做事情，模仿伴随着人的一生。模仿是学习的捷径，可以说，没有模仿，就没有人类的进步。

模仿就像一种社交黏合剂，能使双方关系融洽。当行为方式相同时，人们就会觉得彼此亲近、信任度提高。研究发现，在谈判、交易过程中，通过模仿对方的行为举止，能大幅度提高达成合作的概率。

模仿效应，是指面对新生事物，大众跟随、效仿少数榜样。大多数人往往会观察、模仿创新者、专业人员、行家或周围人的行为，听取他们的意见，以规避风险，降低决策成本，而不是对新生事物进行深入的分析和比较，自己去尝试。

榜样是指在某方面比普通人强的人，他们通常是敢于"吃螃蟹"的少数人，是羊群中的头羊，例如创新者、意见领袖等。榜样的影响力，取决于其威望和地位，以及其行为的大众化程度。

除了榜样，人们还经常模仿相似的人。青少年面对家长行为叛逆，却在同龄人那里寻求认同；针对青少年的反吸烟运动，如果让"孩子头"以身作则，就容易取得良好的效果；小孩子看了同龄孩子主动治疗牙齿的视频后，去看牙时的焦虑感就会大幅下降。

"有样学样"就是对模仿效应的准确描述。"有样"的重要性超出了我们的想象。如果人们看不到或者注意不到别人在做什么，就不会受到这种群体思维的影响；只有在可以听到他人观点或者看到他人行为时，社会影响才会产生作用。

社会身份理论认为，每一个人都与群体相联系，认为自己不是单个的"我"，而是群体中的一员。我们往往觉得具有相同社会身份的人更有亲切感，哪怕这种身份仅仅是虚拟的，或者是没有任何实际意义的。同类社会群体中的成员，通常会相互模仿，尤其是模仿消费行为。消费是构建个人身份的重要手段，购买什么样的商品，意味着自己属于什么类型的社会群体。

群体内的模仿和影响导致的消费往往是非理性的，就像法国社会心理学家古斯塔夫·勒庞（Gustave Le Bon）所说，个体一旦聚集成为群众，便失去了理性。

（2）模仿就是传播

法国社会学家加布里埃尔·塔尔德在其经典著作《模仿律》一书中提出了著名的社会模仿理论：模仿是社会生活的灵魂，是最基本的社会现象，也是社会行为的最终元素。

塔尔德指出，创新就是模仿，模仿是社会进步的源泉，对于人类的社会生活具有重要意义。他认为人类社会就是一个创新、模仿、冲突和适应的循环过程——有人进行了某种创新（如新思想、新技术），然后引发了大众的模仿，在创新扩散过程中，它与人们的固有认知和传统习惯产生冲突，最终形成了适应。

塔尔德指出，模仿是先天的，是我们生物特征的一部分，人们通过模仿使行为保持一致，人类就是由互相模仿的个人组成的群体，社会就是通过模仿所导致的个人情感与观念的传播、交流建立的。人与人之间的关系主要是模仿关系。因此，塔尔德指出，模仿就是传播。

塔尔德还提出了三个模仿定律。

①下降律。模仿经常是从高位辐射到低位，低阶层总是模仿高阶层。例如，内容营销的常见做法就是利用意见领袖的示范作用。

②先内后外律。模仿总是由近及远，先模仿近处的、本国的，后模仿远处的、外国的。

③几何级数律。在没有干扰的情况下，社会模仿一旦开始，便以几何级数增长并迅速蔓延，这就是病毒式裂变和指数型增长。

企业开展营销宣传，目的是让消费者在观念、言语和行为上进行模仿，语言模仿就是对品牌进行口碑传播，行为模仿就是跟风购买。例如，广告宣传是让消费者模仿广告中的人物及其行为——购买并使用产品。今天社交媒体上的各种内容营销，主要套路是示范生活方式，吸引他人模仿。

品牌开展价值观营销，展现一种文化价值和生活态度，主要目的是影响消费者行为，形成社会层面的大规模模仿，而让消费者爱上品牌、与品牌建立情感联系是很难做到的。例如，耐克的"JUST DO IT"、Keep 的"自律给我自由"等广告宣传，目的是促使受众产生行为模仿，如果单纯宣传"热爱"、宣传"做自己"，则无此效果。

（3）社会流行现象

从 2008 年到 2009 年，由于企业转型和内部岗位调整，法国电信公司有 30 多名员工相继自杀，整个事件迅速成为轰动性新闻。但是，法国电信公司并不是工作环境最差的企业，无数工作环境更差的企业都没有发生员工连续自杀的事情。心理学家研究发现，这种连续自杀其实是一种心理传染病，是一种模仿"类似者"的现象。

在一些社会群体性恶性事件中，很多人会模仿别人的行为，这使原本与事件无关的人参与进来，导致事件迅速扩大。通信工具越先进，人际沟通越便捷，模仿事件发生的可能性就越大。

社会学研究发现，无论是接受新产品、新思想，还是参与社会活动，每个人的社会行为都有一个"门槛"。这种行为"门槛"也叫"阈值""临界值"，是指产生一个行为反应所需要的最小刺激强度。

以参与骚乱为例，有些人看到街上有抗议游行活动就会迅速加入，而有些人则要在看到很多人参与之后才会加入。假设街上站着 100 个人，他们参加骚乱的阈值是 0 ~ 99（阈值是 3 表示只要看到 3 个人参与骚乱活动，这个人就会参与），只要第一个人动手，阈值为 1 的第二个人看到了，就会动手，于是，阈值为 2 的人也会动手……最终，所有人都会动手，整个骚乱过程呈现雪崩效应。由此可见，如果把初期的几个人任意去掉一个，骚乱的反应链条就会早早断裂，进而避免发生大规模群体性事件。

因此，在事件初期禁止模仿是非常关键的。世界卫生组织研究发现，对自杀事件的报道越详尽，引发的后续自杀事件就越多，名人自杀和电视报道的效果尤为显著。同样，媒体详细报道校园枪击案也会引发模仿犯罪。在 9·11 恐怖袭击事件之后很长一段时间，美国对航空旅行实行了非常严格的安检措施,以避免模仿型的恐怖袭击。在奥地利禁止报道地铁自杀事件以后,地铁自杀事件的发生率在短时间内降低了 75%。

## 2. 从众效应

美国心理学家所罗门·阿希(Solomon Asch)做过一个著名实验。当受试者走进实验室时,发现已经有 5 个人坐在那里了。受试者不知道这 5 个人都是"托"。阿希让在场的 6 个人判断,卡片上的 4 条线段,哪两条一样长。线段的长度差异非常明显,正常人很容易就能判断。但是,当 5 个"托"故意同时说出错误答案时,很多受试者也跟着说出了错误答案。实验发现,仅有约 30% 的受试者保持了独立性,没有做出从众行为。

从众效应,也称"羊群效应",俗称"随大流",是指在群体压力下,个体在认知、判断、信念与行为等方面自愿依从多数人的意见、与多数人保持一致的现象,是一种常见的群体心理现象。

普林斯顿大学社会学家马修·萨尔加尼克(Matthew Salganik)曾做过一项实验,在音乐网站上传不知名的歌曲,在公开下载次数和不公开下载次数两种情况下,前者会严重影响数据表现:公开的下载次数越多,下载的人越多;公开的下载次数越少,下载的人越少。

世界上有无数的图书、电影和歌曲想要赢得人们的关注,但是,没有人有时间浏览所有的图书封面或者试看所有的电影样片,甚至没有精力去查看其中很少一部分。我们通常会将他人作为信息过滤器和决策捷径,如果了解到很多人喜欢某事物,就认为自己可能也喜欢它。例如,我们会对畅销榜上的产品产生一种信任感,因为我们会想:既然那么多人选择了它,它一定很好,毕竟世人同时出错的概率太小了。

每个人都有从众心理——别人做什么我跟着做什么,我的行为就是正确的。你去参加音乐会,在路口遇见一群人,他们都在仰头观望,于是你也跟着仰头观望;音乐会上,一个人带头鼓掌,于是你和其他人也跟着鼓掌,整个大厅掌声雷动;我们觉得店铺外面排队的人越多,商品就越值得购买。我们常以为自己有主见,实际上经常会不假思索地追随大众,没有自己的思想;

跟随别人瞎起哄，没有主见；人云亦云，没有判断真伪的能力，甚至任人摆布。这就是社会恐慌现象和经济泡沫产生的原因之一。

群体影响是从众心理的根源，它制约消费者的行为，主要有三种。

①信息影响，指个体从群体获得专业信息。面对不熟悉的或者复杂的事物，人们往往难以独立地做出判断。为了节省决策成本，人们便通过观察周围人的行为来提取信息。在信息的不断传递中，许多人的信息大致相同且彼此强化，个人理性行为由此转化为集体非理性行为。例如，有些营养品品牌就展示健康、充满活力的运动员使用产品的广告，以吸引其他人使用。

②认同影响。群体的价值观和行为方式被个体所内化，个体就会以群体的观念与模式行事。大多数情况下，个体渴望成为群体的一部分，并且希望群体内部保持和谐，因而个体会选择顺从多数人的观点。

③规范影响。考虑到群体的赞同或反对，个体的行为与群体期待相一致。规范影响或明确或隐晦地暗示，使用或不使用某产品会招致群体的奖惩。当消费者购买外显性产品（如鞋子、服装、汽车、手机等使用时可见性强的产品）、非必需品时，群体影响较大。

### 3. 正确运用模仿效应与从众效应

一般而言，很多事物的流行度都取决于它最初受欢迎的程度。如果一部新电影没有出现在票房榜首，那它以后很难出现在榜首。

这是因为人们是相互影响的。一部电影，你觉得太糟了，但你的朋友先开口说这个电影太棒了，你就开始怀疑自己的判断。特别是当你的看法不是非常坚定时，就更容易受别人的影响。这种影响是会传递的，第一个人先发表评论，第二个人会支持第一个人的意见，第三个人会支持第二个人的意见，很快大部分人都形成了一致的观点。这种现象很普遍，这是常见的认知形成的过程。

模仿效应与从众效应经常会影响群体决策，要注意正确运用。

我们在开会讨论问题时，先发言者的观点经常会影响讨论的走向与结果，因为先发言者会形成一种"引力"，将持中立态度的人吸引过去。如果想发挥集体智慧，就要鼓励大家畅所欲言，充分分享自己掌握的信息，这就需要激励大家各抒己见，甚至要鼓励大家提出反对意见。

对很多产品而言，新用户和老用户会互相影响。个别用户说产品的坏话，或者抛弃产品，会影响其他用户的跟随与模仿，从而产生连锁反应，导致市场出现"崩盘"现象，一溃千里。因此，在利用病毒效应打造病毒性产品时，产品要谨慎上市，一定要确保产品具有较强的竞争优势，因为上市以后就少有完善产品的机会了。

利用模仿效应和从众效应培育产品的病毒性，具体措施有设计价值主张、产品简捷化、产品社交化、打造产品卖点、品牌人格化等（详见第二、第三、第四部分的相关内容）。

# 第二部分

## 策划价值
## 实现自动销售

第二、第三、第四部分介绍了制造病毒效应、打造病毒性产品的15个秘诀（如图11所示），涉及产品营销策划工作的主要方面，针对每个秘诀都讲解了原理、实操要点及典型案例。从营销职能的角度看，策划价值板块大致包括秘诀1至秘诀5，创造价值板块大致包括秘诀6至秘诀9，宣传价值板块大致包括秘诀10至秘诀15。

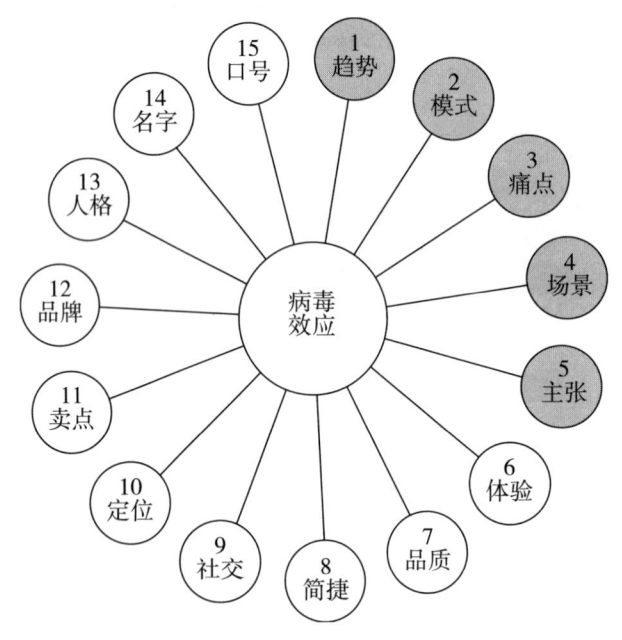

**图11 制造病毒效应，打造病毒性产品**

第二部分介绍怎样策划价值、实现自动销售，包括5个秘诀：把握发展趋势、创新商业模式、洞察客户痛点、掌握使用场景、设计价值主张。

## 秘诀 1
## 把握发展趋势

策划新产品时，首先要顺势而为——把握社会演变、技术进步与市场需求发展的潮流，顺应消费升级、创新浪潮、数字化转型与行业跨界融合等趋势，这样才能乘风而起——新产品的市场空间大，容易培育竞争优势，销售起来也容易。

孙中山说："天下大势，浩浩荡荡，顺之则昌，逆之则亡。"谁都无法对抗趋势的力量。

所谓趋势，就是事物发展的动向。趋势的背后，往往是技术革命或者社会结构变革。技术革命会引起社会生产力的飞跃增长；社会结构变革，如人口结构变动、基础设施完善，会导致原模式下的成本结构出现优化机会，这导致新事物不断涌现。

企业家、创业者要把握时代脉络，预测变化趋势，对"风口"保持敏锐的感知、开放的心态和顺势起飞的能力。

何为"风口"？

空气流动形成风，地面温度有高有低，温度高处空气上升，温度低处的空气向温度高处流动。在经济领域，风来自某种大趋势导致的市场需求快速增长与产品供给不足形成的缺口，这种供给与需求不匹配的窗口期就是所谓"风口"。

进入 21 世纪以来，互联网行业刮过好几场"大风"，例如门户、电商、社交、团购、O2O、分享经济、直播、人工智能等。企业家、创业者要尽量在符合发展趋势的朝阳产业里创新创业，这样机会较多，增量较大，红利较高，成功也比较容易；而在夕阳产业里，再努力也难有好结果。阿里巴巴、京东就在电商的"风口"上乘风而起，成为新时代的零售巨头，由于人们的生活方式、消费习惯已经发生改变，传统实体零售商举步维艰。

---

### 案例　小米：抓住风口，乘风而起

2011年，小米横空出世，成为中国制造业中一颗闪亮的明星。小米的成功秘诀就是雷军那句名言："站在风口上，猪都会飞。"

小米敏锐地抓住了一个重要风口：中国市场对智能手机的需求爆炸式增长，但iPhone太贵，很多人买不起，而国内品牌多是"伪智能手机"，供给产生了巨大的缺口，众多消费者的需求得不到满足。

"好风凭借力，送我上青云。"在大风呼啸的"风口"，小米创造了奇迹。2012—2014年，小米手机销量同比分别增长2296%、160%、226%。2014年，小米手机的市场份额居中国市场第1名，全球市场第5名，公司估值高达450亿美元。

越是轻盈，在风里就飞得越高、越快。小米初期的成功秘诀就是一个"轻"字——扔掉辎重，轻骑直取，省掉一切可以省掉的环节，对技术研发、外观设计、生产制造等核心环节，采取放弃、外包或"拿来主义"的策略，尽可能降低投入。

猪碰上风也许会飞，但是风过去后，猪该怎么办？如果不想摔死，就得让自己长出翅膀。近年来，小米努力培育核心能力，随着智能手机行业进入成熟期，小米也成长为具有国际竞争力的手机厂商。

---

### 案例　沃尔玛：顺应时代潮流，成为零售之王

沃尔玛认识到，零售的本质是进销存和供应链管理，核心是效率和差价。

远在互联网问世之前，沃尔玛就解决了大数据运营和智能化管理问题。

1963 年，家乐福在欧洲推出超市大卖场的商业模式，沃尔玛很快就将其复制到美国。20 世纪 80 年代，沃尔玛率先引进新兴的 IT 技术，全面改造物流和库存流程以降低渠道成本，实施连锁扩张战略，在全美大规模开设分店。1987 年，沃尔玛耗资 4 亿美元，委托休斯公司发射了全球第一颗商用通信卫星。2004 年，沃尔玛率先用电子标签（RFID）取代了传统的条形码。

到 20 世纪 90 年代，沃尔玛超越了百年老店西尔斯百货，成为新一代零售之王。

未来已经到来，只是尚未流行。在这个迅速变革的时代，以前的成功路径和经验都成了负资产，利用趋势打败优势的案例不断发生。我们无法左右趋势，只能张开双臂去热烈地拥抱趋势——深刻洞察时代规律，紧扣时代脉搏，与趋势同行。

我们这个时代有三大趋势：消费升级；创新浪潮；转型发展。

## 一、消费升级

企业要深刻洞察社会消费的变迁与演进趋势，顺应消费趋势，开展产品创新。

### 1. 经济与消费水平的发展规律

从世界经济发展来看，不同的经济发展阶段，不同的收入水平，决定了不同的消费水平并形成了不同的消费阶段。

（1）数量型消费阶段

人们的生活处于贫困到温饱水平，人均 GDP 在 1000 美元以下。

（2）数量质量并重型消费阶段

人们需要衣、食、住、行、娱等方面的各种消费品，市场快速增长。人们追求消费品的价廉物美，市场竞争焦点是价格、性能、质量，企业运营模式是通过工业化生产保证性价比，通过打广告、铺渠道等实现规模化销售。

（3）品质型、精神型消费阶段

对美好生活的追求成为普世向往，人们关注消费品的品质和品牌，还有情感需求与社会需求，追求更好的体验、更适合自己的风格，市场竞争焦点转变为品牌、情感、形象、文化、风格、休闲方式等，企业运营方式也发生转变。这个阶段是传统意义的消费升级阶段。

（4）个性化消费阶段

人们的物质需求已经得到满足，新需求主要是精神需求，以及新产品所创造的需求。

2022年，中国人均GDP达到1.27万美元。从经济发展规律及现实情况看，中国正在发生一场举世瞩目的消费升级浪潮，消费成为经济增长的主要动力，主要表现为老龄化与消费新生代、追求品质与精神消费，与此同时，中小企业与本土品牌迎来重要发展机遇。

### 2. 消费者：老龄化与新生代

（1）老龄化加速来临

当前，中国的人口结构正在发生深刻变化。一方面是老龄化、少子化。根据2020年第七次全国人口普查数据，60岁及以上人口超过2.6亿人，占总人口的18.7%。另一方面是接受高等教育人口在总人口中的占比显著增加。考虑到高等教育已经趋于普及，未来劳动力结构性短缺的状况会越来越严重，提升工作效率刻不容缓。

中老年人成为消费主力。"60后"和"70后"进入退休或"半退休"状态。他们思维活跃，拥有财产性收入，消费能力强，是健康、度假、医美（整容和保养）等享受型服务的消费主力。

（2）Y世代与Z世代成为消费主力

欧美国家将人群划分为不同世代，例如婴儿潮一代（1945—1965年出生）、X世代（1965—1980年出生）、Y世代（1980—1995年出生）、Z世代（1995—2010年出生），每个世代都有自己的个性标签和新需求。

当前，中国市场上的消费主力军是 1980 年之后出生的消费者，这个新生代的消费需求具有如下特点。

第一，需求"一人千面"。

消费新生代更在意自我感受，他们崇尚自由，社交需求旺盛，喜欢尝鲜，追求新潮、优质、智能、好玩，重视精神诉求和独特的消费体验，重视价值认同与个性表达，消费更加多元化、社交化、碎片化、分享化、快捷化、情感化。

第二，消费决策链路重构。

线上线下决策链路相融合，表现为线上发现、线下体验、社区讨论、线上下单、评价或分享心得等。作为互联网的原住民，新生代接触信息的渠道多种多样。他们眼界开阔，受教育程度普遍较高，他们成长在快速变化的时代，接受新鲜事物、辨别信息的能力很强。近年来，新消费领域爆品迭出，很多网红店人潮汹涌，就是由于其把握住了年轻化的潮流，提供了沉浸式的新体验。

第三，时间越来越宝贵。

时间是世界上最宝贵的东西，而消费者的时间越来越少。大部分休闲娱乐产品，例如电影、电视节目、游戏以及咖啡馆、微博、微信等，本质上都在争夺消费者的时间。帮人们节省时间，或者帮人们度过美好时光，成为产品创新与市场竞争的主战场。

### 3. 消费需求：追求品质与精神消费

当前，中国已经开启全面建设社会主义现代化国家新征程，人们的基本生活需求已经得到满足，主要需求是品质与精神消费。

消费本质上是一种意见表达和身份认同。消费升级的本质是人们的自我认知升级，希望成为更好的自己，进行自我奖赏——人们愿意付出更高的价格购买与自我认知相匹配的产品。

（1）追求品质消费

现在，满足人们基本生活需要的饮食、服装、家具、电器、汽车等商品都处于过剩状态，人们开始追求品质（功能、性能、外观、原材料）、健康

（新鲜、绿色、养生）、便捷（简单、省时省力）。

追求优质产品，具体表现为轻奢盛行、进口消费品猛增等。以纯牛奶为例，二十年前流行玻璃瓶装牛奶，是牛奶就行；十年前流行纸盒装纯牛奶，蒙牛、光明、伊利等品牌受欢迎；近年来流行有机奶，特仑苏、金典、纯甄以及一些进口品牌受欢迎。

（2）追求精神消费

大众主要消费由基本生活消费转向健康、体育、信息、文化、娱乐、养老、教育等消费，医疗保健、旅游、休闲娱乐等消费支出明显增加。例如，很多人把大把时间花在信息消费上，每天玩手机的时间达数小时。

人们隐性的精神需求尤其是体验需求被激发，很多人追求好玩、个性、时尚、环保等，讲究仪式感、荣耀感、时代感、代入感。

数字时代，精神消费的主要特点是个性化。所谓个性化，就是消费者追求产品定制与品类创新，表达标新立异的主张。过去，消费者追求产品性价比、功能、耐用性等；今天，消费者不仅关注功能，更加关注体验，涉及内容、服务、参与、分享与交流等。

同时，"单身族""银发族""户外族"等新细分客群不断涌现，他们渴望获得定制化的产品与服务，追求绿色生活、智能化等。

### 4. 中小企业与本土品牌的机遇

面对消费升级的时代浪潮，中小企业与本土品牌迎来了重要发展机遇。

（1）数字化减少了信息不对称，品牌营销模式面临挑战

商品的交换首先是信息的交换。消费者需要收集大量信息，从而做出最优的购买决策。企业必须向消费者有效传递信息，从而让消费者知道、了解并记住自家品牌，并唤起他们的需求与欲望。

品牌的作用，就是让消费者购物时指名购买，这可以简化消费者购买决策，降低其信息搜寻成本和风险成本。品牌是产品信息和消费者情感、信任的载体，它解决买卖双方信息不对称的问题。知名品牌是企业花巨资在消费者心中建立的一种认知，需要通过品牌溢价赚回成本。

面对数字化转型与消费升级的时代浪潮，中小企业与本土品牌迎来了发展机遇，这主要有几个方面的原因。

第一，电商平台使得非名牌商品实现了价值标准化，逐渐替代了品牌的作用。消费者不用到处寻找、比较商品，点击 APP 搜索一下就全出来了；平台都建立了商品价值评价系统，商品下面是销量与好评数据、大量的用户评价信息，消费者不用担心商品品质问题；消费者也无须担心商品是否合适，因为电商平台承诺"7 天无理由退货""退货包运费"等。这样一来，消费者购买非名牌商品时的决策成本大幅度降低了，可以更快捷地消费。

第二，随着消费者信息搜集能力的无限增强，消费者不再盲目相信品牌，品牌给消费者洗脑越来越难。消费者可以很容易地获得用户对产品的评价，了解产品的质量信息，轻松找到更划算的产品，而且，消费者更加重视口碑信息。

第三，随着 5G 等数字基础设施建成，直播电商等新业态异军突起，新兴品牌可以突破传统大品牌积累的品牌资产与渠道的层层壁垒，获得弯道超车的机会。中小品牌通过手机接入直播间，优质的商品便可直接触达消费者，抢占用户的心智。新品牌不再需要渠道商，不再需要花重金开线下店，也不需要聘请明星代言。

（2）发达国家的去品牌化趋势

进入 21 世纪以来，日本、欧美等发达国家的消费者对消费品的需求已趋饱和，倾向于理性消费，进入了日本社会学家三浦展所说的"第四消费时代"。在这种情况下，有些企业顺应消费升级趋势和市场发展潮流，重构产业链，实行去品牌化——去品牌溢价，取功能品质，让价格回归使用价值，体现品质价值。

三浦展在《第四消费时代》一书中指出，1912 年以来，日本社会经历了 4 次消费升级，具体如下。

第一消费时代（1912—1941 年）：人口快速增长，向大城市集中，西方化的商业社会雏形；少数中产阶级享受的消费。

第二消费时代（1945—1974 年）：人口增长，经济高速发展；少品种、大批量生产；核心家庭（有 1～2 个孩子的家庭）数量增长，以家庭为单位的大众消费，彩电、洗衣机、电冰箱、空调、小汽车是当时的主打产品。

第三消费时代（1975—2004 年）：人口缓慢增长，单身人口增多（离婚率上升，依靠父母生活的"寄生人群"增多）；以个人为单位的个性消费，"短、小、轻、薄"是畅销秘诀，例如随身听。

第四消费时代（2005 年以来）：出生率降低，人口老龄化，劳动人口减少，贫富差距拉大；消费追求转向简单、朴素、休闲、无品牌、本土化。

### 案例　　无印良品（MUJI）：用去品牌的方式打造品牌

无印良品淡化了品牌的概念，没有 LOGO，没有广告，没有代言人，追求高品质、实用、高性价比和环保，产品与包装简约、简单、简洁，尽量降低成本和价格。

无印良品通过优化供应链，简化流程，将成本控制做到了极致，省略了不影响产品品质的、不必要的工序和检测程序。例如，取消商标与染色，衣物没有标签，只采用黑、白、灰、蓝等天然色，花纹至多是格子和条纹，吊牌使用未漂白的本色纸片制作。

与无印良品相似，优衣库也对产业链进行整合，大幅降低卖场装潢和人工成本。优衣库注重面料研发，自己种植棉花，织布，既保证了品质，又降低了价格。

（3）随着消费者主权崛起，本土品牌面临发展机遇

新生代在消费过程中拥有更多的表达权、选择权、参与权。"90 后""00 后"的文化自信空前高涨，他们拥有较强的消费能力和更大的话语权，要求品牌所传达的价值观与自己的理念相契合。

很多年轻人是理性消费者，他们不偏爱名牌，不愿为溢价买单，对西方品牌没有仰望的心态，只偏爱最好的产品。而中国优质的供应链和强大的生

产能力，让中国消费者能以平价享受高质量产品。

今天，中国很多年轻人开始主动拥抱国产商品，国潮品牌在年轻人中已蔚然成风，中国本土品牌迎来了黄金时代。2023年上半年，比亚迪卖出了125万辆汽车，而国外品牌、合资品牌汽车的销量持续下滑。除了汽车，手机、鞋服等行业也具有同样的趋势，曾经的苹果三星、阿迪耐克正被华为小米、安踏李宁挤压市场份额。

## 二、创新浪潮

### 1. 新技术革命

如今，以互联网为核心的新一轮科技和产业革命正在兴起，新事物不断涌现，如人工智能、元宇宙、量子信息、新材料、新能源、基因工程等。谁在这轮新技术革命中取得领先位置，谁就能占领世界产业竞争的高地，实现持续增长。

人工智能技术衍生出来的机器人、自动驾驶等技术将大幅度提升人类生产与生活的效率，将人从繁重的劳动中解放出来。根据专家的预测，未来10~20年，目前50%以上的职业将被人工智能所取代，尤其是简单技能型、重复劳动型、数据处理与分析型的职业，例如流水线工人、助理、文秘、导游、翻译、保安、柜员、销售、客服、会计、司机、家政、厨师，部分医生、律师、设计师、投资顾问等的工作也可由人工智能承担。

元宇宙是全真互联网，是虚实的融合、时空的融合，其基础是增强现实技术（AR，虚拟信息与现实环境无缝融合，在现实中呈现虚拟信息，如汽车抬头显示、博物馆导览等）与虚拟现实技术（VR，虚拟现实化，看视频、玩游戏时感觉像在现实中，带来身临其境的沉浸式体验）。与电影、电视、游戏等传统娱乐方式相比，元宇宙能带来更多的娱乐刺激。"90后""00后"生活在一个超链接化和信息饱和的世界中，他们更加相信科技，依赖智能产品，沉溺于元宇宙的沉浸感带来的非凡体验，他们将推动元宇宙早日到来并成为主要消费群体。虚拟数字人正在进入客服、品牌代言、导购乃至直播等领域，这将导致营销传播方式发生巨大变化。

新能源技术将改变世界能源格局，弱化人类对化石能源的依赖，大幅改善环境质量。电动汽车不仅会冲击汽车制造和销售服务行业，还将影响能源行业与交通运输业。

当前，世界已经进入"双碳"时代。欧美是消费型社会，碳排放主要来自生活消费，欧美实现碳中和的关键是节制消费。中国碳排放主要来自工业生产，中国碳中和的本质是产业升级——不仅能源产业要升级，各行各业都要升级，包括节能降耗、开发减碳的新材料新工艺、升级基础设施等。产业升级不仅能实现碳中和，而且将引领世界技术创新趋势，能带来巨大的技术红利。

## 2. 达维多定律

曾任英特尔公司副总裁的威廉·达维多（William Davidow）指出，一家企业要想在市场上占据主导地位，就必须首先开发出新一代产品。这就是达维多定律。

英特尔的产品战略遵循达维多定律。英特尔总是最先生产出速度更快、体积更小的微处理器，然后一边削减旧芯片的供应量，一边降低新芯片的价格，电脑厂商和广大消费者不得不"任其摆布"。英特尔始终是新一代微处理器的开发者和倡导者，并为此不惜淘汰自己正在市场上畅销的产品——其产品不一定是性能最好的和速度最快的，但一定是最新的。1995年，为了避开IBM的PowerPC RISC系列产品的挑战，当486处理器还在市场上畅销的时候，英特尔有意缩短其技术寿命，推出了新一代奔腾586处理器。

根据达维多定律，企业要不断创新产品，使新产品尽快进入市场，及时淘汰老产品，并制订新的市场和产品标准，这样就可以把供应商和消费者吸引在自己周围，把竞争对手抛在身后（因为竞争对手尚未达到新标准），制订游戏规则，主导市场发展节奏。

市场上一旦出现新技术，最早采用的企业就可能获得暴利，没有跟进的企业则可能被市场淘汰。企业通过创新形成行业先行者优势，而不是试图维持原有的技术或产品优势，可以获得高额的"创新利润"及更大的发展。苹果、谷歌、微软、华为等企业，都高度重视研发投入，"用今天的钱，建明天的能力"，以保持自身优势。

随着科技、社会环境、消费人群的变化，企业不能被现有的核心能力拖累，要时刻关注消费需求变化趋势，拥抱新技术，承担风险，通过全面创新来强化竞争优势。

### 案例　　特斯拉：开放电动车专利

马斯克认为，真正的竞争优势，是创新的速度，而不是遏制别人的进步。

特斯拉的使命是"加速世界向可持续能源的转变"。从2014年开始，特斯拉将其所拥有的电池包、汽车设计、电化学、软件控制系统、超级充电桩等方面的专利陆续开放，消除了电动汽车行业的技术壁垒，推动了新能源行业技术水平的整体提升。

马斯克表示："如果有人制造出比特斯拉更好的电动汽车，以至我们卖不掉车，最终破产……我仍旧觉得这对世界来说是件好事"，"我认为技术方面的真正优势，更重要的是创新速度。如果你的创新率很高，就不用担心保护知识产权了"，"最好的专利保护，是一家公司吸引和激励世界上最具天才的工程师的能力"。

### 案例　　微软：版本升级战略

软件公司通常不是一次性向市场推出完美的产品，而是逐步改进产品，使其升级换代，这种做法称为"版本升级战略"（Versioning），微软就是实施该战略的典范。Windows 95并不是一个完全成熟的产品，微软却大力推广，在全面覆盖市场之后，推出 Windows 97 和其他后续版本。

微软前 CEO 鲍尔默说过："我们企业的生命力源于研发投入。"科索马罗（Michael Cusumano）和塞尔比（Richard Selby）在《微软的秘密》（*Microsoft Secrets*）一书中指出，为了在软件行业取得领导地位，微软奉行"开拓并适应不断演变的大规模市场"战略，尽早进入不断演变的大规模市场，或者以能够成为行业标准的"好"产品促进新市场的形成，具体做法如下。

- 不断改进新产品，定期淘汰旧产品；
- 大批量销售，或者签订专有供货合同，保证公司产品成为行业标准；
- 充分发挥作为新产品标准供应商的优势；
- 整合、拓宽并简化产品，以进入新的大规模市场。

但是，微软的这一战略也遭到了诟病，对这种凭借市场垄断地位不断升级产品版本的做法，很多消费者并不喜欢，甚至感到厌烦和愤怒。

### 3. 选择创新战略

（1）创新战略选择模型

企业可以从市场需求与技术两个维度，选择自己的创新战略。

- 需求：满足现有市场需求，还是创造和引领潜在市场需求？
- 技术：通过升级优化改进技术，还是实现技术全新突破？

将这两个维度进行交叉组合，就得到了创新战略选择模型（如图 12 所示），四个象限代表了四种战略选择。

①改进者。用改进性技术满足现有市场需求，典型产品如小米公司的小爱音箱、智能门锁、扫地机器人。市场上现有的领先企业通常是改进者，它们不断迭代升级技术，使产品的性能更强大、客户体验更好。

②颠覆者。用全新技术满足现有市场需求，通常会颠覆现有市场格局，典型产品是电动汽车与精准医疗。由于革命性技术很少，因而颠覆者的数量很少。

③开拓者。用改进性技术创造新的市场需求，典型产品是苹果公司的

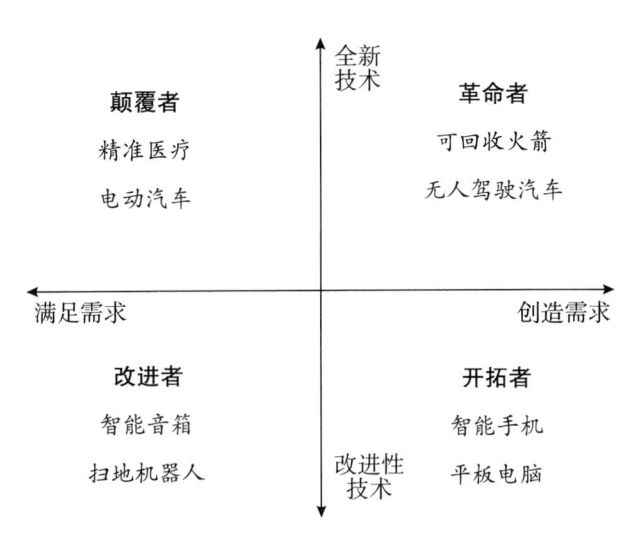

```
              全新
              技术
   颠覆者       ↑        革命者
   精准医疗             可回收火箭
   电动汽车             无人驾驶汽车

满足需求 ←─────┼─────→ 创造需求

   改进者              开拓者
   智能音箱      改进性   智能手机
   扫地机器人    技术    平板电脑
               ↓
```

图 12　创新战略选择模型

iPhone。iPhone 并没有突破性的新技术，而是改进了触摸屏、浏览器、操作系统、指纹识别等技术，改变了人们对手机的认知。用改进性技术引领需求的机会较少，因而开拓者的数量少。

④革命者。用全新技术创造新的市场需求，典型产品是马斯克的多项革命性产品。无人驾驶汽车，用无人驾驶技术重新定义出行；SpaceX 的可回收火箭，大大降低了发射火箭的成本，让太空旅行成为可能，将潜在需求变成了现实的期待。

（2）选择适合的创新战略

企业可以结合自己的资源禀赋，回答下面四个问题，选择适合自身的创新战略。

问题一：你知道客户的期待吗？

这个问题考察企业对现有市场需求的洞察能力。企业往往沿着自身既有的轨迹去开发升级新产品，但这未必是客户最期待的方向。企业需要建立全面了解客户的体系：在所有客户触点开展互动，搜集与整合客户信息，进而持续、系统地监测客户需求的变化，这样，企业才能够保持对客户需求的敏感和及时响应，了解客户的期待是什么。

问题二：你能给客户带来想象吗？

这个问题考察企业对客户潜在需求的预见能力。预见消费者的潜在需求要依靠直觉和灵感，可以给客户带来超乎想象的产品和体验，引领客户的潜在需求。这要求企业具有非同一般的远见、与客户群体的深度共鸣以及对客户的巨大影响力。

问题三：未来什么技术进步会对企业产生重要影响？

这个问题考察企业是否持续跟踪技术的更新迭代，并对产品进行升级换代。

问题四：你有突破常规、应用革命性技术的决心和能力吗？

这个问题考察企业是否有勇气引领技术革命、投入研发突破性技术。革命性技术的风险更高，不确定性更强，经常受到来自内部的阻力，因此研发与应用革命性技术需要长远的眼光和持续坚定的投入。公司要具有强烈的愿景和创新精神，致力于创造跨时代的产品，希望用技术的力量来改变世界。

值得注意的是，革命性技术不仅能提升效率，还能创造需求。譬如汽车赶走了马车，却带来更加复杂的汽车产业链，当下的新能源、电动汽车、5G技术也是如此。有些互联网平台缩短了时空距离，提升了效率，但创造需求不足。平台掌握了大数据，可以控制产业链并将其变短，从而摧毁大量传统行业，这使商业机会与税收大幅减少，最终会导致社会消费力整体下降。当然，这属于宏观产业政策的范畴。

通过这几个问题，可以了解企业对客户需求和技术研发的态度。企业是更倾向于调查分析现有未被满足的市场需求，还是挖掘和引领客户的潜在需求？企业是更倾向于沿着现有技术的轨迹不断更新升级，还是期望彻底创新技术来重新定义产品和服务？企业可以根据自己对于市场需求的理解，以及技术应用的倾向，选择成为改进者、颠覆者、开拓者或革命者。

## 三、转型发展

进入 21 世纪以来，以数字化、网络化、智能化为主要特征的新一轮信息科技革命和产业变革加速演进，传统行业狼烟四起，面临着全新竞争、大幅改造甚至全面颠覆，主要表现在两个方面：数字化转型；行业跨界融合。

**1. 数字化转型**

数字化转型，就是利用数字技术驱动业务活动——基于数据及算法进行决策，迅速感知与应对市场变化，精准匹配供需，提高资源利用率与运营效率，创新业务与商业模式，开拓新的市场机遇。未来，所有的企业都是数字企业。

数字化转型的驱动力是工业4.0。工业1.0是机械化和动力化，工业2.0是自动化、流程化和标准化，工业3.0是信息化，工业4.0是数字化和智能化。

根据德国国家科学与工程院发布的《工业4.0成熟度指数：管理公司数字化转型》报告，工业4.0的发展路径包括6个阶段，即计算机化、连接、可视、透明、预测、自适应。根据我国数字化转型的实践特点，可以将这6个阶段划分为数字化转型（计算机化、连接、可视）与智能化升级（透明、预测、自适应）两大阶段。

数字化转型分为4个层次。

①产品数字化。通过嵌入智能元器件，或者与互联网实时连接，使产品具有更强的信息处理能力，甚至具有感知、控制、互联、记忆、识别、学习等智能，从而提升产品的性能和质量。同时，人们逐渐从物质消费转向精神消费，数字产品成为主流消费品。

②价值链环节数字化。在产品策划、设计、开发、生产、宣传、销售、服务等环节广泛运用数字技术，实现研发在线协同化、生产柔性化、营销宣传社交媒体化、销售电商化、客户服务精准化等。例如：基于需求洞察找到场景痛点，快速进行产品概念仿真、销量预测；通过数字孪生进行仿真设计，缩短研发周期。

③商业模式数字化。方式多种多样，例如，电商改变了零售业的商业模式，外卖平台改变了餐饮业的商业模式等。

④运营数字化。企业全面运用信息技术和互联网工具，实现运营的平台

化、社会化、移动化、电商化，从独立生产转为共同创造，从被动服务转为主动分享。

有专家学者根据数字技术的物理覆盖范围、数据赋能进展等维度划分数字化转型的层次，物理覆盖范围包括设备、单元、生产线、工厂、企业、生态等，数据赋能进展包括全面感知、实时分析、自动预判、自主决策、自我演进等。

**2. 行业跨界融合**

我们正进入一个跨界竞争的时代。有这样一段话曾经非常流行："这是一个摧毁你，却与你无关的时代；这是一个打劫你，你却无力反击的时代；这是一个你醒来太慢，干脆就不用醒来的时代；这是一个不是对手比你强，而是你根本连对手是谁都不知道的时代。"

汽车在美国仅用了13年，就让马车变成了娱乐项目；柯达的胶卷技术曾经遥遥领先，却被做数码相机的索尼所淘汰；诺基亚的全球市场份额曾高达40%，但转眼就被做电脑的苹果远远超越。有线电话取代电报，手机取代有线电话，激光唱片淘汰黑胶唱片，360免费杀毒淘汰金山毒霸，淘宝逼得传统零售门店关门，微信"打劫"通信运营商，不胜枚举。

世界已经进入了无边界时代，你很难界定自己属于哪个行业，很难说清楚竞争对手是谁。计算机厂商推出智能手机，互联网企业提供通信业务，通信运营商提供高清电视业务，智能手机整合数码相机、GPS导航仪、电子书、MP3等产品。小米从手机行业进入空气净化器、平板电脑、电视、手环等领域；谷歌从互联网广告进入眼镜、汽车、风电、通信等行业；腾讯基于QQ、微信培育的庞大用户群，开展移动支付、游戏、影视、旅游、交通和生活服务等业务；无印良品将传统的零售与餐饮、文化艺术、时尚美容等跨界融合，越来越像一家围绕消费者吃穿住行的生活方式公司。

迪士尼是景区与商业融合的标杆，其衍生品的销售收入很高。大型购物中心转型为旅游景区，如广州正佳广场满足消费者购物、吃饭、看电影、看动物、玩游戏等需求，成为城市微度假的热门选择。

隔行如隔山,企业不能盲目跨界。跨界并非简单复制、嫁接,进入与自身业务毫不相干的热门领域,而是延伸核心能力,创造新价值。例如,从表面上看,谷歌研发无人驾驶汽车是跨界,但事实上,图像和数据处理本来就是谷歌的核心技术,它只是将其延伸到自动驾驶上。谷歌汽车本质上是一部强大的数据处理器,通过声、光、电等传感器识别周围环境,实现自动驾驶。

## 秘诀 2 创新商业模式

企业策划产品时，首先要创新商业模式，即利用信息技术优化产业价值链，重构行业成本结构。当前，商业模式创新的主要方向包括免费经济、短路经济、平台经济与共享经济等。

新产品具有创新的商业模式，就容易建立竞争优势，获客成本低。

### 一、商业模式创新是数字时代的主旋律

德鲁克说过："当今企业之间的竞争不是产品之间的竞争，而是商业模式之间的竞争。"要想在商业模式竞争中获胜，首先要认识商业模式，把握商业模式创新的方向。

所谓商业模式，就是企业为客户提供价值的方式，即企业为谁提供什么样的独特价值。可见，商业模式有3个要点：一是"谁"，即目标客户是谁；二是"价值"，即产品解决客户什么问题，满足客户什么需求；三是"独特"，即产品与竞品相比有何优势。

商业模式创新没有简单的规律可供遵循，很多时候要靠想象力、悟性。但是，不管是创业还是开发新产品，商业模式创新都要基于企业的本质——为客户创造价值，高效解决客户的问题。

数字时代，信息透明，交易成本降低，信息和资金的流转效率大幅提升，这导致很多传统的商业规则和做法已经失去了基础。随着社会经济数字化转

型进程的推进，数字经济与传统行业逐渐深度融合，产业链不同环节、不同产业链快速重组，从而催生新的业务、新的资源分配和生产服务模式，新商业模式会不断涌现出来。

数字时代，商业模式创新的基本路径是利用数字技术优化产业链，实现业务活动高效协同和资源优化配置，降本提质增效，例如压缩营销费用、渠道佣金、物流仓储费用等，创造高性价比的优质产品，创新盈利模式、运营模式、销售服务模式等。

当前，商业模式创新的主要方向是免费经济、短路经济、平台经济和共享经济等。

## 二、免费经济

### 1. 免费的作用

免费经济具有悠久的历史，免费模式具有多方面作用。

（1）宣传新产品

传统意义上，免费是一种促销手段。早期，唱片公司反对广播电台免费播放歌曲。到了 20 世纪 50 年代，唱片公司意识到在电台播放歌曲能够宣传唱片。如果听众以前没有听过某首歌，就不知道它到底好不好听，又怎么会去购买唱片呢？虽然收听电台播放的歌曲是免费的，可是听众如果喜欢，就会花几十元去购买一张唱片，就可能花几百元去听音乐会，购买纪念品，还可能向朋友推荐。

（2）培育用户群

用户对某个产品形成使用习惯后，对该产品的依赖性增强，对价格的敏感度会降低，企业在定价方面就获得了主动权。游戏运营商延迟向玩家收取费用，直到玩家玩上瘾。一旦玩家开始沉迷于游戏，并且渴望在游戏中达到更高的级别，那么掏腰包就会变得顺理成章。

为了吸引用户并使其养成使用习惯，有些企业直接补贴用户——给用户发钱。2014 年，滴滴和快的进行了中国网约车史上的"补贴大战"，双方共发放了100多亿元补贴。最终，双方握手言和，滴滴与快的合并。

（3）消灭竞争者

例如，微软的Windows软件对政府、企业、学校等单位用户收费，却默许公众用户使用盗版（免费）。任由盗版横行的做法，本质上是一种变相的倾销手段，让竞争对手难以存活，一家独大，盗版成了维护Windows生态的护城河。

**2. 免费的本质：交叉补贴**

免费模式的本质，是通过免费的引流品吸引流量（人气），树立品牌形象，通过其他产品实现收入与盈利。引流品，又称爆品、广告商品，就是质量好、价格低或免费的产品，可以用来吸引人气。

免费模式很普遍。例如，一百多年前，美孚石油公司在中国送煤油灯，卖煤油；麦当劳、肯德基的免费卫生间吸引人气，树立亲民的品牌形象；商场对麦当劳、普拉达等大品牌免收租金或收取低租金，以吸引人气，而向小品牌收取高额租金。

互联网产品销售通常采取免费模式，通过附加功能、产品升级、广告、推荐费、赞助费以及用户数据等实现收入。例如：360的互联网安全服务免费，靠分发流量与广告赚钱；Google的安卓系统免费，靠应用商店与浏览器广告赚钱；东方财富凭借财经资讯门户网站东方财富网、互动社区股吧、垂直财经频道天天基金网的内容组合，提供大量优质财经内容来吸引海量股民，通过股民在证券交易平台开户、销售付费炒股软件与金融信息数据库、基金承销等实现收入。

企业的研发、生产、宣传、销售、渠道等所有业务活动都在为客户提供价值，可以说都是产品。例如，很多企业都有自己的官方网站，网站是产品、零售终端还是宣传平台？好像都是。不过，由于各企业的商业模式不同，各项业务活动的任务不同：有的吸引客户，有的产生收入；有的免费，有的收费。开市客超市以低毛利商品吸引客户，靠收取会员服务费赚钱；腾讯以QQ、微信等免费业务吸引客户，靠游戏、广告、金融（支付）等业务赚钱；星巴克除了销售咖啡和饮料，还销售衍生纪念品，定期举办"线下咖啡教室"活动；保健品企业可以把社群当成免费的引流工具，靠销售健康食品赚钱，也可以以成本价大量销售健康食品，培养客户黏性，精准锁定客户，靠客户社群赚钱。

---

**案例　　　　　　　　麦当劳：靠什么赚钱？**

汉堡包其实不赚钱。制作汉堡包要使用优质牛肉和面包，肉饼炸好后如果没有及时出售就要处理掉，因而成本高，利润薄。

可乐、薯条只能赚小钱。

供应链赚中钱。麦当劳集中采购全球几万家连锁餐厅使用的面粉、牛肉、土豆等，通过改造供应链来降低成本。

房地产赚大钱。麦当劳的收入和利润主要来自房地产。一方面，麦当劳拥有专业的店铺选址能力，寻找合适的开店地址长期承租，或者购进土地和房屋，然后将店面出租给加盟商，获得房地产运营收入；另一方面，麦当劳通过餐厅吸引客流，建立商圈，实现房地产升值。

### 3. 免费的驱动力：规模效应与范围效应

免费模式的根源是零边际成本，而零边际成本主要产生于规模效应与范围效应。规模效应从成本端提高了企业效率，而范围效应从收入端提高了企业效率。

（1）规模效应

规模效应，又称规模经济，就是单位成本随着产量增加而下降的特性。单位成本就是总成本除以总产量。总成本包括固定成本与可变成本：固定成本是不随产量变化而变化的成本，例如厂房、设备、办公楼、电脑服务器及其软件等；可变成本与产量高度相关，例如原材料、能源、人工成本、销售费用和管理费用等。在生产与销售规模扩大的情况下，企业可以优化流程、降低人工成本、提高管理效率等，由于固定成本相对稳定，这导致单位产品成本被摊薄，因而具有成本优势，这就是规模效应的本质。

行业成本结构决定了规模是否经济。固定成本占比越高，规模效应越明显，因此规模效应在传统制造业中表现明显。随着生产规模扩大，固定成本不增长而可变成本同比例增加，产量越大，边际成本（新增单位成本）越低。随着市场份额提高，毛利率和净利润大幅度提升，规模效应得到了很好的体现。

与传统行业相比，互联网企业的规模效应较强。互联网企业的成本结构中，固定成本包括服务器、应用软件、办公室等占比很大，而可变成本很小。用户达到一定规模后，产品的边际成本接近零。

（2）范围效应

范围效应，又称协同效应、范围经济，是指同时生产多种产品（或提供多种服务）的总成本低于分别生产各种产品（或提供各种服务）的成本之和，因此，企业可以很容易地去做不同的业务，特定范围内的多产品企业比单一产品企业效率更高。

商场的楼层租金、员工等成本是固定的，多招一个商家的成本可以忽略不计，多收的租金就是增量利润。商家多了，商品与服务多了，能引来更多的顾客来购物、看电影、吃饭，顾客增多使得商家收入增加，商场收入也增加。宜家、小米之家等都利用了这种协同效应。

范围效应的本质是充分利用人流量，通过多种产品或服务变现。物业公司增加服务项目，比如房屋/车位代租售、房屋维修等，能增加总体服务收入。连锁超市、便利店、运营商营业厅等终端门店提供多种服务对流量进行变现。社区门店不仅是超市、服务网点，还兼顾社区生活服务，增加店外服务量，例如：开展二手物品置换、家政、快递代收、老人小孩看管、宠物寄养等服务；开展社区团购、预售活动等；开展社群运营，与各种生活服务商开展合作，引入会员俱乐部等。

同时具有规模效应与范围效应的产品或者企业，利润空间大，市场竞争力强。一方面，企业可以在一个业务上亏钱，在其他业务上赚钱；另一方面，企业会建立生态体系，创造出新的业务。例如，微信一开始只是一个聊天

APP，用户规模变大之后，微信推出了公众号，成为媒体；推出游戏、音乐等，进入娱乐业；推出微信支付，进入金融业；推出小程序，进入电商行业。

### 4. 策划免费产品，实现指数型增长

免费模式有三个基本条件：高频；刚需；零边际成本。

一般而言，需求越强烈、越普遍的产品，价格越低。满足人们基本生存需要的产品，都是免费的或者低价格的，例如空气、水、电力、燃气等。对于需求越来越普遍、越来越强烈的互联网基础服务，例如搜索、安全、娱乐、通信、购物等，大部分已经免费或接近免费，而全面免费是大势所趋。

互联网产品的边际成本趋于零，可以通过免费模式实现指数型增长。互联网产品是虚拟的、数字化的，产品开发成本大体固定，产品传递到用户手里的费用接近零，产品边际成本（每多提供一个产品所增加的生产成本）几乎为零。由于用户增长曲线是幂律分布，大部分企业会被推向幂律分布的两边——极少数企业会进入头部市场，占据市场垄断地位，绝大多数企业会被推向长尾市场，血本无归，因此，这种行业会形成"赢家通吃"的市场格局。

传统行业企业要想打造"赢家通吃"的市场格局，实现用户指数型增长，秘诀就是打造免费产品——对产品进行包装策划，使其边际成本趋于零。首先分析产业价值链，重新梳理、组合各价值环节，或者应用新技术，或者创新合作模式，使某些价值环节的边际成本趋于零；然后，定位于边际成本较低或者趋于零的环节，把边际成本较高的环节剥离出去，与别人合作。

例如，麦当劳集中管理品牌与供应链，并将餐厅操作、流程、配方等工作标准化，使这些工作的边际成本趋于零，由自己负责；将边际成本高的餐厅运营环节抽离出来，交给加盟店或直营店负责。再如，樊登读书会自己负责每年精选50本图书，并制作PPT和音视频解读资料，这些内容既可以给100个人看，也可以给100万个人看，成本几乎一样；由合作伙伴负责组织各

地读书会的各种线下活动，例如聚会、主题活动等。

随着数字技术的广泛应用，规模效应与协同效应将在更多领域、更深层次上发挥作用，企业有越来越多的机会包装策划零（或接近零）边际成本的产品与服务，实现指数型增长。

## 三、短路经济

### 1. 短路经济的特点

就传统产业来说，从产品到消费者的供应链比较长，环节多，包括：D，设计（Design）；M，制造商（Maker）；S，供应商（Supplier），包括各级代理商、批发商与经销商；B，零售商（Business），包括大卖场、超市、连锁店等；C，消费者（Consumer）。"D—M—S—B—C"，每个环节都要加价。

所谓短路经济，就是利用数字技术建立跨供应链节点的直连，短路（砍掉）中间节点，优化交易结构，提升商业效率。

短路经济主要体现在两个方面。

①链条反向。分为两种情况：一是C2M（Consumer to Maker）模式，即"客户直连制造"；二是C2B模式，即团购，把从零售商（B）到消费者（C）的商品供应链，反转为从消费者到零售商。

②减少环节。制造商（M）与零售商（B）直接连接，形成M2B（Maker to Business）模式。名创优品是典型，制造商"M"与连锁门店"B"直连，短路了供应商"S"。

### 2. C2M模式实现大规模定制

C2M，又称"反向定制"，是客户先下订单、制造商再生产的按需生产模式。企业要建立柔性的生产制造系统，通过C2M实现小批量、多品种生产，这就是大规模个性化定制，简称大规模定制。

C2M模式让客户与制造商直接连接，能够满足个性化需求，破解产品同质化的难题；没有库存，节省了渠道费用，极大地降低了成本。在国际上践行该模式的典范是戴尔电脑，在国内的成功样板有红领西服、索菲亚家具、尚品宅配等。

**3.M2B 模式提升产业链效率**

中国市场上，很多日用品价格虚高，香水、太阳镜的定倍率甚至达到 50。顺应中国消费升级的大趋势，2013 年 11 月，叶国富创立了时尚消费品连锁店名创优品（MINISO）。截至 2022 年，名创优品在全球拥有 5199 家门店，财年销售额超过 100 亿元。

名创优品的商业模式是直管模式和短路经济。用直管模式迅速扩张，用 M2B 模式短路各级渠道商。其商业模式创新的要点如下。

①直管，即投资加盟。加盟商负责店铺前期投入，包括在符合要求的地址租铺面，按照标准进行装修，缴纳品牌使用费和供货押金。名创优品负责店铺运营，包括管理店长、店员以及进货经营。加盟商没有经营权，但能看到店里的每笔交易。名创优品每天晚上把营业额的一部分作为投资收益返给加盟商。事实证明，这种模式的开店速度非常快。

②定位为时尚店。选址多在人流量大的购物中心或主流步行街，周边提供"吃喝玩购"一条龙服务，店铺装修高档。人们吃美食、喝咖啡、看电影、练瑜伽之后，顺便就走进名创优品的门店挑挑选选。

③品类差异化。商品品类主要是使用频率较高的实用生活小百货，如化妆品、小饰品、零食、箱包、生活用具、小型电子产品等，避免与电商平台、大超市直接竞争。

④集中采购，自有品牌，高品质。名创优品直接与制造商交易，商品供应链被短路为 M2B，其拥有几千家门店，面对制造商有强大的议价能力，可以降低进货价；除了食品，商品全部使用自有品牌，因而掌握了商品定价权；与领先的制造商合作，规模化采购，买断制供货；每周一召开商品选样会，挑选精品、爆品。

⑤集约化运营，快速周转。名创优品负责市场调研、产品设计开发、商品库存管控、店铺规划、销售数据分析、终端营销方案制订、品牌宣传及物

流配送等。制造商直接送货到名创优品的中央仓库，仓库给周边门店少量配货，大量货物放在中央仓库。一般百货店的商品流转时间为 3 ~ 4 个月，名创优品仅为 21 天。

⑥低价格。名创优品以"快时尚""十元商品""高性价比"为标签，舍弃了化妆品、香水、太阳镜等生活消费品的高利润，商品价格仅为超市的 20% ~ 30%，商场的 10%。例如，名创优品的眼线笔 10 元一支，由欧莱雅的代工厂生产，而价格只有欧莱雅的 10%，引起消费者疯抢，销量上亿支。

## 四、平台经济

### 1. 平台经济的内涵与类型

平台型企业不提供商品，而是搭建交易场所，吸引供应方与需求方，并使供需间进行精准匹配，提高交易效率，通过收取佣金、提供服务等方式营利。

随着互联网飞速发展以及物流、支付、云计算等基础设施日益成熟，数字平台突破了传统平台面临的地域、时间、交易规模、信息沟通等方面的限制，获得了全新的发展，供应方与需求方的数量都大幅度增加了。

所谓平台经济，就是依托网络基础设施，利用人工智能、大数据分析、区块链等数字技术撮合交易、传输内容、管理流程的数字经济模式。

根据功能的不同，可以将平台分为交易型平台与内容型平台。交易型平台旨在传递交易信息，促成交易达成，包括电商平台、支付平台、网约车平台、外卖平台等。内容型平台主要传输新闻、观点等内容信息，促进内容分享，包括社交平台、短视频平台等。

### 2. 平台经济的驱动力

当一个平台连接两类节点（通常是供需双方）的时候，双边市场效应就产生了。所谓双边市场效应（Two-sided Market Effect），就是一个平台上，不同类别节点（如供需双方）之间由于正反馈产生良性循环，从而创造的价值效应。

传统的商业街、商场就是典型的平台，具有双边市场效应。聚集的商家越多，商品越是琳琅满目，顾客就越多；顾客越多，商家就越多，形成良性循环。虽然商家增多加剧了市场竞争，但能够吸引更多的顾客，从而摊薄了商家的获客成本，增加了销售额。

打车平台会聚了司机和乘客，司机和乘客必须通过平台才能产生联系，两边是相互带动的关系。随着司机和乘客数量的增加，两边的成本都被摊薄了。而且，平台上司机越多，乘客就越多；乘客越多，司机就越多，二者相互吸引，市场会越来越集中。

有些平台连接了多边，例如，外卖平台上既有餐馆，又有消费者，还有骑手，这就是比较复杂的多边市场。

平台经济还具有网络效应、规模效应与范围效应。

平台型企业的价值与其联动的节点数量高度相关，呈现出明显的网络效应。平台型企业搭建好平台，制订平台的规则，引入供应商一起经营平台，这些供应商会自发地维护和扩大自己的消费群体，因而平台型企业能够快速发展壮大。

平台型企业的规模通常比较大，跨界经营现象比较突出。

### 3. 平台型商业模式

传统行业实现商业模式的平台化转型，核心是转变企业与上下游供需方的连接机制与互动方式，实现资源整合与共享协同，极力促成信息在供需双方的直接流转，促进形成更加精准的匹配。

当前，一种常见的商业模式是通过搭建平台与重构产业链，提高供应链效率，其实质是平台经济与短路经济的混合模式。

通过搭建平台，整合产业链相关角色，将低效的产业链环节予以缩短，让供需双方直接对接，实现链条中信息的自由流动，从而优化配置资源，为消费者提供一站式服务，提升产业效率。

> **案例**　找钢网：搭建平台，短路产业链，提升销售与渠道效率

2011年以前，国内钢材市场是卖方市场，钢材供不应求，钢厂和中间商不关心渠道效率。2012年以后，钢铁行业产能过剩愈演愈烈，钢材难卖成为普遍现象，销售效率低成为行业痛点。2012年5月，找钢网应运而生。

传统的钢材销售链条是：钢厂—大代理商—中间商—零售商—用钢企业。找钢网先聚集广大零售商，再吸引钢厂进入平台。广大钢铁零售商的痛点是找货难。一方面，钢铁业的销售信息高度分散，每家钢厂每天自行对外发布库存量、报价表；另一方面，零售商购买钢材通常要经过询价、比价、议价、锁货、付款、拿函提货、寻车、比车、议车、锁车、传真、取货、发票、质量异议等14个环节，交易一次需要打几十个电话，花几个小时，效率低下。买家不仅仅是买货，还需要自己找物流、仓储、加工等服务，而且这些服务往往是割裂的，效率极低。

找钢网从聚拢下游小微企业入手，早期免费撮合中小供应商与买家交易，解决下游买家"找货难"问题。找钢网定位为钢材销售中介，上游连接钢厂、大型贸易商，下游连接次端、终端企业。找钢网将卖家货物信息放到平台上，信息及时更新，快速匹配符合买家需求的货物；买家可以搜索后直接下单，这打破了信息不对称，省去了中间反复询价、比价、议价的环节；将十几个购买环节简化成3个环节（提交需求—提交订单—付款），提升了交易速度；将零售商的小订单聚拢起来，以海量订单去和钢厂议价。找货快、比价快、议价能力强、免费服务使得找钢网的撮合交易量迅猛上升，很快就成为行业订单流的入口，买方云集的平台自然对销售困难的钢厂产生了强大的吸引力。

以前，大代理商与钢厂的合作是买断制销售，由代理商承担价格风险。在价格上涨阶段，代理商赚钱；在价格下跌阶段，代理商亏损，因而其不愿进货或推迟进货，这导致钢厂库存高企，经营风险增大，双方矛盾严重。找钢网作为中介，与钢厂的合作实行"保价代销"模式，找钢网不承担价格风

险，只收取少量佣金（1%）。这样，找钢网没有囤货博差价的动机，而是追求做大销售规模，快速消化钢厂库存，与钢厂的利益一致。于是，很多钢厂绕过大代理商直接与找钢网合作，销售链条变为：钢厂—找钢网—零售商—用钢企业。

找钢网以中介服务替换各级代理商，降低了行业交易成本，提升了钢材的销售效率。通过搭建平台，为上下游企业提供交易、一体化、大数据以及SaaS等服务。找钢网通过数据化和市场化运营，以销定产，让钢厂根据库存和需求快速调整生产计划和区域配比。

找钢网旗下的胖猫物流把非标服务标准化，做到配送价格低、服务好、按时履约，提升了对钢厂的议价能力和毛利。买家买货以后，用胖猫物流，可以获得一键报价、匹配物流车辆的服务，同时可以在线上对接仓储和加工厂。如果是找钢网的"胖猫白条"用户，还可以申请先提货、后付款的信用赊购服务，解决资金周转的问题。

## 五、共享经济

### 1. 共享经济提高资源利用效率

人们租用一种商品或服务的使用权，而不是购买所有权，以提高资源利用效率，这就是租赁经济。

共享经济，也称分享经济，就是以租代买，其本质是租赁经济。供给端是已经存在的分散的闲置资产，需求端（使用者）是随机分散的，共享平台将供给端与需求端连接起来，集中管理这些存量的、分散的闲置资产，并将其与使用者高效结合起来，实现资产的所有权与使用权分离，提高资产的使用效率。

制度经济学鼻祖科斯说过，企业是一个组织，是一个高效配置社会资源的组织。数字时代，企业能否提高资源利用效率，决定了其参与市场竞争的成败。

数字技术的发展和广泛应用使信息更加透明、对称，降低了交易成本，提高了资源配置效率，促进了共享经济的发展。首先，云计算、大数据、物联网、移动互联网等技术的发展提升了信息甄别与传递的效率，提升了需求与供给的匹配效率，大大降低了租赁交易的信息成本，人们通过互联网平台直接进行交易的成本也大幅下降；其次，大数据分析及智能移动终端的普及，使资源的需求方和供给方能够快速匹配；最后，大数据有助于完善信用记录，互联网平台上的支付手段、评价体系成熟后，交易双方能够迅速了解彼此并建立契约关系。

**2. 共享经济颠覆传统行业**

今天，由共享单车掀起的共享浪潮已经改变了我们的生活方式。未来几年，共享经济仍将快速发展，例如租房代替买房、打车代替买车、宠物可以共养、礼物可以二次赠送等。需要注意的是，人们可能难以改变某些长期形成的物品使用习惯，"共享"也可能带来不便；有些共享模式不是针对强需求，没有市场前景，要谨慎行事。

共享经济主要颠覆资产可分割性较强的服务业。在这些行业中，个体经济的性质比较明显，单个劳动者用一小部分资产甚至无须资产就可以单独提供产出（例如，有一辆车就可以成为滴滴司机，有一间屋子就可以成为Airbnb房东，有手艺就可以成为共享平台上的兼职厨师或者理发师），而冶炼、化工、机械这种资产可分割性较弱的制造业就难以开展"共享"。

共享经济颠覆传统服务业，主流模式是"平台+创客"。

交易成本与管理成本的对比决定了企业的边界。随着信息透明化、协作便利化，交易成本不断降低，很多专业服务性企业已经越来越不适应生产力的发展。出租车公司、咨询公司、会计师事务所、律师事务所、广告公司、设计公司等将转变为管理成本较低的服务性"平台"，服务于各类"创客"，促进协作，匹配供需（例如滴滴、淘宝、猪八戒、Airbnb、直播平台，以及苹果的APP Store、海尔的创客工厂等）。与此同时，个体经济（个体司机、网店店主、自媒体、主播等自由职业）正蓬勃发展。

各行各业的企业都有一些闲置的资源与能力。如果能把这些闲置的、碎片化的人、财、物汇聚起来，将供需精准匹配，实现人尽其才、地尽其利、物尽其用、货畅其流，就能极大降低整个社会的运行成本，并创造有前景的商业模式。

> **案例** 中国铁塔：深化共建共享，变"通信塔"为"数字塔"

在中国信息通信业跨越式发展过程中，深化共建共享是一条重要经验。2014年，中国铁塔股份有限公司成立，统筹移动通信基础设施的集约化建设运营。截至2022年年底，电信企业使用的站址总量增长近1.4倍，新建铁塔共享率从14.3%提升至83%，相当于少建铁塔98万座，节省行业投资1760亿元，节约土地5.5万亩，减少碳排放超过2600万吨。

另外，中国铁塔还与能源、交通、市政、房地产等行业开展资源共享。一方面，各地陆续出台政策，推动公共资源开放，路灯、监控、电力、交通等社会杆塔资源被广泛用于5G建设；另一方面，通信站址具有独特的资源禀赋——上有5G、下有光缆，中间有机房和不间断的电力供应，据此为40多个行业提供了视觉感知、数据采集、信息处理等数字化服务。

未来，中国铁塔将深化资源跨界共享，特别是盘活存量站址资源价值，变"通信塔"为"数字塔"，变"通信机房"为"数据机房"，助力整个社会的数字化转型，提高全社会的资源配置效率。

### 3. 搭建平台，共享资源，打造企业生态圈

企业生态圈的本质是共享经济。生态圈中的核心企业分享自己的资源与能力，帮助外围企业发展，包括分享品牌资产、客户群、技术、销售渠道、仓储物流、供应链等——只要你能给合作伙伴提供稀缺的资源与能力，帮助其创造价值，大家就会聚集在你身边。

近年来，国内的互联网巨头基于独特的核心能力，挟流量入口与大数据之利，不断收购、投资创新企业，形成了各自主导的生态系统，整个互联网

产业形成了阿里系、腾讯系、百度系等几大阵营，单个企业之间的竞争转变为生态系统之间的竞争。

## 案例　小米生态链：分享资源与能力

小米公司自2010年成立后，积累了移动互联网时代创业成功的全套资源与能力，包括打造"爆款"产品的价值观与方法论，涉及产品策划、研发设计、品牌塑造、网上宣传、网上直销、实体门店、供应链、资金等。为了复制、放大小米手机的成功模式，小米于2013年启动了"小米生态链"计划，投资孵化智能硬件家居新产品，包括智能手环、净水器、空气净化器、平衡车、插线板、家用机器人等，构建小米生态圈。

小米生态链本质上是一个共享经济平台。小米将自己的资源、能力与经验作为平台资源分享给生态链中的企业，包括小米品牌（互联网创新形象，社会关注度高）、几亿优质用户（年轻人占比高，网上活跃人群，价值观相似）、高效的销售渠道（小米网是国内领先的电商平台，有自己的国际分销渠道；"小米之家"进入规模扩大阶段，以智能家居类商品吸引消费者，逐步发展成为高频消费场所）、供应链支持（与全球顶级3C供应商合作，生态链企业集中采购）、投融资支持（基金和银行）及社会影响力等。创业企业只要进入小米生态链，就可以得到小米的背书，共享庞大的小米用户群、销售渠道和供应链，聚焦于专业领域，专心致志地打磨产品，进而快速成长。

数字时代，产业链核心企业构建共享服务平台（如工业互联网平台），打通产业链各环节的信息壁垒，与产业链上下游企业共享技术、通用性资产、客户数据、人才、市场、渠道、设施、中台等资源，开放研发、生产、营销等领域的能力，实现产业链资源的整合、开放与对接，能带来多方面的好处：与上下游合作伙伴以及最终客户建立联系，创新合作模式；赋能产业链健康发展，加快数字化转型；培育新的增长点。

**4. 共享资源的类型**

领先企业通过搭建共享服务平台，实现资源共享，打造企业生态圈。当前，共享的资源主要包括库存、金融（信用）以及经营数据等。

（1）共享库存

合理的库存对减少企业运营成本、保障生产、保证服务质量具有重要意义。产业链上的每家企业都储备现货就会导致高库存，备货不足又导致宕机可能性提高。核心企业针对特定行业建立库存共享和协同平台，为产业链上下游企业提供信息匹配、交换交易、结算等服务，引入专业服务商提供评估、鉴定、技术、培训、认证、物流、保险等方面的专业服务，将沉睡资产唤醒并共享利用，可以提升全产业链的运营效率。

例如，某工业资源协同平台运用工业区块链、人工智能等技术，帮助发电行业在备件库存领域构建分布式虚拟库存，各发电企业及设备上游生产厂商将可共享的库存放入虚拟库存中，通过买卖、借用、租赁等市场化运行机制满足参与方的需求。平台还可实现技术服务协同，为备品备件流动提供商品标准、评估鉴定、机构认证、检修、保养、安装、运维管理等技术服务。

（2）共享金融（信用）

传统金融机构不介入中小企业的日常经营活动，无法获取企业的订单、生产、物流等数据，只能从企业的财务报表、担保物等方面进行风险分析和管理，这导致中小企业的融资成本高、融资手续复杂、融资渠道受限。为解决该痛点，供应链金融云平台应运而生，产业链核心企业可以基于真实贸易背景形成可拆分、可流转、可融资的电子债权凭证，将自己的信用传导给上下游的中小企业，赋能全链路金融。

天星数科通过产业金融平台连通产业链核心企业的业务信息系统，掌握了上下游企业的订单、生产成本、原材料采购以及生产、销售、物流交付等过程数据，沉淀了上下游企业在生产经营过程中真实可信的发票、物流、合同等数据，能以在线实时透明的方式展现这些企业的经营面貌，预测其现金流；通过同类企业交叉比对校验，核实交易的真实性，帮助上下游企业建立"信用图谱"，打破生产经营信息不透明、数据不翔实导致的中小企业融资困境，帮助中小企业快速便捷地获取低成本运营资金。

（3）共享经营数据

产业链核心企业通过搭建平台掌握了上下游企业的经营数据，能够建立全链路的信息连接，提升产业链的运营效率。

---

**案例　卡奥斯携手双星轮胎：销售变为共享租赁，赋能合作伙伴**

卡奥斯（COSMOPlat）是海尔集团基于"人单合一"管理模式和"大规模定制"生产模式打造的工业互联网平台，致力于推动智能化生产、个性化定制、网络化协同、服务化延伸、平台化研发、数字化管理等新模式的普及。

2020年，卡奥斯携手双星轮胎打造了全产业链工业互联网平台胎联网，并联合青岛银行推出物联网租赁新模式"青银云租"，将传统的轮胎买卖模式转变为轮胎共享租赁模式。

在应用过程中，胎联网平台可以实时监控联网轮胎的胎温、胎压、行驶路线、路况、载重、磨损等数据，打破轮胎行业上下游的信息壁垒，实现车辆、物流车队、轮胎企业之间的信息连接，轮胎企业可以与终端消费车队建立直接联系，为客户提供定制化产品，解决客户在轮胎选择、轮胎管理、售后服务、付款方式等方面的痛点，合理降低轮胎使用成本和油耗，并进行自动预警，让行驶更安全。

青银云租属于经营性租赁，门槛低于传统的融资租赁，灵活方便，既精准满足了轮胎客户（车队、车主等）的融资需求，又贴合客户的运营状况。青银云租打破了传统金融产品以主体信用为基础的授信习惯，将传统租赁物资产及企业运营情况转化为工业数据，再将数据转化成信用，赋能上下游合作伙伴健康发展和转型升级。

## 秘诀 3
## 洞察客户痛点

策划新产品的核心任务是洞察客户痛点，确保新产品针对客户的强需求。数字时代，企业要挖掘客户数据，洞察个性化需求，掌握找准客户痛点的各种方法，通过融入客户生活了解客户痛点。

### 一、挖掘客户数据，洞察客户痛点

#### 1. 痛点就是未被满足的强需求

需求可以分为强需求与弱需求。强需求也称刚性需求，就是客户解决存在的问题、完成面临的任务或弥补缺失感的需要。

满足强需求、针对痛点的产品，是雪中送炭，客户不得不用，消费者会主动寻找，产品能够自动销售。在当今社会，如果没有微信，我们就跟一些朋友失去了联系；如果没有搜索引擎，我们就无法获得大量信息；如果没有360，我们总是担心电脑被病毒感染。

满足弱需求的产品，是锦上添花，有了更好，没有也无所谓。这种产品就需要花钱、费力气去宣传推广。

乔布斯返回苹果后，马上做了彩壳电脑iMac。iMac外观优雅，颜色靓丽，荣获全美工业设计大奖，但由于没有真正满足用户的强需求，所以没有改变苹果的困境。iPod既不是新发明，也不是蓝海市场，而是创造了购买和分享音乐的全新途径，满足了年轻人从网上下载歌曲并播放这个普遍而强烈的需求，所以引爆了市场。

爱因斯坦说过："如果给我 1 小时解答一道决定我生死的问题，我会花 55 分钟来弄清楚这道题到底在问什么。一旦清楚了问题到底是什么，剩下的 5 分钟足够回答这个问题。"企业策划新产品时，最重要的工作是洞察客户的痛点，确保产品是针对客户的强需求，避免制造伪需求。

**2. 搭建客户数据库，挖掘客户数据**

数字时代，数据和劳动、土地、资本、技术一样，都是推动经济发展的基本生产要素。企业可以利用各种销售平台，洞察客户未被满足的需求——挖掘平台的销售数据（如搜索记录），了解客户究竟想要什么；分析客户的评论数据，了解客户的体验情况。

这就要求企业要搭建客户数据库，汇聚客户数据，洞察客户消费行为，用数据驱动产品管理与市场经营工作。

对于广大中小企业而言，电商平台通常不给企业提供客户画像数据，但平台上有海量、高质量的产品评价信息。企业要重视收集这些客户反馈，对数据进行抓取、翻译、打标志、清洗和校准，以得到多维度的数据，包括客户特征数据（各品类或区域的客户画像）、产品数据（客户对产品的正负面评价、功能点诉求）、市场数据（品类规模、增速、价格区间、头部产品和竞争情况）等。

企业要基于精准的消费数据洞察，开展产品立项、研发、优化、推广等工作。例如，2018 年安克决定进入智能安防市场。通过消费者数据洞察发现，73% 的客户担心自己的数据安全，60% 的客户愿意为隐私付出溢价，93% 的客户不愿意付月费。根据这些痛点需求，安克打造了一款数据存储在本地、不用交月费、不用担心云端隐私泄露的安防产品，并大幅提升续航和易用性，从而顺利抢占了市场。

**3. 洞察个性化需求**

（1）理想客户画像

高尔基说过："假如一个作家能从二十到五十个，以至于几百个小店老板、官吏、工人等人物身上把他们最具代表性的阶级特点、习惯、嗜好、姿势、信仰和谈吐等抽取出来，再把它们综合在一个小店老板、官吏、工人的身上，那么，这个作家就能用这种方法创造出典型来——这就是艺术。"

理想客户画像，又称客户角色模型（Persona），是交互设计首倡者阿兰·库珀（Alan Cooper）提出的客户需求研究工具。这种方法是在海量客户数据分析的基础上，将客户的痛点集中到几个典型客户身上，为其建立角色档案——不仅包括年龄、性别、职业、可支配收入、娱乐场景、主要消费品（怎样花费可支配收入）以及消费方式（如独自消费或者与朋友一起消费），还包括起个名字、找一张照片、描述其性格特征，使其生动起来。这种方法能简化客户需求分析工作，使抽象、模糊的需求具体化。

（2）理想客户的一天

完成了理想客户画像，企业要建立"理想客户的一天"模型，真正理解每类客户。建议企业考虑以下问题。

他的普通一天是什么样的？日常令他恐惧或沮丧的是什么？他头脑中想的是什么？他每晚辗转难眠时思考的是什么？他想从生活中真正得到什么？他前进的动力是什么？他对什么感到兴奋？他面对什么挑战时可能会退缩？例如，客户当前的困扰可能是不知道周末该去哪里玩、体重难以控制、不知道晚餐该吃什么、理发要排长队、牙痛、孩子贪玩不爱学习或者需要换一辆汽车。

你的产品或服务如何影响该类客户的生活？它如何解决该类客户的难题或是满足他们特定的需要或欲望？

（3）数据驱动运营

客户告诉你的未必是真的，但客户的行为却是诚实的。传统的线下门店对销量、库存等情况了如指掌，但对于客流量、停留时间、浏览轨迹等可能一无所知。随着数字化深入发展，企业借助于物联网和大数据等技术可以轻松获取客户的行为轨迹，包括浏览轨迹、过程触点等，通过这些行为数据可以补充描绘客户画像，从而更容易与消费者建立连接。

未来，企业要打通生产端与客户端的数据，通过柔性生产实现客户定制，满足个性化需求，消灭库存。

---

## 案例　　　　　希音：数据驱动运营

服饰跨境电商希音（Shein）主打"快时尚"产品，面向海外市场的广大中低收入阶层和年轻人，每天上新3000余新款；价格低，主流商品价格为5~25美元。希音网站流量早已超越了西方同行ZARA、H&M，几乎可与亚马逊比肩，被评价为"比ZARA更快，比亚马逊更便宜"。

希音利用中国制造的优势，通过数据驱动运营，预判潮流趋势，快速推出新款商品，具体做法如下。

第一，抓取全网服装数据。希音利用Google的Trend Finder等工具，跟踪网上的服饰信息，包括面料、款式、色彩、图案等，抓取用户关于服饰的搜索词，追踪用户的浏览、点击等行为。

第二，APP页面是大量的上新款式和信息流样式的商品，吸引用户不停地刷下去，沉溺在购物的海洋里。这样，希音就获得了海量的消费者行为数据，并据此优化预测结果。

第三，预测需求、敏捷测试，快速生产热门款式。根据数据预判潮流走势，先下小批量订单，并上架进行销售测试。希音打通了前端电商销售与后端合作工厂的数据，工厂可以直接追加"爆款"商品的订单，调整不同商品的产量。对于滞销款式，设计团队会立即修改，重新组合时尚元素，直到改成"爆款"。希音在深圳设立了一个庞大的技术团队，专门负责大数据分析和算法推荐工作。2022年年底，希音把交货时间从原来的7天，缩短到48小时、24小时，最快能做到两小时。设计师在电脑上画出图纸，传到工厂，喝杯茶聊会儿天的工夫，成衣就生产出来了。

## 二、判断客户痛点的方法

数字时代,哪些新产品具有广阔的市场前景,而哪些新产品只是昙花一现?新产品所满足的到底是强需求,还是弱需求、伪需求,该怎么判断?

判断客户痛点的方法很多,笔者将其归纳总结为 8 个方法。这些方法的应用场景、侧重点各不相同,也存在交叉重合的情况。

### 方法 1——人性本能

人性欲望都是普遍的强需求。以社交需求为例,在微信刚推出时,人们之所以喜欢使用它,一个重要原因是"附近的人""摇一摇"等功能很好玩。"摇一摇"新奇有趣,人们可以由此认识新朋友,这成为当时用户增长的引爆点之一。

那么,常见的人性本能有哪些呢?"病毒营销三部曲"之《感染力 2.0》总结了常见的人性欲望与情感,包括好奇、虚荣、攀比、骄傲、冲突、犯错、逆反、稀缺、贪心、爱美、社交等人性欲望,意外、同情、快乐、幽默、恐惧、亲情、友情、爱情等人性情感,此处不再赘述。

### 方法 2——根据马斯洛需求层次理论

心理学家亚伯拉罕·马斯洛(Abraham Maslow)指出,动机是由多种不同性质的需求组成的,他把人类想要满足的需求像阶梯一样从低到高归纳为一张清单:

生理需求:食物、水、氧气等。

安全需求:保障、安定、稳定。

归属与爱的需求:爱情、家庭、朋友、关爱。

尊重需求:成就、有能力、受肯定、独立、地位。

认知需求:知道、理解、精神沟通。

审美需求:对称、秩序、美、平衡。

自我实现需求：发挥潜能、实现理想。

超越需求：高峰体验、超人性、天人合一。

这就是马斯洛需求层次理论。人的需求是分层次的，低层次的需求（生理、安全、归属）属于低级的生存性需求，高层次的需求（尊重、认知、审美、自我实现、超越）属于随着生物进化而逐渐显现的需求，是高级的发展性需求。生存性需求是有限的，而发展性需求是无限的。

人的需求是一个从低到高逐步上升的动态过程，当某一特定需求未被满足时，这种需求就会在意识和行动中占据主导地位，并产生激励作用；一旦它相对得到满足，就会被更高层次的需求所取代。人的需求结构很复杂，在某个时期通常会有多种需求，但只有一种需求居于主导和支配地位。

### 方法 3——利用布罗代尔定律

法国历史学家费尔南多·布罗代尔（Fernand Braudel）是 20 世纪最具影响的历史学家之一，年鉴学派的代表人。伟大的历史学家能够深刻洞察社会发展变革的动力，布罗代尔在三卷本巨著《十五至十八世纪的物质文明、经济和资本主义》中，综合展示了资本主义兴起的历史，深刻阐述了技术革新与社会经济变革如何影响人们的日常生活结构，其第一卷题为"日常生活的结构：可能和不可能"。布罗代尔认为，人类社会发展和文明进步的核心机理是技术革新与社会经济变革给人们带来了自由，改变了人们日常生活结构的限制。为了纪念这位伟大的历史学家，人们将其思想称为布罗代尔定律（Braudel Rule）。

创新能为人们带来自由、便利或功能。成功的创新能够改变人们日常生活结构的限制，带来新的自由，而不仅仅是提供一些便利或功能。

自由能够消除障碍并创造新的价值空间，带来时间、地点、安全等方面的更大的选择范围，改变人们的日常生活、工作方式或者企业的运作方式。

便利是指帮助人们节约时间，提供一些具有吸引力和容易使用的服务，没有超出人们的日常生活结构，不能增加新的可能性。

功能是指提供一些新的选择，为技术、应用增加新的功能性元素，一般是从技术角度进行描述，例如速率、多媒体、整合等，有些企业将自己的技术创新称为"革命性的""令人激动的""吸引人的"，这通常是自我吹嘘。

简单地说，自由能够影响人们日常生活的基本方式，为人们创造新的价值，而便利和功能不能改变人们的日常生活结构，只能在一些无足轻重的方面产生影响。

给人们带来自由的新产品，满足的是强需求，市场前景广阔；只提供便利、功能的新产品，满足的是弱需求，市场前景有限。

当前，互联网与人工智能等新技术引发的科技、文化、消费及产业革命，正在改变人类社会的生产方式、生活方式和治理方式——改变了人们的生存方式（日常生活结构），提升了人们的生活品质和工作效率，使人们的工作、生活越来越简单、有趣。如果把这些东西从我们的日常生活或工作中拿走，我们就会很不适应。

例如，电子商务和移动支付改变了我们的交易方式；电子邮件、微博、微信、抖音等改变了我们的交往和交流方式；共享经济（房屋、单车）、O2O（餐饮）改变了我们的生活方式；Facebook让人们变得更开放，更愿意分享个人信息；使用谷歌眼镜可以使患者接受远程医疗，将患者的情况实时发送给医生，与医生进行远程互动，听取医生给出的分析和反馈；云计算把分散管理的数据集中起来，提高了数据安全性，降低了各类组织的信息化成本（服务器采购、运营维护等），改变了全社会的运作方式；3D打印、机器人、数字孪生、元宇宙和区块链等正在改变我们的生产和生活方式。

**案例　　移动通信技术：改变人们的生活方式**

最近二十多年来，对人们生活方式影响最大的创新莫过于移动通信技术。2G时代，手机让人们可以随时随地进行沟通。3G、4G时代，智能手机成为消费互联网的主要载体，延伸出即时通信、移动社交、购物、信息、音乐、影视、网游、支付、直播等方面的应用。新冠疫情催生了更多的应用创新，远程办公、线上会议、网课、移动医疗、网游、视频等方面的需求激增，智能移动终端成为学习、工作和休闲的必备设施。

5G时代，超高清视频直播、VR/AR等将改变人们的娱乐方式，车联网与无人驾驶将改变人们的出行方式。5G正在深刻改变制造、交通、医疗、城市管理、家庭生活等领域，进一步改变人们的生活方式，提升人们的生活质量。

### 方法4——提升客户体验，具有实用价值

新产品给客户带来的自由，经常体现为提升客户体验，对客户具有实用价值。

例如，小小的iPod可以存下"1000首歌"，iPhone的多点触控让手机屏幕从显示屏变成了操作屏，iPhone5S的指纹解锁带来简洁的安全体验，iPhone X的脸部识别缩短了身份验证的操作流程，特斯拉的大屏将驾驶操作数字化并支持在线升级迭代，无叶风扇能大幅度降低噪声等。

有些产品满足的是伪需求，不能提升客户体验，没有实用价值，就不可能成功，例如通过手机操作的能连Wi-Fi的洗衣机、需要复杂操作的支付宝AR红包等。

### 方法5——需求频次高

与低频消费品相比，高频消费的产品的需求强度通常较高，企业的获客成本较低，市场竞争力较强。

例如，支付宝诞生后，逐步发展成为中国最大的第三方支付平台，没想到微信支付推出后，很快就与支付宝平分秋色，因为用户使用微信及其红包的频次更高。易到好不容易成为"专车第一品牌"，没想到滴滴推出了专车服务，因为滴滴从出租车业务起家，消费者使用滴滴叫车的频次更高。

高频次消费的前提是产品易于快速消费。因此，我们看到，安利纽崔莱

的销售人员不厌其烦地劝用户吃掉蛋白粉；娃哈哈营养快线的价值主张是"早餐来一瓶"；iPhone定位为时尚品，通过不断推出新机型，督促果粉高频次购买。

### 方法6——隐性需求

福特汽车创始人亨利·福特说："如果我问客户想要什么，他们可能会说自己想要一辆跑得更快的马车。"客户的内在需求并不是更快的马车，而是更快的交通工具。客户为什么想要更快的交通工具？是因为他想更快地从甲地到达乙地，以便更快地见到某个人、聊聊近况。这才是他的本质需求。

需求可以分为显性需求和隐性需求。显性需求，又称表面需求，是消费者意识到或表现出来的需求，消费者确定需要某产品，有明确的功能、性能或规格要求，例如想买一辆汽车，想要一件新外套。有时候，客户告诉企业的是表面需求，或是客户自己预设的解决方案，而不是自己的真正需求。

隐性需求又称内在需求、本质需求，是隐藏在消费者潜意识中的欲望，源于消费者自己都没有觉察的行为习惯、渴望和价值观。消费者难以表达该需求，甚至意识不到该需求的存在，因为他不确定能否实现、如何实现。隐性需求才是真正的消费动机，是影响消费者购买行为的根本要素。很多企业的产品之所以同质化，就是因为大家都盯着显性需求，忽略或者没有能力去发掘隐性需求。

显性需求只是冰山一角，真正庞大、复杂的是藏在水下的隐性需求。显性需求可以观察到，而隐性需求需要利用洞察力去挖掘（如图13所示）。所谓洞察，就是洞彻、看透事实。

产品经理一定要拨开迷雾，看透消费者的显性需求，潜到"水下"——消费者的心智中，深刻洞察并准确把握消费者的内在需求，并通过新产品予以满足，这样开发的新产品往往能超越客户的预期，让客户感到惊喜，自然会受到客户的欢迎，实现自动销售。所以，乔布斯说："消费者并不知道自己需要什么，直到我们拿出自己的产品，他们就发现，这是我要的东西。"

观察　　　　　　　　　　　显性需求

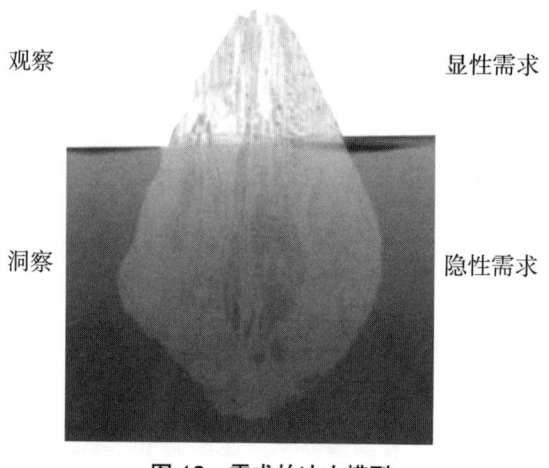

洞察　　　　　　　　　　　隐性需求

图 13　需求的冰山模型

例如，小罐茶解决了携带不方便、价格不透明、送礼没档次等痛点。海尔的高端洗衣机品牌卡萨帝解决了丝绸、高档西服等高端衣物不放心拿去干洗的痛点。

一家电商企业要求供应商的交货期由 30 天缩短到 15 天，这对所有供应商都是巨大挑战，很多供应商无法接受。某供应商通过深入沟通了解到，由于电商经常面临爆发性需求，需要快速给客户发货，所以希望上游缩短交货期，电商的真正需求是做好备货，而非缩短交货期。对于电商及其供应商而言，备货都有风险，所以，解决方案是清楚设定备货的风险分担原则，这样就能大幅度缩短交货期。

### 方法 7——关键角色的需求

对于企业客户而言，需求可以分为企业需求、岗位（角色）的个人需求两个维度。由于企业内部的决策链涉及多个岗位，这些不同岗位的需求都表现为企业需求，因而企业的需求比较复杂。

企业需求通常是由企业中关键岗位的需求所决定的，关键岗位是指对采购某项目（解决方案）真正做决策的岗位，以及有否决权的岗位，如财务主管、品质主管等。

企业内部的决策链往往涉及多个岗位角色，不同岗位的需求有时是相互矛盾的。这种情况下，我们要遵循场景权力最大原则。在一个项目（解决方案）中，可能 90% 的岗位提出的需求都不重要，你需要把剩下的 10% 找出来——在该项目的特定场景下话语权最大的岗位角色，其提出的需求才是强需求。

## 案例　通信运营商的强需求

2009 年，英国某通信运营商的网络出现问题，由于 2G/3G 的业务流量超过了网络容量，导致电话经常打不通或者 3G 网络断网，用户投诉很多，该运营商需要优化现有 2G/3G 网络。

华为希望获得该客户。那么，该运营商的痛点究竟是什么呢？

在这项业务中，有三位核心决策者。

一是 CTO（技术总监）。由于网络设备很复杂，因而 CTO 拥有部分话语权。CTO 注重网络的稳定性，希望网络质量高。当时，爱立信的网络设备质量最高、最稳定，能减少客户的投诉，因此，CTO 倾向于选择爱立信。

二是 COO（运营总监）。由于 2G 网络与 3G 网络混合在一起，网络架构很复杂，因而他期望降低运维难度，设备厂商能提供 7×24 小时服务，他倾向于选择原有供应商诺基亚。

三是 CFO（财务总监）。CFO 的关注点是扩容和新建基站的单位成本必须大幅下降，所以他倾向于选择华为。

可见，这三个角色的需求是矛盾的。CTO 希望用最好的，但价格更贵；CFO 要大幅降低成本，坚持认为应该选择华为。

在 2008 年之前，CFO 在决策链中几乎没有话语权。2008 年世界经济危机发生后，该运营商的财务紧张，缺乏足够的资金进行网络优化建设，因此，在这三个核心决策者中，CFO 的话语权最大。

对于个人客户而言，也是同样的逻辑。企业既面对大众消费者，也面对意见领袖（即KOL，指粉丝数量较多的名人、明星等），消费领袖（即KOC，指粉丝数量较多的消费达人等），通常KOL、KOC的需求更有价值。

### 方法8——避免制造伪需求

很多企业在开发新产品时，会出现路径依赖思维，很难突破自己的资源优势去考虑真正的客户需求，而是从自己的资源禀赋出发——为了对资源进行二次开发和利用，想当然地把自己的资源优势当成市场需求，忽视从消费者的角度去分析需求是否真实存在，从而创造出伪需求。例如，一家公司针对高血压人群研发可随时监测健康状况的智能手表，手表的防水性能达到业界第一——在20米的水深能够防水。尽管该公司擅长手表防水技术，但高血压患者根本不可能潜水到那个深度！

你曾经的优势，可能就是你的死穴。作为规模最大的"糖水企业"，可口可乐对零糖零脂的市场需求视而不见，不愿意全力投入研发无糖、代糖饮品；元气森林等发现这个市场机会，短短几年时间，就抢走了一大块市场。

制造伪需求的现象非常普遍。越成功的企业，执行力越强，越容易制造伪需求：一旦认为某个需求可能存在，就想方设法论证其合理性，并夸大其前景与价值。在群体决策的情况下，很少有人提出异议，也几乎没有人会自我否定，而大企业内部有责任承担问题，项目一旦启动，进入实施流程，就很难停下来。在一些民营企业，搞产品创新就靠老板"拍脑门"；在一些国有企业，产品创新经常是一种"政绩工程""形象工程"。

企业经理要深入一线，直面客户，发现真问题，了解真需求，找到一线急需解决的问题、客户面临的关键痛点。

## 三、洞察客户痛点的传统方法

乔布斯曾说消费者不知道自己想要什么，亨利·福特认为消费者想要的是更快的马车，他们都是百年难遇的商业奇才，对我们普通人而言，只有努力地调查、分析和思考，才可能洞察到客户痛点。

挖掘客户需求、洞察客户痛点的传统方法有问卷调查、深度访谈、浸入式访谈等。

**1. 消费者问卷调查**

问卷调查是最常用的消费者调查方法，但它经常会发生较大误差，原因是多方面的。

（1）消费者不知道自己的真实需求

很多时候，人们不知道自己真正想要什么，不了解自己内心深处的隐性需求。人们难以准确表达自己的需求、动机等思想活动，难以察觉自己思想形成的过程和原因，不了解行为发生的根源。

德鲁克就反对对市场上没有的新产品进行市场调查，他指出："如果家用照明系统的发展一直依赖市场调查的话，现在房间里点的将是高度复杂的煤油灯。"

（2）消费者"说谎"

面对市场调查人员，消费者有时候会"说谎"，做出"应该的"选择。有时是因为问题涉及的内容过于敏感，有时是因为答案会导致被调查者外在形象受损。这些情况下，消费者会选择保护自己而不透露真相。

2016年美国大选中，美国主流媒体就大选结果进行大量民意调查，尤其是针对摇摆州，因为摇摆州的票数直接影响大选结果。几次民调均显示摇摆州大部分选民支持希拉里。知名民调网站"538"的创始人纳特·西尔弗认为，希拉里有72%的概率赢得大选。但是当正式投票时，很多人却投票给了特朗普。这是由于当初民调时很多选民碍于面子没有表现真实想法，或者没有表态，因为表示自己支持特朗普可能会遇到周边人的冷漠或讥讽。

某手机厂商曾经设计一款老人手机，调研了大量老年人对手机功能的需求，包括大字体、紧急呼叫、语音留言等，可这台为老年人量身定做的手机上市以后，却得不到老年人的认可。原来从老年人的角度看，使用这款手机就等于向别人承认自己年纪大、老眼昏花。

（3）调查时和行为发生时的区别

当一个人意识到调查正在进行、自己正处于别人的观测之中时，他的反应和做出的选择往往与真实情况有所偏差，这一现象被称为"霍桑效应"。中央电视台曾在某地做节目收视率问卷调查，很多被调查者在"经常看的节目"中，倾向于选择新闻联播、经济半小时、今日关注、百家讲坛等。但真实情况是，娱乐、体育、电视剧节目的收视率被明显低估，"正统类"电视节目的收视率并没有调研结果那么高。事后，不少被调查者提及，在接受调查的过程中，他们认为自己应该多看一些正统类的电视节目。

（4）样本不具有代表性

市场调查是一种基于样本的统计分析方法，即通过局部样本特性去判断总体特性，因此，样本具有代表性至关重要。

1936年的美国总统大选是样本问题的一个典型例子。那年的美国总统选举中的两位候选人是民主党的罗斯福和共和党的兰登。当时，美国的《文学摘要》杂志是预测总统大选结果的权威媒体机构，它成功预测了过去几届选举的结果。这次，它依旧运用传统做法——大规模的样本调研统计。它根据电话簿上的地址，发出1000万封信，回收了200万封。调查统计结果显示，兰登将以57%的投票数战胜罗斯福获胜。可是，最后的选举结果令人大跌眼镜，罗斯福以62%的票数大获全胜，连任总统。这个结果使得《文学摘要》杂志威信扫地，不久便关门停刊了。

为何在如此大样本的情况下调查结果却与真实情况天差地别？原因是样本选择范围的不均衡。20世纪30年代，能用得起电话的都是美国的中上阶层，而他们大多是共和党的支持者；绝大多数支持民主党的中下层选民没有被杂志社纳入样本中。

## 2. 客户深度访谈

客户深度访谈，简称深访，就是通过当面询问和倾听目标客户的想法，收集消费者的观点和建议，从而取得问卷调查、焦点小组座谈会无法达到的洞察效果。

深度访谈的实操要点如下。

（1）选择访谈对象

深访的对象主要是现实客户与潜在客户，此外还包括如下对象。

- 企业老板：企业老板往往是行业资深专家，对他们进行访谈可以快速了解行业情况，他们也对消费者需求有深刻的洞察。
- 销售人员：销售人员离消费者最近，对他们进行访谈可以挖掘消费者痛点，找到消费者的内在需求。
- 生产人员：深入生产车间，了解生产流程，与技师交流，了解生产工艺特点。
- 渠道人员：走访终端零售店，了解渠道经销商的现状及其对品牌的信心。
- 竞争对手：了解行业领先品牌，深入竞争最激烈的市场，摸底调查其经营举措。

（2）起草访谈提纲

在确定访谈对象后，首先要搜集大量资料，了解访谈对象的背景，包括所处行业、产业链以及企业的情况，在此基础上起草访谈提纲，包括访谈流程、可能的话题，并且在访谈过程中不断完善提纲。

假设某客户去购物，对几个品牌进行了比较，最后选择了你的产品。这时，你要对这位客户做一个15分钟的随机拦截访谈，可以从如下三个方面向客户提问，括号里的内容解释了设计这些问题的目的。

①客户想从你这里得到什么？（刚开始交谈时，提开放性问题，让客户随意回答。）

- 您为什么要购买这个产品？（发现消费者的动机，了解消费者的感受。）
- 您觉得这个产品有什么用处？您期待它能做什么？
- 这个产品的哪些功能对您最重要？哪些功能或特性吸引了您？（寻找产品卖点，作为营销宣传的重点。）
- 您对我们公司有什么印象或看法？
- 在这类产品中，您最喜欢哪家公司的？您认为我们公司的产品与这家公司有什么区别？

- 您认为我们怎样才能做得更好？

②客户怎样使用你的产品？（了解客户的使用场景）

- 您怎样使用这个产品？

- 您使用这个产品主要做什么？（用于准备营销宣传方案）

- 您最喜欢的功能是什么？（根据大多数人的意见，提炼产品卖点，向大众宣传。）

- 产品的哪些功能您没有用过？您为什么不使用这些功能？

- 您主要在哪里使用我们的产品？具体是在什么地方？

- 在使用我们的产品时，您主要和谁在一起？通常在做什么？（例如开车、休息或工作。）

③客户怎样看待你的产品？（了解客户的体验与感受）

- 这个产品能为您做什么？它如何改善您和您家人的生活？

- 请用一句话概括您对这个产品的看法。

- 请用三个词语描述这个产品。

- 如果您要向别人推荐这款产品，您会怎样描述它，以引起别人的兴趣？

不必向一个客户提出以上所有问题。可以就每个方面问一两个问题，然后根据需要问一些你想问的问题；也可以顺着客户的话题走，客户想谈什么就谈什么。原定的访谈时间到了以后，要告诉客户，你尊重他的宝贵时间，因为你与他约定的时间到了，所以你要结束这次访谈。根据笔者的经验，90%的客户在这个时候会不计时间，乐意与你聊下去。

但是，由于客户经常不知道自己的内在需求，因此与客户交谈的实际效果有限。

（3）营造良好的沟通氛围

不要居高临下地对客户讲话，而要平等地交流。当你平等真诚地与人交流时，对方就会逐渐信任你。

与客户交谈时，态度要真诚，争取与客户交朋友，因为人们往往会对朋友敞开心扉。

人们不讲真话，是因为他们不知道你的来意究竟是否于他们有利。人们不和我们讲真话，不怪对方，只怪我们自己。在交谈过程中，要给对方一些时间来琢磨你，逐渐让他们了解你的真实意图，把你当成朋友，然后，你才有可能掌握真实的情况。

### 3. 浸入式访谈

客户洞察的基本方法是浸入式访谈，就是与客户近距离相处、长时间交谈，透彻观察客户的行为。典型做法是：访谈者进入客户家中、工作场所或者常去的休闲场所，与客户单独相处数小时，仔细观察客户怎样使用相关产品；进行深度沟通，仔细倾听客户谈论自己以及相关产品，以获取丰富、连贯、细致的信息；分析客户行为背后的动机，揭示客户潜意识中的内在需求。

浸入式访谈的典型特征是观察、对话、共情和解释。观察，就是发现生动或异常的细节；对话，就是与对方聊天，感受对方的态度与烦恼；共情，就是设身处地地体会对方的处境，感受和理解其心情；解释，就是分析、揣摩对方行为与心理背后的原因。通过仔细倾听、仔细调查，跳出自己的内心世界，进入对方的内心，就能理解对方的感觉和想法。一般而言，生活经历越丰富的人越容易理解别人。

浸入式访谈的实施要点如下。

（1）企业高层亲自了解客户

洞察力就是看透事物、捕捉问题、产生灵感的能力。一般而言，经理的洞察力要显著高于普通员工。企业经理要放下身段走进客户的生活，观察客户的行为，从客户的烦恼与抱怨中寻找客户的问题、麻烦，挖掘客户的内在需求。现场访谈与看文字资料的感觉完全不同，经理也不要指望普通员工或者咨询顾问能提供答案。

丰田管理模式的精髓之一，就是经理要亲自观察，根据现场现物做决策。

索尼公司创始人盛田昭夫曾经花费大量时间，观察人们在日常生活中需要处理哪些事务，然后思考能否通过索尼的小型化电子产品帮助人们更好、更便捷、更低成本地完成这些工作，索尼就是这样开发出了广受欢迎的随身听等产品。

特易购（TESCO）是英国第一、世界第三的零售巨头，公司管理层经常去消费者家中拜访。在进军美国市场时，公司高管们组成了一个研究小组，与60个美国家庭一起生活了两周，他们深入美国人的厨房，观察他们做饭的情景，并和他们一起去购物。

惠特曼任职 eBay CEO 期间，每天要浏览 200 封客户反馈的电子邮件，公司安排专职人员对这些邮件进行编码整理和概括总结。她创建了每两个月一次的"客户之声"活动，每次活动邀请 12～18 名粉丝客户乘飞机到 eBay 的圣何塞总部，参加一天的讨论会，为公司献计献策。客户支持部、产品开发部、市场营销部、技术部和社区推广部等会与这些客户座谈，部门高级主管通常会花一两个小时和他们交谈，有些主管会邀请这些客户共进晚餐。客户回家之后的半年之内，这些主管通过电话会议和他们进行交流和跟踪反馈。惠特曼说："这个活动让我们能够从那些稳定、可以依赖和积极的核心客户中得到非常有价值的实时反馈。"通过这种粉丝社团活动，eBay 制订了创造性的改进措施，不断提升客户满意度，这种方式要比提升销售能力或者组建产品开发小组有效得多。

（2）全面融入客户的生活

要保持无知、空杯的心态，将自己带入与客户相同的情境中，站在客户的角度看待问题，理解客户的处境、世界观和思维逻辑，这样才能真正理解客户的内心感受和内在需求，才有可能打造出客户喜欢的产品。

客户访谈的实质是创造一个现场思考的环境——在访谈中思考，在思考中访谈。如果将自己投入一个"一对一"的访谈中几个小时，耐心倾听客户的声音，设身处地体验客户的生活，你就会忘记自己已经知道的，发现生动的细节和有意义的信息，在一个更大的背景中了解客户的生活，而不是投机取巧或者想当然。可见，浸入式访谈能够有效降低知识诅咒效应，效果要远远好于内容单调、参与者相互影响的焦点小组座谈会。

产品经理要到客户的"地盘"去，观察他们的生活和工作场景，与他们直接对话，倾听、理解他们的苦恼和问题，深入细致地了解他们的看法及评价，在实际的应用环境中体验客户怎样使用产品。不要听客户"说"需要什么，而要了解客户如何生活和工作，从中找到自己的产品与客户生活或工作的结合点，获得产品创意与优化的启发。

你能设身处地为客户着想吗？你知道是什么让客户晚上睡不着吗？你能描述一下你的客户一天的生活是怎样的吗？

无印良品实行独特的"观察创新法"，系统、深入地了解消费者的生活，开发出来的产品往往能满足消费者的内在需求。开发团队会登门拜访消费者，观察其日常生活，并对客户家中的每个角落、每件物品一一拍照，然后对照片进行分析、讨论，探讨改善客户生活的可能性，寻找创新灵感。这样开发出来的新产品，往往会满足消费者没有说出口的潜在需求，让消费者产生相见恨晚的感觉。

## 案例　　　　增田宗昭：融入客户生活

茑屋书店创始人增田宗昭认为，理解客户的基本方法，就是站在客户的角度思考问题，以客户的心情思考问题。

为了从客户的角度策划开店方案，切身体会客户的心情，增田宗昭经常以客户的身份去观察店铺，细心体会同一家店铺的客户在上午、中午、下午和晚上的不同心情。他有时会搬到店铺附近居住，以便更好地感受当地客户的实际生活。

在开代官山茑屋书店的时候，增田宗昭长期在附近的 ASO 餐厅观察来来往往的人，无论是休息日还是工作日。为了准确地把握上班族客户的心情，他多次来往于车站和店铺。大热天他专门把车停在路边，坐在发烫的座椅上，心想若有一片阴凉之处可以避暑就好了。在实地考察时，他时而把自己想象成一位年轻少女，时而把自己想象成一名大学生或是一位老太太，思考不同的客户对店铺的期待是什么，思考"想去那家店吗"或是"走哪一条路""会想走进茑屋书店吗"等问题。

## 案例　山口千秋：如何洞察用户痛点

1992年，日本三得利公司面向年轻人推出罐装咖啡，品牌名为WEST，公司投入大量的人力、物力资源，邀请了备受年轻人喜欢的施瓦辛格拍广告，广告调性也与年轻人的活泼、阳光、积极向上的形象相吻合。公司投巨资打广告，但销售却毫无起色。于是，公司聘请日本电通公司策划总监山口千秋进行用户调研，重塑品牌。

山口千秋分析市场销售数据，发现20%的中年蓝领（出租车司机、卡车司机、底层业务员等）消费了60%的罐装咖啡。

咖啡口味是微苦好，还是微甜好？山口千秋邀请一批蓝领到电通公司办公室，把微苦、微甜两种咖啡放在同样的包装里，请他们试饮，大部分人都表示喜欢微苦的。但山口千秋觉得有问题——办公室并不是这些客户日常饮用的场所。于是，他将咖啡放在工厂、出租车站点等劳工工作的场所，发现微甜味咖啡被拿走得更多。原因在于如果在办公室里选择微甜味的咖啡，会被别人嘲笑不会品味正宗咖啡，因而很多蓝领在办公室说了谎。

蓝领们为什么爱喝咖啡？山口千秋偷偷观察喜欢喝咖啡的蓝领穿什么样的衣服，摆什么样的姿势，表情是怎样的。结果是，蓝领们喜欢在安静的、四下无人的角落，将咖啡拿在手里，慢慢地一点点地抿着喝。山口千秋瞬间明白了：蓝领工作很辛苦，任务告一段落时，他会想休息一下，暂时逃离工作，喝咖啡正好满足了该场景的需求——咖啡扮演了一个缓解疲惫的角色。

通过这几步，山口千秋找到了目标客户群体，洞察到客户痛点，然后他将咖啡品牌命名为BOSS，这个名字很大气。外包装使用饮料中少有的蓝色，而蓝色通常代表着稳重、可信赖。

很快，BOSS 在众多咖啡品牌中脱颖而出，成功打开市场。

> **案例**　　　　　　　　USAA：打造军营文化

美国联合服务汽车协会（USAA）是一家位于圣安东尼奥的公司，主营业务是为军人及其家属提供汽车和家庭保险服务。公司创始人认为，只有深刻了解客户的生活，才能为客户提供优质的服务。

为了让新员工深入了解军旅生活，全面了解那些穿军装的人，USAA 的入职培训就像士兵野战训练一样，新员工不仅要戴着军用头盔、背着背包、穿着防弹衣、吃军用压缩饼干，还要阅读士兵与家属的来往书信。

USAA 的创始人认为，公司成功和盈利的基础是深刻理解客户的独特生活、富有同情心和爱心的员工队伍，"员工要知道阵地上那些轻松的时刻、痛苦的时刻，知道无聊的感觉是怎样的"。在入职培训之后，USAA 在日常工作中仍然强调这种理念，经常开展各种军训活动，塑造军营文化。例如，在工作中使用军事时间，将呼叫中心称为"连队"等。

USAA 把员工生活与客户生活连接起来，设身处地为客户着想。客户非常认可 USAA 的服务，客户留存率超过了 98%，净推荐值（NPS）达到 82%。

（3）走进客户内心，让客户讲真心话

让客户讲真心话的关键，是与其成为朋友。在交谈过程中，要给对方一些时间来琢磨你，逐渐让其了解你的真实意图，把你当成朋友。

与调研对象交朋友的方法，一是亲密互动，一起玩，一起笑，体验对方的高潮与低谷，充分理解客户；二是真诚赞同，表达自己能感同身受，比如"我能理解您的感受""我能体会您的愤怒""我懂您的意思"或"我也不喜欢一直等待"等。

走进客户内心、实现共情的技巧如下。

①引导深入。保持好奇心和敏锐的观察力，多提问，层层深入地挖掘客户内心深处的东西。你挖得越深，客户就越觉得你理解自己，他就越容易敞开心扉。

②多问负面问题。如果你询问他对于自己的生活、对于产品的不满，他容易开始抱怨。抱怨、不满、问题往往反映了消费者的真实想法。你触碰了他的烦恼，他就会痛快地表达自己的感受。

③耐心倾听。仔细倾听客户的想法，细细品味，直到完全理解。

④角色扮演。假如你的目标客户是老人，你要考虑到老人的生理特点进行角色扮演，你可以把你的视线变模糊（比如戴上涂了凡士林的眼镜），增加你的身体负担（把手指的关节处用胶带绑起来模拟关节炎），这种场景下你的感受是什么？你会怎样使用相关产品？当你真实体验到对方的感受，你才能真正理解他。

通过这些方法，走进客户的内心，挖掘客户的内在需求，找到自己产品与客户生活或工作的结合点，获得产品创意的启发，从而推出深受客户欢迎的产品。

## 案例　　　　宝洁 CEO：走进客户的内心

宝洁前 CEO 雷富礼（A. G. Lafley）认为，宝洁应该通过消费者的生活和文化全面了解消费者。宝洁曾经倾向于仅关注消费者某一方面的需求，例如，口腔护理产品关注消费者的牙齿，洗发水关心消费者的头发，洗洁精则关注消费者成堆的脏衣服和洗衣机。雷富礼不喜欢这种将消费者从生活中抽离出来的做法，他认为这种做法只是关注什么对公司重要，而不是真正关心消费者，宝洁应当全面关心消费者，理解其主要消费群体——家庭主妇的生活、工作、对孩子和丈夫及其他家庭成员的付出，以及她们自己和整个家庭的渴望和梦想。

雷富礼曾经孤身一人前往委内瑞拉，专访一位普通客户——里奥斯夫人。在里奥斯夫人的厨房，雷富礼待了好几个小时。通过里奥斯夫人厨房里的瓶瓶罐罐，雷富礼能了解一个委内瑞拉家庭的各种细节；通过里奥斯夫人的面部表情、口吻、交谈内容和身体动作，雷富礼能了解她的乐趣，走进她的内心世界。

典型客户认为产品是什么，它就是什么。雷富礼说："这些面霜、乳液，并不在于我们说它们是什么，关键在于里奥斯夫人说它们是什么。如果她把这些看成'娱乐品'，我们就一定也要把它们视为'娱乐品'。"

## 秘诀 4
## 掌握使用场景

场景化的产品，紧密贴合消费者的需求，消费者容易接受，能实现自动销售。

企业要掌握客户的消费场景，基于场景开展营销与产品创新。掌握消费场景的捷径是与客户共创价值，包括加强与客户互动交流、将客户纳入价值创造过程。

## 一、基于场景开展营销

### 1. 场景营销的内涵

美国社会心理学家戴维·迈尔斯（David G. Myers）研究发现，人的行为动机主要受四个因素影响：社会角色、性格禀赋、文化属性和当下场景。其中当下场景的影响最大。

人的行为动机可以由某种特定场景所激发，需求就是特定场景之下的结果。"场"是指物理环境（时间、地点、环境等），"景"是指情景状态（交互、心理、情绪等）。场景，是使用场景、应用场景、消费场景的总称，就是特定产品的使用场合、使用时机。

所谓场景营销，即产品场景化，就是利用特定场景促使消费者接受产品。产品的价值，只有在用户的实际使用场景中才能得到体现。在特定场景下，用户使用产品，理解产品对自己的真正作用。所以，场景体现了产品价值，进而决定了产品价值变现的能力。

场景化的产品，紧密贴合消费者的当下需求，消费者容易接受，能实现自动销售。

**2. 场景营销的本质：激发需求，刺激消费**

如果某产品对应着消费者的某种状态，能够解决消费者在该状态下的问题，消费者在该状态时就会第一时间选择该产品，这个状态就是消费场景、使用时机。比如购物（淘宝）、出游（去哪儿、携程）、吃饭（大众点评、美团）、开车喝酒（代驾公司）、一个人吃火锅（呷哺呷哺）等。东鹏特饮面向长途卡车司机，饮料瓶刚好放进驾驶座旁边的圆筒里，瓶盖可以当杯子用。三顿半是3秒速溶的小罐装速溶咖啡，面向商务人士、旅游者、运动爱好者，人们可以在出差、开车或者旅游时饮用。

"怕上火，喝王老吉"是场景营销的经典案例。餐馆为了刺激顾客食欲增加消费，很少不用辣的、烤的、炸的，餐饮这个时机正好需要王老吉。王老吉在广告片里不厌其烦地凸显红彤彤、火辣辣的火锅画面，当我们在现实生活中遇到这些场景时，我们就会有上火的隐忧，就会联想到王老吉。只有在餐馆就餐时你才会怕上火，所以王老吉发力餐饮通路——王老吉就在旁边，顺手可以拿到。

场景营销的本质，是揭示消费者当前存在的问题，挖掘、激发消费者对产品（品牌）的潜在需求。

我们一般认为需求决定了新产品，而有时候新产品先于需求出现。电视机发明之前，没人要求发明家发明电视，电脑与互联网也一样，都是发明出来后，人们才发现正好需要它。这种需求一直隐藏在我们的潜意识里，连我们自己都不知道。生活中我们不乏这样的感受，本来觉得自己啥都有，逛了一圈商场就发现自己这也需要那也需要。

场景创造需求，推动消费者产生购买行为。需求是在场景中产生的，不同场景下人会产生不同的需求。例如，不同场景下，充电宝的价值就不一样。某共享充电宝的定价是：商圈和医院3~4元/小时，景区、车站5~9元/小时，酒吧夜店 10 元 / 小时。场景不同，定价不同，因为消费者在不同场景下的需求强度和支付意愿不同。

### 3. 基于场景开展营销的方法

基于场景开展营销，就是拓展消费场景，增加产品的使用机会。产品适合的场合越多，被使用的机会越多，销量就越高。

基于场景开展营销的具体方法如下。

（1）关联特定场景

针对具体场景，强化宣传，让消费者将产品与该场景联系起来。值得注意的是，抽象的概念难以刺激人，具象的画面容易激发人们的反应。

例如，王老吉不是针对吃饭，而是聚焦到火锅、烧烤这些画面，广告里滚烫的火锅很容易让我们联想到吃得过瘾、会上火。再如，茶里王的消费场景是写字楼里白领的闲暇时刻。茶里王的所有营销举措都聚焦到消费场景上，广告里重现了闲暇一刻的惬意，渠道是写字楼里的自动售货机，这使得茶里王成为中国台湾茶饮业的领先者。

（2）转变消费场景

不同的消费场景，决定了不同的消费频次、购买渠道、行业竞争环境以及赢利模式。消费场景变化，就改变了消费时机、频次，从而改变了行业与产品属性、市场容量，因而营销模式也要改变。

例如，可口可乐是作为止咳水被发明出来的，却作为饮料畅销全世界，消费者一年也喝不了几次止咳水，但可能天天喝软饮料。

治上火的保健品的消费机会有限，凉茶的消费场景由治上火转为防上火之后，消费机会大幅增加，就跟吃饭相当——有了凉茶你就不用忌口，辣的烤的都可以吃。随着消费场景的改变，产品形态也要改变（如配料），治上火要有药的苦味，而作为饮料要好喝。

（3）改变目标客户

重新回答"我的客户是谁"。例如，英特尔通过"intel inside"宣传活动，将计算机用户视为自己的客户，将过去的客户计算机厂商转变为合作伙伴，让摩尔定律在市场上真正落地。华为公司于2003年成立了终端公司，为直接客户电信运营商定制开发了100多款手机，但手机不被消费者喜欢，业务发展缓慢；2011年，华为明确，终端竞争力的起点和终点，都是最终消费者，将最终消费者作为客户，手机终端业务开始迅猛发展。

## 案例　　　　　　　米勒啤酒：改变目标客户

20世纪60年代，美国啤酒品牌普遍宣传"卓越品质、品味生活"，广告中经常出现泳池派对、豪宅酒会等场景。业绩惨淡的米勒啤酒决定改变目标客户、重塑品牌——将自身定位成年轻蓝领工人的啤酒，赞美劳动人民，广告画面是钢铁、铁路、石油等行业的工作场景，选择蓝领爱看的晚间体育节目投放广告，在蓝领常去的酒吧、保龄球场、超市等渠道大力铺货。该战略实施一年后，米勒的市场份额就从第8位跃升至第2位。

（4）适合多种场景

产品（企业）在消费者生活中适应的场景越多，满足的客户群越多，销售渠道越多，市场规模就越大。

企业要研究产品的用途和使用场景，使产品满足客户的多种场合与状态，就能将低频的非刚需产品变成高频的刚需产品，从而提升产品价值，获得消费者的青睐。鲜花每周配送服务就是一个典型案例，如果鲜花品质好，赏心悦目，能传情达意，还能代表身份地位、彰显个性，这种非刚需产品就有可能成为刚需产品，甚至成为日常消费品。

麦当劳、肯德基的快餐是随身食品，哪里都可以吃。可口可乐随时随地都可以喝，不受场合、时间的限制。以前，王老吉的消费机会是餐饮，今天，王老吉已经成为一种时尚饮料，有人觉得喝王老吉有面子，还将其作为走亲访友的礼品。

红牛在国内的成长之路，就是不断拓展消费场景的过程。刚进入中国时，红牛的销售渠道是加油站，消费场景是长途开车犯困，宣传语是"汽车要加油，我要喝红牛"；随后又专注于办公室、运动场、棋牌室等场景，宣传"渴了喝红牛，困了累了更要喝红牛"；2004年起，红牛面向运动人群、青少年，专注于运动场景，宣传"有能量，无限量""你的能量，超乎你想象"等，赞助F1、NBA、世界杯、羽毛球、极限运动等赛事；2009年又针对白领的办公场景，在写字楼开展"红牛时间到，朝焕新能量"的早八点送红牛活动；2014年，场景又扩大到校园和社区，在全国8个城市的重点高校开展"来罐红牛，交个朋友"的赠饮活动。

单产品拓展使用场景的根本方法是产品标准化、快消化、方便使用。标准化产品方便流通与消费，降低消费者的决策成本，例如立顿茶包、方便面等。详见秘诀8"产品简捷化"。

猫王为收音机找到更多的使用场景——由于猫王收音机放在房间很漂亮，所以可以用来装饰房间和送礼。为了送礼这个场景，猫王为收音机配备了明信片、礼盒以及收音机刻字服务，并将收音机放在宜家或装饰店内销售。

（5）多产品聚焦于单场景

企业可以聚焦于一个场景，延伸产品线，满足该场景下的全部需求。例如，参半聚焦于口腔护理，提供牙膏、牙刷、牙线、漱口水、洁牙粉、美白牙贴、舌苔清洁器、口腔清新喷雾、口腔爆珠、口香糖、益生菌含片等产品，全面满足消费者口腔护理场景下的需求。

安克（Anker）聚焦于充电场景，提供充电器、数据线、移动电源、户外蓄电池、车载支架、手机膜、磁吸手机壳等产品，后来又扩展到音乐和智能家居场景，推出了无线耳机、蓝牙音箱、扫地机器人、车载吸尘器等产品。

宝洁聚焦于消费者浴室这一场景，浴室需要什么，宝洁就生产销售什么。箭牌糖果聚焦于超市收银台一平方米的场景，只生产能摆在收银台上的产品。

（6）多产品切入多场景

企业要围绕特定目标客户，满足其多个关联场景的需求。例如，美国Generac公司向家庭用户提供备用发电机。公司调查发现，拥有多台冰箱的家庭会存储更多的食物，储存大量食物的家庭购买备用发电机的概率也很大，也会多次购买维生素等保健品。这些未雨绸缪型客户是公司的重点客户，他们的需求具有一致性、关联性。

企业成长的典型路径，是从单品引爆到产品矩阵，进入多个场景，覆盖多个人群，开展多元化经营。在水这个领域，农夫山泉有学生装、高端玻璃瓶装、母婴水、桶装水，分别进入校园、商务、家庭等场景，除了即饮还有泡茶、煮饭等使用场景。

## 案例　　日用品公司：针对不同用途开发新产品

日用品公司 Church&Dwight 生产的 A&M（Arm&Hammer）牌小苏打已经有 100 多年的历史了。A&M 小苏打在清洁、除异味等方面有诸多功效，但由于公司没有提供产品使用指南，大多数客户不甚明了。公司经理在研究客户怎样使用自己的产品时发现，有人将它加入洗衣粉中，有人将它掺在牙膏里，有人将它撒在地毯上，还有人打开盒子将它放在冰箱里。

于是，公司扩展了 A&M 品牌的产品品类，推出了不同用途的产品，并进行了有针对性的宣传。

● A&M 全效牙膏：口腔清新爽洁。

● A&M 冰箱冷柜用小苏打：冰箱除臭。

● A&M 超强除异味剂：腋下清新爽洁。

● A&M 免吸尘器地毯除臭剂：地毯清洁除臭。

● A&M 超级猫舍除臭剂：猫舍除臭。

● A&M 洗衣粉：衣物清香。

## 二、基于场景创新产品

企业要基于客户的使用场景进行产品创新，要点有二：设计使用场景；

洞察实际使用场景，设计与优化产品。

## 1. 设计使用场景

企业开发新产品时，要思考消费者怎么消费它，包括特定的场合、时间、人群等，最好模拟一个场景，在什么场合、什么时间、同什么人、怎么消费该产品，你所描述的场景真实存在吗？

设计使用场景，即企业为产品构筑实际使用场合，就是寻找那个最能激发用户需求、最能让用户感受到企业产品价值的时机和场合，包括设计场景体验与设计场景触发两个方面。

场景体验是心理层面的，设计场景体验的目的是让消费者感受到产品的价值，激发需求。场景体验，包括身（感官）、心（情感）、灵（意义）三个层面。

● 身：产品带给消费者的感官感受是什么，如何让消费者感知到产品价值——让其看到、听到、闻到、尝到、触摸到产品的功能与品质。感觉才是真实的，能被感受到的价值才是真正的价值。

● 心：产品带给消费者的情感，就是消费者消费产品时的心境，如高兴、平和、自信、张扬等。

● 灵：产品带给消费者的意义，如尊重、自我实现、群体归属等。

场景触发是行为层面的，设计场景触发的目的是提醒消费者采取行动，触发购买行为。场景触发，包括时机、场合、动作、频次等要素，回答消费者在什么情况下消费你的产品，何时、何地、如何消费和使用（消费的动作与频次）。

这样的例子不胜枚举。

● 电影院用爆米花的香味来吸引观众，营造那种坐在巨幕下，边吃爆米花边享受视听盛宴的氛围感。

● 铁板烧餐厅的厨房透明，食客可以欣赏烹饪的全过程，听见鸡扒猪扒在铁板上的声音，就有了食欲。

● 街头的冰激凌流动售卖车，播放铃儿响叮当的圣诞音乐，唤起人们对于冬日大雪纷飞、寒风凛冽的记忆，产生清凉之感。

**2. 洞察实际使用场景，设计与优化产品**

设计产品时，需要进行全局的系统的思考——对于目标客户的消费偏好、存在的问题、使用场景和使用体验等进行深度洞察，并提出系统的解决方案，而不是简单策划一个物理产品。

宝洁公司在开发地板清洁产品时，不是对地板清洁工进行人群特征或消费者心理调查，而是分析和研究地板清洁工作这一特定场景，所开发的新产品"速易洁"（Swiffer）深受市场欢迎。佩奇（Page）和布林（Brin）创建谷歌（Google）网站，不是服务"搜索一族"，而是帮助人们查找信息。皮埃尔·奥米迪亚（Pierre Omidyar）创建 eBay 网站，不是服务"拍卖迷"，而是帮助人们出售个人物品。

不要以为客户会按照你希望的方式去使用产品。产品经理要走进目标客户的实际生活场景或工作场景——走入他们的生活或工作之中，洞察客户在特定场景中的心理状态和需求，发现客户面临的任务、问题与麻烦，用对应的新产品去解决这些痛点，解决客户面临的问题；或者剔除现有产品中不再具有价值的元素，减少过头设计、过剩性能，增加新元素，创造新需求。

---

**案例**               快餐店：分析使用场景，优化产品

某快餐店想提高奶昔的销量，经理首先观察是哪些顾客经常购买奶昔，然后根据人口统计数据和消费行为特征对顾客进行分类。他邀请各类典型顾客参加焦点小组座谈会，就是否要提高奶昔的浓稠度、增加新口味、降低价格、加大水果块等问题征求他们的意见，然后根据顾客的建议改进产品。但是，在做完这些工作之后，奶昔的销售竟然毫无起色。

痛定思痛，经理改变了研究思路。他首先待在快餐店里，观察顾客为什

么要购买奶昔、用奶昔解决什么问题。每当顾客购买奶昔时，他便记录顾客同时购买了哪些产品，是独自一人还是结伴而行，是堂食还是外带等细节。他惊奇地发现，40%的奶昔是在清晨售出的，这时顾客经常是独自一人，不购买其他食品，并将奶昔打包带走。

于是，经理就去采访那些手拿奶昔正要离开的顾客，问他们为什么要购买奶昔。多数顾客的购买动机大同小异：他们独自开车，将有一段漫长而无聊的车程，需要一些东西解闷，虽然此时不饿，但10点左右肚子就会饿了，所以想在路上吃点东西，以免到中午时饥肠辘辘。他们还有一些不便之处，例如要开车，只能腾出一只手来吃东西，并且身着正装，时间仓促。

经理进一步询问顾客：如果不买奶昔的话会买什么？他发现：顾客有时会买一两根香蕉，但是香蕉很快就吃完了，不足以打发无聊的车程；有时会买硬面包圈，但硬面包圈太干，抹上奶酪或果酱又会把手指和方向盘都弄得黏糊糊的；如果吃甜甜圈，到了10点多还是会饿。经验表明，奶昔的效果最好。用一根吸管把黏稠的奶昔喝完，得花20分钟时间，可以轻松度过无聊的车程，而且只需单手便可干净清爽地享用，临近中午也不会饥肠辘辘。他意识到，奶昔产品的价值是"帮助早晨开车上班的人单手解决早餐"。

经理还发现，在午餐和晚餐时间，有些父母会给孩子购买奶昔作为正餐之外的饮品。但是，父母通常很快就能吃完餐品，而孩子还在费劲儿地从吸管中吸入浓稠的奶昔，父母会因此不耐烦。

由此，经理认识到，不同的顾客购买奶昔有截然不同的目的，而自己以前的做法是多么愚蠢！以前在调研时发现，有些顾客是用奶昔消磨时间，有些顾客是给孩子买。而综合考虑不同顾客的意见，就得到了一个对所有人都不合适的产品！

现在，经理了解了对顾客来说产品的用途和具体的消费场景，想要改进产品就很简单了。对打发无聊车程的顾客而言：要提升杯子的握感，"好喝"并不重要；让奶昔再稠一点，以便消磨更长的时间；加上一点果肉，并不是为了让人觉得健康，而是在无聊的旅程中给顾客创造一些小惊喜；将奶昔售货机移到柜台前，向顾客提供预付费卡，以便顾客快速购买，然后一踩油门走人。当然，对在中午和晚间购买奶昔的顾客而言，他们需要的其实是一种截然不同的产品。

## 三、与客户共创价值

洞察客户消费场景、激发客户需求的终南捷径是与客户共创价值。一是加强与客户互动交流，全面、认真听取客户的反馈，满足客户的参与感。二是将客户纳入价值创造过程，包括邀请客户参与营销策划、研发、制造等工作。

### 1. 加强与客户互动交流

企业要与客户建立多维度、多层次、高频率的互动关系，持续洞察客户需求，快速满足客户需求。

（1）建立客户社群

企业建立客户社群（社区），加强与消费者的沟通交流，有三个要点。

第一，鼓励消费者参与。

经营客户社群，要全情投入。企业可以参与甚至引导，但肯定无法完全控制。消费者参与会带来一些混乱，这是不可避免的。企业不可能既邀请消费者发表意见，又控制他们的言论。企业应该大胆放手，克服自己的控制欲——尽管松开缰绳吧，看看它会带你到哪里去！"爱之深，责之切"，最严厉的批评，往往来自可能成为最好的合作伙伴和最狂热粉丝的那些人。

只有公开对话，才能让客户社群活跃起来。与客户的沟通越顺畅，客户就越信任你；与客户的沟通不顺畅，客户就不会信任你。企业要把客户社群作为经营活动的核心，变得更像一家媒体公司——把沟通放在中心环节，奇迹就会发生。

怎样促使客户社群活跃起来？怎样运营内容社群？怎样运营社交社群？

请参阅"病毒营销三部曲"之《客户经营》一书。

第二，建立对话机制。

一方面，要积极与客户进行对话。在微博、微信和其他社交媒体上发表文章和评论，回答客户的问题，对所有评论及时予以答复。另一方面，要促进公开交流，吸引人们参与。要让企业网站更具交互性，方便人们留下评论。

当企业与客户的对话机制建立以后，就打通了创新想法流动的渠道，新点子就会源源不断地涌现出来。企业还可以从客户社群中了解客户的需求痛点，用来补充甚至部分取代市场调研及客户服务工作。

第三，开展社群活动。

要把消费者当成朋友，与其深度互动。只有不断与消费者互动，月月有主题，周周有互动，建立情感连接、社交连接、娱乐连接，才能"粘"住消费者。例如，根据目标客户的内容喜好，开展社区性的"小而美"的沟通活动，内容包括但不限于明星八卦、美食电影、运动健康等，建立与目标客户群的坚强纽带。

怎样在客户社群策划开展有感染力的活动呢？请参阅"病毒营销三部曲"之《感染力2.0》一书。

---

### 案例　　　　　　　　　小米经营粉丝社群

小米在发展初期通过MIUI论坛培育了大量粉丝。小米员工"泡"各种论坛，到处寻找资深用户，最后挑选出100名粉丝参与MIUI的设计、研发、反馈等。在2013年4月9日举办的"米粉节"上，小米特别发布了微电影《100个梦想的赞助商》，把这100个铁杆粉丝的名字一一投影到大屏幕上，以表示对他们的感谢。

以MIUI论坛为核心，小米吸引广大粉丝作为外围产品经理和开发团队，参与客户体验的评测和优化。2016年，MIUI论坛的用户数量达到1800万。

此外，小米要求所有工程师通过论坛、微博和QQ等渠道与用户直接联系，甚至要求工程师参加粉丝的线下聚会活动。

---

### 案例　　　　　C2：忽视与消费者进行沟通

2004年夏天，可口可乐推出一款低热量的新产品，名叫"C2"。

以往，员工在新产品上市过程中具有重要的口碑影响力，因为他们经常会在日常生活中谈论自己的工作。但是，可口可乐将C2做成了"绝密"产品，把员工蒙在鼓里，员工没有机会谈论它。同时，可口可乐忽略了瓶装厂和经销商。

C2上市的口号是："50%的碳水化合物，50%的热量，100%的口感！"可口可乐宣称："消费者是这个创意的缔造者，C2是专门为渴望低热量又追求良好口感的消费者研制的。"如果消费者提出了这个创意，他们又怎么会猜测C2是什么东西呢？这真是一个极大的讽刺！

C2营销活动的目的是把消费者作为培训的对象和占领的目标，教育并告知消费者"这款产品是什么"。C2的广告铺天盖地，广告费用创了公司历史纪录，甚至造成了市场轰动，但C2的销量却远不及预期。可口可乐没有认识到吸引消费者参与、与消费者对话的价值。假如邀请粉丝参与进来，他们就可能从内心接受C2。广大粉丝觉得自己没有参与到新品上市过程中，觉得自己更像可口可乐推广的目标、捕捉的对象，也认识不到C2有什么与众不同的价值，当然就拒绝了这款产品。

（2）倾听客户意见，减少负面口碑

所谓负面口碑，就是消费者说的坏话。研究发现，消费者传播负面口碑，主要原因并不是产品或服务本身存在缺陷，而是源于他们在投诉过程中的负面感受。如果消费者认为企业客服人员的态度不好，不愿意倾听他们的声音，他们就会不满并抱怨，从而产生负面口碑。一个消费者不喜欢某个产品是很正常的现象，企业本身可能没有什么错误，消费者也不会去说产品的坏话。如果消费者能与企业交流，被企业倾听，在投诉过程中得到良好的对待，而且得到相对公平的处理结果，他们很少会说企业或产品的坏话。

## 案例　　　　　　　　苹果：通过倾听解决问题

凯西是美国纽约的一位多媒体艺术家和电影导演，2002 年年初，他买了一个 iPod，非常喜欢。但是，过了大约一年半，iPod 的电池无法充电，不能用了。他去苹果专卖店维修，却被告知电池无法更换，只能买一部新机器。他拨打苹果公司的免费服务热线，也得到了同样的答复。

凯西非常恼火，于是制作了短片《iPod 不可告人的秘密》(*iPod's Dirty Secret*) 发布在网上。短片讲述了一位叫凯西的年轻人将"iPod 只能使用 18 个月的一次性电池"喷图画贴在纽约各处 iPod 广告牌上的过程。很快，几百万人观看了这个短片，似乎全世界的人都在谈论这部短片、电池问题、凯西和苹果公司，凯西在几天内收到了近千封邮件。

苹果公司恰当地处理了这次负面口碑。首先是倾听，接着在几天内妥善解决了电池问题，并更改了公司的售后服务政策。苹果公司开始提供 99 美元的替换电池以及 59 美元的延保服务。由于该事件促使公司完善了相关政策，所以苹果奖励了凯西一款新的 iPod。

凯西对苹果公司的抱怨并不完全在于那块损坏的电池，因为人人都能接受电池无法长期使用的事实，苹果的客户服务政策僵化，专卖店和热线电话的服务态度令人不快，再加上电池不能替换，才是他生气的原因。这些因素综合起来，导致了负面口碑的产生。由于耐心倾听了消费者的心声，及时有效地做出了反应，苹果公司很好地解决了这个问题。

古人云："闻过则喜。"客户说坏话，其实是在表达痛点。亚马逊 CEO 贝佐斯曾指出："客户的不满是神圣的，这种不满是公司前进的北极星。"

企业应该认真听取负面反馈信息，并给予足够的重视。

一方面，要主动出击。企业产品经理、营销经理、开发人员到微博、论坛、知乎等平台上搜索有关产品的关键词，收集用户反馈，并及时跟进处理；加入用户微信群、QQ群中，了解用户遇到的问题及对产品的期望。这样，既能及时发现产品问题，又能体现企业重视客户、快速反应的态度，甚至挽回那些遭遇不良体验的客户。

另一方面，建立客户回访机制。通常情况下，即使遇到了问题，大部分客户只会心里不满并默默放弃产品，仅有少数人会花时间和精力去致电客服或者在社交媒体上发声抱怨。因此，要建立主动的客户回访机制，从而时刻了解客情。在产品进入市场初期，可以对全部客户进行回访，到了市场发展中后期，由于客户量增大，可以抽样回访。

（3）加强组织内部沟通

沟通交流能产生创新的灵感。在英国工业革命时期，很多奇思妙想就诞生在伦敦街头的咖啡馆里。乔布斯曾经设想在新办公楼里只设置一个厕所，就是希望员工能多邂逅、多寒暄，以便激发员工的灵感。

单只蜜蜂并不理解酿蜜的整个过程，而一巢蜜蜂却能酿出蜂蜜。其实，单只蜜蜂也没有必要搞懂怎样酿蜜，它们通过蜂巢进行有效沟通，开展分工与协作，就能迅速酿出蜜来。科学家发现，蜂巢是蜜蜂发布与接收信息的传输设备，蜂巢式智能的关键是简短亲切的提问与迅速及时的回复——交流越多越好。

组织的整体智商在于谁跟谁存在关联以及怎样关联。提高组织智商的一个简单快捷的方法是让组织里的每一个人都知道其他人在做什么，因而加强内部沟通至关重要。企业内部的沟通包括总部与分部、总店与门店、不同部门、同一部门内部人员、公司内部同类岗位人员等之间的沟通。要废除企业内部的"部门墙"，尤其要加强产品营销部门与产品研发设计部门的融合；要组建企业内同类岗位人员的社群，以便于大家相互交流。

## 2.将客户纳入价值创造过程

企业劳神费力地访谈客户，洞察客户痛点，预测市场需求，但开发出来的新产品仍然失败率很高。为什么呢？原因很简单，企业开展这些市场调研活动，消费者是被动参与，而不是主动参与的。前者类似于让你填一张表，请你说说给汽车换轮胎是什么感受，后者类似于请你亲自动手换轮胎，两者的区别还是很大的。

数字时代，不再是企业单方面创造并提供价值，而是企业与消费者共同创造价值。一方面，随着消费升级，消费者的需求日益个性化，不仅越来越重视精神需求，还希望通过参与获得认同感；另一方面，互联网技术拉近了企业与消费者的距离，人们的表达欲、参与感前所未有，人们希望自己的需求被企业倾听，意见被企业采纳。

企业要邀请、吸引消费者参与到产品研究开发与生产经营过程中，让其产生"主人"的感觉，这种"众包模式"能够有效克服知识诅咒效应，生产出来的产品能够真正解决客户的痛点，获得客户发自内心的认同。

随着数字化转型的深入，数字技术改变了企业业务协同与推进的线性方式，推动各参与方高效协作，推动消费者参与研发、生产与营销等业务活动，形成以客户为中心的价值创造和协同工作网络，大幅提升企业的运营效率。

（1）客户参与研发

数字时代，产品研发要从技术与产品驱动转变为客户需求驱动，企业要利用互联网技术，在研发设计过程中与客户建立稳定、高效的连接，了解客户的需求，收集客户的建议，使产品满足客户的个性化需求。企业与消费者实时沟通，让消费者对设计做出评价、表达诉求，消费者就会产生一种"这是我创造的"的感觉，对产品产生亲切感和归属感。

雷军说过："小米销售的是参与感"，"我们就是聚集大家的智慧做一款手机。我们在网上发动过百万人参与。等你真的参与以后，你提的这个建议被我们采纳了，你就会感觉自己很牛，你会跟朋友说'改用小米吧'，这种荣誉感是'米粉'推销小米的重要动力"。如果有上千万的粉丝自愿做企业的产品经理、做客户体验评测员，这是一股多么强大的力量！

空中客车公司构建了智能化的研发系统，让客户参与飞机的设计和开发；小米的MIUI操作系统每周都会根据客户的建议进行迭代；TFBOYS（加油男孩组合）按照粉丝的建议修改发型；某餐厅根据顾客投票选择服务员第二天的着装。

（2）客户参与生产

企业可以让消费者自己动手制作，消费者在动手过程中会享受到乐趣，并对自己的劳动成果产生特殊的情感。宜家家居卖家具零部件，消费者自己运回家并动手组装家具。麦当劳在"未来2.0"概念餐厅里设有触屏自助点餐机，餐单一目了然：顾客可以对餐食进行个性化调整，例如饮料不加冰、汉堡不加酱等；考虑到儿童点餐的需求，自助点餐机还可以将点餐页面缩小至屏幕下方；顾客可以定制汉堡和甜品，15种配料随意搭配。

极食餐厅是一家创意料理餐厅，餐厅种植的蘑菇和芽苗菜分布在店内各个角落。顾客可以当场采摘蘑菇，吃完还可以把蘑菇根和培养土带回家。回家后不久，就能长出第二茬、第三茬蘑菇。很多人因为过了一把采蘑菇的瘾，还想再去这家餐厅，也自然会向朋友推荐这家餐厅。

（3）客户参与营销

传统营销是单向标靶营销，消费者是企业要"占领"的目标和"捕捉"的对象。数字时代是互动营销，企业不能把消费者当成标靶，而要与消费者交谈，倾听消费者的心声，双方共同开展营销工作。

企业要吸引消费者参与到营销策划与宣传推广活动中来。很多消费者拥有宣传产品的知识、技巧、能力和兴趣，乐于参与企业的营销活动。人们最愿意传播自己参与制作的内容，这会让人产生愉悦感和成就感。无印良品（MUJI）就通过"良品生活研究所"与消费者进行连接和互动，让消费者参与研发与传播，使其产生高度的参与感。

## 案例　　Threadless：众包模式

Threadless社区网站创办于2000年，最初是给艺术家和设计师提供一个场所，让他们展示自己的设计，以便将这些设计制作成T恤。后来，由于广大消费者非常喜欢"参与设计、选择和购买产品"这个想法，网站高速发展，社区成员从最初为数不多的艺术家和设计师发展到数十万名狂热的粉丝。设计师提交T恤设计方案，广大粉丝投票选择应该制作哪一款T恤，这个想法引起了大家的兴趣，也给Threadless带来了丰厚的利润。在最初两年，Threadless社区成员就发展到十多万人；到2008年，社区成员已达到七十万人。

Threadless已经发展成为一家"粉丝享有、粉丝治理"的公司，客户与公司的界限模糊。粉丝主导着公司的业务运作：他们提交设计，相互交流，进行投票，购买产品，有些就在这家公司工作。因为制作并出售哪款T恤是由广大粉丝投票决定的，所以，新产品一上市就被销售一空。公司不仅不用付钱给广告公司、模特公司，也不需要专业设计师和销售人员。

## 秘诀 5
# 设计价值主张

营销的核心任务是给客户制造认知。策划新产品时，企业要控制消费者的认知，激发新的需求，设计并宣传价值主张——产品给客户提供什么样的价值。这样一来，消费者就会主动追逐新产品，新产品由此实现自动销售。

## 一、客户认知是市场竞争的终极战场

### 1. 印象决定认知

认知是影响人们思考、决策的关键因素。在日常生活中，有时我们的思考模式是：先依据自己的认知做出决定，然后由大脑想出一个合理的理由来说服自己，从而支撑自己的决定。所以，从某种程度上说，认知主导着我们的生活。

认知来自我们的印象、观念和期望。

我们大脑中的印象决定了我们所认识的事物的样子。我们之所以说"巴黎是个浪漫的城市"，是因为多年来我们接触的信息一直告诉我们这一点，类似情况还有"西北人豪爽""山东人酒量大""沃尔沃汽车很安全"等。事实不一定是那样，只是我们的大脑认为是那样的。

2010年，一位年轻建筑工从伦敦一处工地的楼梯上跳下时，不小心踩在一颗长钉子上。钉子扎进了他的靴子，扎得很深。工友们马上叫来救护车，将他送到医院急诊室。医生给他打了一针麻醉剂，看他还疼得厉害，又给他打了一针强效止痛剂。疼痛被控制住了，小伙子终于安定下来，医生开始小心翼翼地拔钉子。拔出钉子时，医生大吃一惊：钉子是从他的两个脚趾之间穿过去的，他根本没有受伤！

如果我们觉得脚上扎了颗钉子，就自然而然地会感到疼痛，甚至需要强效止痛药才能止痛。

印象会影响人们的感觉。我们感受到的事物并不是源于实际的，而是源于我们大脑中留存的印象。我们认为一件事情是什么样的，就会感觉到它真的是那样的，我们感受到的其实是我们希望感受到的。

人的认知经常是由观念决定的，而不是由客观事物决定的。例如，有人请一位僧人吃饭，桌上全是素菜，僧人觉得"这个人太尊重我了"；而如果请的是一个普通人，对方可能觉得，"请我吃个饭全是素菜，太小气了"。观念不一样，感觉就不一样。哲学家叔本华说："世界是我的表象。"心理学家荣格说："我们看待事物的方式、而不是事物本身如何，决定着一切。"世界本身并不重要，重要的是我们对世界的理解。世界上没有事实，我们认知中的事实才是事实，我们的认知胜过了事物的本来面貌。

对同一件事情，你如果认为它是"劳动""工作"，就会觉得辛苦，不愿意去做；你如果认为它是"玩耍""游戏"，就会觉得好玩儿，喜欢去做。

有位老人爱清静，可窗外常常有一群孩子在玩耍，十分吵闹，老人不堪其扰。于是，老人把孩子们召集过来，说："我这儿太冷清了，谢谢你们让这儿热闹起来，让我年轻了不少，多来玩儿啊！"说完发给每个孩子3颗糖。孩子们很开心，于是天天来玩儿。几天后，老人只给每个孩子2颗糖，再后来只给1颗，到最后干脆不给了。孩子们生气地说："以后再也不来这儿让你热闹了！"老人的生活清静了……

马克·吐温在《汤姆·索亚历险记》中讲述了一个类似的故事。

星期六，汤姆被波莉姨妈处罚粉刷篱笆，汤姆非常不愿意干这个苦差事。为了让朋友们帮他刷篱笆，聪明的汤姆把受惩罚做工变成了一种娱乐和特权活动。他装作非常喜欢刷篱笆，干得兴高采烈、热火朝天。"你们把这也叫作干活儿吗？"汤姆对小伙伴们说，"哪个孩子能有机会天天刷篱笆呢？"在这一"信息"的武装下，小伙伴们发现了粉刷篱笆的乐趣。后来，小伙伴们甚至情愿用心爱的东西换取帮汤姆刷篱笆的机会,而汤姆则悠闲地坐在旁边,带着一堆"战利品",一边吃苹果,一边晒太阳。

期望能改变感觉。期望源于事物在我们潜意识中形成的印象。我们的眼睛看到的"事物",其实是大脑想要我们看到的东西。我们尝到的、看到的、经历的,就是我们潜意识里所期望的,我们心中期望什么,就能体会到、感觉到什么。

有位朋友去泰国旅游,买回来一大瓶蛇酒,里面泡着一条眼镜蛇。他每天都喝一点儿,见面就跟我说酒真有效,身体越来越好了,我也感觉他比以前精神了,似乎年轻了好几岁。前些日子碰到他,他说酒喝光了,他把眼镜蛇取出来准备煮汤吃,发现蛇是塑料的。

有位朋友被初诊为肿瘤,人一下子就没了精神,路都几乎走不了了。最终检查报告出来,肿瘤是良性的,人一下子就活蹦乱跳了。

这两则故事和下面的三个实验充分证明,如果我们认为事情是什么样的,它就会成为什么样的。

## 案例    实验:观念对人的影响

2006年,哈佛大学心理学教授埃伦·兰格(Ellen Langer)进行了一项实验,测试观念对人的影响。她从波士顿的7家酒店邀请了84位年龄为18~55岁的女性清洁员作为实验对象,她们每人每天要打扫15间客房,打扫每间客房大约要花30分钟。埃伦·兰格对其中4家酒店的清洁员说:"这项工作可以锻炼身体,有益健康,这是一种良好的生活方式。"对另外3家酒店的清洁员,她什么也没说。在实验过程中,埃伦·兰格让这84位清洁员把自己的日常工作都记录下来。

4周之后,被告知的实验组人员的健康状况比以前好了,体重、体脂率、血压指标都下降了,而没有被告知的实验组人员则没有这种变化。

这个实验证明:如果人们相信自己从事的活动能让自己更健康,他就会变得更健康。

### 案例　　　　　　　实验：哪种可乐更好喝？

百事可乐曾经进行了一次可乐口味测试：让 67 名可乐爱好者评价可乐的口味。结果，在盲测（不知道品牌）的情况下，2/3 的人更喜欢百事可乐的口味。于是，一个伟大的广告创意诞生了——把这些人的现场表现制作成视频广告，告诉人们：真正好喝的可乐是百事可乐，大多数人认为百事的味道更好。

但是，这则广告毫无效果。

这是为什么呢？美国神经学家瑞德·蒙塔格（Read Montague）进行了专门研究。蒙塔格又做了一次测试，在测试者喝可乐之前，让他们看到品牌。猜猜结果是什么？3/4 的人认为可口可乐的味道更好。

为什么人们在盲测时认为百事可乐的味道好，但在看见品牌时却更喜欢可口可乐？

蒙塔格认为，当我们的大脑不知道自己喝的是什么时，如果单纯靠味觉来判断，也许我们更喜欢百事可乐的味道。但是，在现实生活中，根本没有所谓"口味盲测"，我们清楚地知道自己喝的是什么。我们大脑的潜意识更喜欢可口可乐，而大脑能够改变我们的感觉。

### 案例　　　　　　　实验：真假生发水

培健（Rogaine）是美国强生公司出品的一种外用生发水。在一项测试中，A 组有 40% 的人称培健生发水真的能够帮助他们重生秀发，B 组有 60% 的人肯定了该产品的效果。在实验中，A 组使用的只是油和水的混合物，可是受试者竟然真的长出了头发！其实，这是由于培健生发水在他们大脑中的印象让他们感觉到了产品的效果。在他们的大脑中，"培健"已经和"生发"联系在一起，他们相信，只要用了这个产品，自己就能长出头发，所以，"培健"真的让他们长出了头发。

### 2. 赢得客户认知，才能赢得市场

事实创新未必能取得成功，基于消费者认知的创新才能成功。客户认知价值才是消费者购买决策的依据，而产品价值并不等于客户认知价值。如果你不能在心智竞争中脱颖而出，你就会被忘记。

很多企业做创新，可消费者并没有认知。新加坡的创新科技公司(Creative Technology Ltd.)首先发明了海量音乐播放器（硬盘式MP3），但它起了一个很复杂的品牌名（NOMAD JukeBox），还同时推出多款产品，最终新产品没有获得市场认可。苹果的iPod其实是借鉴、抄袭了创新科技公司的产品（支付了上亿美元的专利侵权费用），但是iPod获得了成功。乔布斯推出iPhone、iPad时，市场上也已经有了多款智能手机与平板电脑。iPod、iPhone和iPad具有产品简洁、名字简单、体验卓越等特点，首先抢占了消费者的认知，屏蔽了竞争对手在消费者心智中的形象，从而赢得了市场。

### 3. 营销的核心任务是制造认知

德国社会学家马克斯·韦伯（Max Weber）说："人是悬挂在自己编织的意义之网上的动物。"我们消费的产品其实都是"意义的创造"，世界上没有单纯的"产品"，各种产品都叠加了认知——"意义"，这使其变得更有价值。不妨检查一下自己的消费清单，你会发现，我们每天都在为认知买单，没有需求我们就用意义编织一个，没有市场我们就用认知开拓一个——市场就是这样形成的。

一个产品实际上好还是不好并不重要，关键是人们怎么看待它。通过改变人们的印象、期望和观念，就可以改变人们对产品的认知。

美国市场营销专家唐·舒尔茨（Don E. Schultz）指出："在同质化市场中，唯有传播能创造出差异化的竞争优势。"消费者的心理感受是无限的，在消费者心智中建立差异化的认知优势，可以增强消费者对品牌的印象，提高营销沟通效率，建立市场竞争的护城河。

营销从来都是认知大于事实，而不同的企业通过内容、事件与活动制造认知的能力相差甚远，很多企业不得不花费巨资培育消费者认知。例如，有一种"带苦味的糖水"，一瓶卖 5 元钱，饮料本身的成本不到售价的十分之一，买饮料的钱大部分用于支付品牌的"说服费"——广告费，这就是一些可乐产品的商业模式。

消费者的认知会发生变化。例如，对一个年轻姑娘而言，鞋子的价值在于款式，价格是次要因素，而耐用性根本不是价值；当她老了，鞋子的款式就成为次要价值了，此时她最看重的是耐用性和舒适性。

过去，企业生产实物产品或者提供服务；现在，企业生产认知。国内外领先的互联网企业，其企业价值的绝大部分都是品牌形象、客户忠诚度、知识产权等软性的"认知"，只有极少部分是看得见、摸得着的实物资产。我们应该清醒地认识到：认知不是陪衬，不是认知使我们的工厂更有价值；工厂才是陪衬，工厂使我们的认知更有价值。

数字时代的存量竞争激烈，产品高度同质化、过剩化，为了避免陷入价格战、促销战、流量战的困局，企业要开展内容营销、事件营销与活动营销，通过消息轰炸来制造"信息茧房"，潜移默化影响消费者的认知与观点，在消费者心智中形成差异化的品牌认知优势。最终，品牌在消费者心智中的份额会等于在市场中的份额。

制造客户认知是市场营销的核心任务，有三个要点。

第一，客户想要什么不重要，重要的是企业能让客户想要什么。

第二，不是你认为自己是什么，而是客户认为你是什么。客户怎么看你，比你实际上是什么更重要。

第三，认知要让客户容易记忆、印象深刻。一要明显化，使产品优点突出、别具一格，提高沟通效率；二要独特化，给品牌起名字、提炼品牌口号、赋予品牌以性格，在人们头脑中塑造美好、独特、鲜明的品牌形象。

制造客户认知，主要包括三个方面：创造市场需求；设计价值主张；宣传价值主张。

## 二、创造市场需求

### 1. 制造认知，创造需求

优秀企业不仅满足客户需求，更以先进的理念与技术来引导、创造客户需求，从而控制了整个产业链。仅满足客户需求，不能控制产业链的企业，成不了世界一流企业。

所谓需求，就是客户解决自身面临的问题的需要。那么，究竟什么是"问题"呢？所谓问题，就是现状（现实状态）与理想状态（目标状态）之间的差距。由此可见，所谓创造需求，就是给客户制造认知，从而制造问题，其基本方法有三：揭示现状（改变对现状的认知）；揭示差距；树立新目标（改变对理想状态的认知）（如图14所示）。

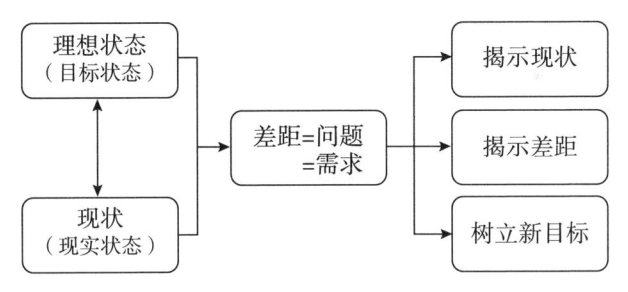

图14 创造需求的基本方法

### 2. 揭示现状，激发内在需求

如果消费者不知道自己的状态，就难以对你的产品产生兴趣。消费者对你的产品不感兴趣，他感兴趣的是他自己，当你描述的"危害"正好符合他的状况时，他就对你的产品感兴趣了。如果我看不到自己头顶的头屑，就不会对海飞丝产生兴趣；如果我看不到手上的细菌，我就不会对舒肤佳有兴趣，所以宝洁的广告就用放大镜让消费者看清楚自身存在的问题。

消费者对自身状态往往浑然不知，缺乏对自己的判断。在这种情况下，企业首先要让消费者了解自身状态，消费者一旦了解自身状态，就会对产品产生需求，如果你的产品能适时出现，就会轻易销售出去。王老吉天天在央视上出现，大家耳熟能详了，如果消费者害怕上火，自然会想起王老吉。

通过揭示当前状况存在的危害，激发消费者的内在需求，从而创造新的市场，这就是德鲁克所说的"创造客户"。例如，针对孕妇对电磁辐射的担心，360推出了可降低信号强度的路由器——孕妇模式路由器，硬生生地创造出一个市场。

因此，不要告诉客户你的产品有多么好，而要让客户对你的产品产生需求。如果你想卖面包，就要让对方感到饥饿。一旦客户的需求被激发，他就会主动购买你的产品。

### 3. 揭示差距，挖掘内在需求

消费者只知道自己想要的是更舒适、更安全、更健康、更美、更快乐、更成功、更富有、更有魅力……这就够了。消费者没义务了解自我需求，企业的任务是理解消费者需求，并提供将需求具象化、清晰化、显性化的解决方案——这就是产品。

当你能拿出了这样一个解决方案，消费者就知道自己原本模糊的需求到底是什么了。于是，消费者就会认同你、感激你，认为你非常懂他的心思，这时消费者才愿意关注你、了解你，因为你比他更了解他自己。

乔布斯有句名言："人们并不知道自己需要什么，直到我们拿出自己的产品，他们就发现，'这就是我要的东西'。"消费需求不是天然就有的，不是简单而明确、等待被满足——而是需要被发现、被创造出来。

很多科学家和医生都告诉我们，普通人其实不缺钙。不过，很少有人会在去医院做检查，确认自己缺钙之后，才决定购买钙片。你是否缺钙不重要，重要的是我能"让你缺钙"——"腰酸，背痛，腿抽筋，请服巨能钙"；"吃了盖中盖，腰不酸了，背不痛了，腿也不抽筋了"。通过广告不断进行心理暗示和强化，会导致消费者的自我认知陷入迷茫的状态，产生"自己也缺钙"的认知。结果就是：如果我不做广告了，你就不缺钙了。

科学家和医生经常写文章说"人类没有必要补充维生素"，从日常的饮食中，人类能够摄取足够的维生素。但是，没有维生素，没有鱼肝油，我们用什么来表达自己对家人的关爱？

钻石、脑白金、冬虫夏草、阿胶、玛卡等，都是包装宣传出来的畅销品。

**4. 树立新目标，激发新需求**

幸福生活的秘诀，是降低期望。古希腊哲学家苏格拉底说过："快乐的秘密并不在于寻求更多想要的，而是在于培养清心寡欲的能力。"降低期望，就是降低对目标（理想）状态的认知。目标低了，与现状没有什么差距，人们就感觉不到有什么问题，也就没有焦虑了，这就是修身养性。

树立新目标，提高期望值，主要方法是转变产品的价值定位，激发高层次的精神需求。

（1）转变价值定位，满足新需求

企业要重新定义产品价值，不仅满足消费者对产品功能的理性需求，更要激发消费者的感性需求，包括内在的情感需求以及外在的炫耀、模仿、从众等社会心理需求。

以前，宜家在广告里宣传你应该扔掉旧家具了，现在，宜家打造创意家居，以创意生活为噱头，让消费者重复购买。

以前，人们有一块手表就够了，今天，手表不仅用来看时间，还用来表达身份、个性、心情、场合以及搭配服饰，有参加商务活动时配戴的表、运动时配戴的表、旅游时配戴的表、情侣表等。斯沃琪定位为服饰配件，款式多样，可以满足人们对某款服装的搭配，所以售价相对低。斯沃琪强调手表与不同服装的搭配，人们有多少套不同风格的服饰，斯沃琪就有多少个销售机会。斯沃琪的表店很少扎堆到名表行里，而是跟时尚服饰品牌在一起。劳力士与斯沃琪都是手表，但两者的定位完全不同，一个是珠宝，满足炫耀心理；一个是饰品，满足个性化需求。

（2）激发精神需求

今天，人们的消费重心正从物质产品转向精神产品，虚拟世界变得越来越重要。不远的将来，人们只需少许花费就能在现实社会中生存，大部分活动发生在虚拟世界里，而且虚拟世界与现实世界的界限越来越模糊。

古希腊时代，贵族们学习数学、修辞、语法、逻辑、美术、音乐和星相学等，这叫作自由艺术(Liberal Art)，学习是为了心灵的自由。今天，我们应当更多地思考生命的意义，践行自由的艺术，为爱、兴趣和好奇心而生活，这也许就是终极的消费形态。

## 案例　　　　　　　戴比尔斯的钻石营销

钻石除了质地坚硬之外没有什么特点，通过高温人工合成钻石，量大且廉价。然而，钻石却被包装成为爱情的象征，价格昂贵的钻戒成为婚礼的标配。

最初，钻石稀缺，只是皇室和贵族炫耀财富的饰品。19世纪后期，在南非发现了一座巨型钻石矿，产量有几千万克拉，如果这些钻石进入市场，钻石的价格就会崩盘。1888年，英国商人罗兹在南非创建了戴比尔斯（DeBeers）公司，收购了该钻石矿，垄断了全球钻石市场90%以上的交易量。

1945年，戴比尔斯公司总裁哈里·欧内斯偶然发现了一个公式。

因为：钻石 = 坚硬 + 稳定 = 永恒，爱情 = 坚硬 + 稳定 = 永恒

所以：钻石 = 爱情 = 永恒

钻石代表了永恒的爱情，是表达爱情的信物——如果他永远爱你，他就会送你代表永恒的钻石。

于是，戴比尔斯的品牌理念诞生了：沧海桑田，斗转星移，世上没有永恒的东西，只有钻石才能见证爱情——"The diamond is forever"（"钻石恒久远，一颗永流传"）。

戴比尔斯将钻戒打造成永恒爱情的象征，将并不稀缺的石头变成了昂贵的必需品，改变了人们的婚恋习俗，成功地激发了需求，制造了市场。

后来，戴比尔斯发现女性的"左手市场"已经饱和，因为能买结婚钻戒的人几乎都买了，就打造"右手之戒"，口号是"左手代表爱情，右手代表自己"，证明"我是经济独立的女性，我能给自己买钻戒"，满足女性彰显社会地位的心理。

钻石营销要长期维持下去，关键在于垄断矿源、保证高额利润并大量宣传——持续对公众进行"洗脑"。

## 三、设计价值主张

### 1. 营销就是给供需双方贴标签，实现高效匹配

营销就是给消费者与品牌贴标签，实现双方高效匹配，包括两个方面。

第一，给消费者贴标签，深度细分客户，精准找到目标客户。

企业（品牌方）要搜集、挖掘消费者大数据，提取目标客户标签，包括性别、年龄、城市、消费能力、兴趣爱好、购买品类、消费行为、付费意愿、关键词等，分析目标客户的特征。不同群体看似五花八门，其实都是不同维度标签形成的人群聚合。

今天，很多平台和媒体都提供了具有丰富维度的用户标签，企业（品牌方）可以自由组合，也可以自定义。今天的信息流广告、程序化购买等投放手段都可以精准圈定目标人群。

第二，给品牌贴标签，制造客户认知，传播购买理由。

这个信息大爆炸的年代，关于产品和服务的信息太多了，消费者已经不堪重负。消费者不可能在每次购买时都对产品进行比较判断，他通常将对企业（品牌）以及产品、服务所形成的认识、印象和情感综合起来，形成心理认知，以简化消费行为。

企业要结合目标客户的标签特征，为品牌设计标签体系。企业首先需要告诉消费者自己是谁，提供什么价值，跟竞品有何差异；然后要简化信息，找到最能代表自己的一组关键词，形成自己的标签，通过持续沟通宣传，让消费者逐步"认识—认知—认同"。

### 2. 设计价值主张，给客户购买理由

企业影响消费者心智，让消费者建立心理认知，以简化购买决策过程，基本方法是设计价值主张。

价值主张（Value Proposition），就是企业主张自己能给客户提供什么样的独特价值，又称价值定位、价值诉求、购买理由（reason to buy，简称 RTB）。价值主张就是企业给客户的一个明确承诺，承诺产品能够解决客户的什么问题，或者产品可以更好、更快、更持久、更便宜或者更高效地解决客户的问题。

设计价值主张，就是企业给自己（品牌）贴标签——挖掘、提炼品牌或产品的价值点，打造品牌或产品在消费者心目中的形象、认知、联想等，给消费者制造心理认知。例如，汽车品牌的价值主张就截然不同，奔驰和凯迪拉克代表奢华，保时捷和宝马代表驾驶体验，沃尔沃代表安全，日产阳光（Versa）和本田飞度（Fit）代表经济。

价值主张有如下特点。

①价值主张是一种"主张"，属于主观范畴，是企业给消费者制造的心理认知。

②价值主张与客户需求（痛点与场景）相对应，客户需求是问题，价值主张是答案。价值根植于需求，不能满足需求的价值是伪价值。

③价值主张陈述、表达品牌为客户提供的好处，如功能利益、情感利益或者自我表达利益等。

④价值主张是独特的，区别于竞争对手，方便消费者选择，降低决策成本。

⑤价值主张促使消费者与品牌建立紧密关系，驱动购买决策。

⑥价值主张具有长期稳定性，这样才能在消费者心里建立认知，从而驱动企业持续经营下去。

价值主张是营销策划工作的核心，是营销传播的原点，也称为营销诉求点。定位、卖点与品牌是设计与宣传价值主张的具体方法、开展营销传播的手段。

## 四、宣传价值主张

### 1. 传播价值主张的方法：卖点、定位与品牌

传播价值主张，有三种常见方法：打造心智定位、打造产品卖点、塑造

品牌。

打造心智定位、打造产品卖点、塑造品牌，分别简称为定位、卖点与品牌，这三者都是常用的营销方法，既有区别，也有联系。

定位、卖点与品牌都是企业在消费者内心给自己贴标签的过程。企业要选择最适合的认知标签，制订独特的价值主张，在消费者心智中占据一个位置，方便消费者"认识—认知—认同"。

值得注意的是，价值主张又称为"价值定位"，这里是广义的"定位"，而打造心智定位的"定位"是狭义的，特指里斯和特劳特提出的"定位理论"，秘诀10进行详细论述。前者包含了后者。

用品类地位占领心智就是定位，用独特的理性利益占领心智就是卖点，用感性利益占领心智就是品牌形象。

定位与卖点不同。定位是从用户出发，根据用户心中的痛点，打造新概念，实现认知差异化；卖点是从产品出发，强调产品能带来的好处，凸显产品价值，促使用户购买。

定位与品牌不同。定位着眼于如何攻占心智，着眼于竞争，解决如何让客户有更好认知的问题；定位突出产品的单一功能价值，通过理性差异化进行强行告知，通常不会让消费者对品牌产生情感联系与偏爱。而品牌要解决如何让客户认同你的问题。认同与认知不同，品牌不等于定位。

卖点与品牌也不同。卖点强调瞬时与消费者产生共鸣，打动消费者，以迅速达成销售；品牌强调在消费者的心智中形成长期的认知。两者也有相通的地方，产品卖点的意识形态化就是品牌核心价值。

定位与卖点理论适用于品牌发展初期，有助于产品通过单点突破快速占领市场。当一个品牌慢慢"长大"后，原来的单点定位就可能成为枷锁，塑造品牌就成为必由之路。

利用心智定位理论，设计产品的价值定位，详见秘诀10；利用产品卖点理论，打造产品卖点，详见秘诀11。

塑造品牌，包括塑造品牌价值（详见秘诀12）、品牌人格化（详见秘诀13），以及起个好名字（详见秘诀14）、设计品牌口号（详见秘诀15）。

宣传价值主张，打造消费者认知，要注意将定位、卖点与品牌这三种方法统一起来，灵活运用，不可偏废。

### 2. 围绕客户标签与价值主张，开展营销宣传活动

第一，基于价值主张，策划内容、事件与活动。

以前，营销宣传是中心化的，常常是一条广告打天下，宣传重心往往是广告语（品牌口号）与品牌标志。

数字时代的传播是碎片化、粉尘化的，消费者很难对企业形成统一认识。企业要以价值主张指引营销宣传工作，规划传播内容，确定跟消费者说什么，向消费者传递什么内容，包括设定核心诉求、广告语（用于广告投放和营销推广）、生产各类内容（用于自媒体，各种传播主题、活动和宣传片等），保证营销宣传"形散神不散"。

数字时代的内容是丰富的、立体的，有图文、长视频、短视频、笔记、回答等形式，内容展示平台包括微博、微信、抖音、快手、B站、小红书、知乎等。企业要针对不同平台、不同类型的消费群体、不同季节和营销节点，结合社会热点，生产差异化的内容。

第二，开展宣传推广活动，实现价值主张与目标客户的高效匹配。

企业可以根据平台上的客户标签，筛选目标客户进行内容投放，例如，可以投放母婴人群、护肤美妆人群、数码人群、游戏高付费人群等。

当价值主张与客户标签相匹配，销售就会自动达成。

# 第三部分

## 创造价值 实现自动销售

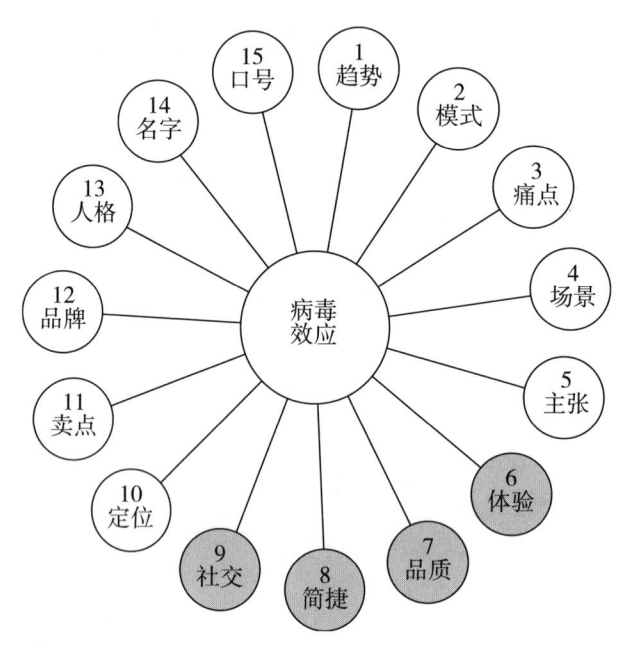

图 15　制造病毒效应，打造病毒性产品

第三部分介绍怎样创造价值、实现自动销售，包括 4 个秘诀：提供非凡体验、打造卓越品质、产品简捷化、产品社交化（如图 15 所示）。

秘诀 6
# 提供非凡体验

数字时代，客户体验成为竞争优势的重要来源。客户体验能够实现产品与服务的差异化，提升客户黏性。通过创新打造非凡体验的方法包括产品设计创新，体验注入情感，产品外观、产品包装、门店定位以及产品使用方法创新等。

## 一、体验成为竞争优势的重要来源

### 1. 客户体验的内涵与类型

客户体验是客户在使用产品（与服务）过程中产生的心理感受，是产品价值的一部分。

对于体验过的事物，人们记忆更加深刻。由于体验调动了人的全部感官，作用于人的身体和心灵，因而它带给人直接影响和有力触动。你可能不知道世界第二高的山峰是哪个，但你一定记得自己曾经爬过的高山。人们会忘记你说的话，忘记你做的事，但永远不会忘记你给他带来的感受。

营销宣传的本质是说服人相信、改变人的观念，难度很大，所以企业的营销费用居高不下。通过体验让消费者印象深刻，销售就会水到渠成——消费者不仅容易购买，还可能向他人宣传推荐。

客户体验的类型多种多样。不同行业、不同规模的企业，在发展的不同阶段，客户体验的目标不一样。例如，零售业的客户体验可以分为多、快、好、省四个方面。开市客的特色体验是好和省，而沃尔玛是多，因为开市客位置偏远，商品只有几千种，而沃尔玛有十几万种甚至更多的商品。

客户体验可以分为三个层次。第一个层次是产品具有基本的功能或效用，即"能用"；第二个层次是客户体验良好，即"好用"；第三个层次是客户感觉"爽"，即"爱用"，并愿意将产品推荐给别人。

客户体验还可以分为核心产品体验和外围服务体验。核心产品体验通常涉及功能、性能、品质、价格等方面，短时间内难以提升。外围服务体验往往不需要改动产品的主要功能或者调整主要业务流程，相对比较容易实现。

核心产品体验，关键是效率；外围产品体验，关键是仪式感。提升客户体验，可以归结为提升效率和提升仪式感两个方面。在餐饮行业，在快餐厅吃饭，方便快捷，人们吃完就走，追求效率；去寿司之神，就会充满仪式感，二十多个寿司需要几个小时吃完，厨师会跟你聊鱼的种类和做法，适合请朋友、客户吃饭。在理发行业，有的理发店几分钟就剪完了；有的美发店还提供咖啡、按摩等服务。

当今，外围服务体验正在成为竞争优势的重要来源。例如，专车司机穿正装、戴手套，为乘客开关车门，免费提供矿泉水、纸巾和充电器；三只松鼠考虑到客户吃坚果时存在的麻烦，同时寄来"开箱神器"，包括湿纸巾、密封夹及果壳袋等。

### 2. 通过体验实现差异化

过去人们常说"酒香不怕巷子深"，认为只要产品好，就不愁销路，这导致产品严重同质化。同质化时代，在产品功能技术层面创造差异化越来越难。就算你费力做出差异，竞争对手也很容易模仿，消费者可能还难以感知到。差异化的关键在于体验，体验上的差异容易被消费者感知，消费者也愿意为其买单。大部分企业的技术水平相差不大，商业模式类似，产品功能大同小异，市场竞争主要集中在客户体验方面。

消费者对产品价值的感知，往往是从使用产品的体验中得来。如果一个产品设计精致，包装精美，店面高档，销售人员专业，那么消费者自然愿意相信这个产品品质一流、技术先进；而如果产品和服务各方面的品质都较差，消费者在买单时肯定会心怀疑虑。例如，苹果手机的价格很高，硬件配置并不高，但仍在全球销量领先，客户体验好是一个重要原因。餐馆不仅提供食物，服务、灯光、音乐等也是餐馆提供的价值。

随着社会的发展和消费结构的升级，消费者的需求越来越多样性、个性化，消费者想要的不只是产品本身，还有产品衍生出来的一系列丰富体验。好的品牌体验，让内在价值变成显性存在，便于消费者感知，产生深刻印象，帮助企业解决获客和消费者认知的问题，帮助品牌在市场竞争中脱颖而出。

美国学者约瑟夫·派恩和詹姆斯·吉尔摩合著的《体验经济》一书指出，体验经济是继农业、工业、服务业之后的第四种经济产出形式。农业生产天然的原料产品，工业生产经过深度加工、标准化的商品，服务业生产无形的服务，体验经济则生产个性化、令人难忘的体验。简单来说，这就是种植咖啡豆、生产速溶咖啡、经营咖啡馆跟星巴克的区别。

数字时代是体验经济时代，客户体验与口碑决定品牌影响力，品牌更注重"接触"，通过提供"价值""关系"和"灵魂"来深度嵌入客户生活。贯通客户整体消费旅程的优质数字化体验，会逐渐演化成为嵌入客户生活全场景、满足客户多层次需求的沉浸式品牌全景体验。例如，星巴克出售的不仅是优质咖啡和完美服务，更重要的是提供第三空间（除了家庭和办公室），让喝咖啡变成一种生活体验——星巴克提供优雅的格调、浪漫的氛围，咖啡甚至只是"道具"。在星巴克，每位咖啡生都要接受不少于 24 小时的岗前培训，他要能够预感顾客的需求，在耐心解释咖啡的口感、香味的时候，与顾客大胆地进行眼神接触。

## 案例　　　　李渡酒：沉浸式体验营销

李渡酒打造"总舵—分舵—小舵"的三级体验系统，通过沉浸式体验营销在竞争激烈的白酒市场脱颖而出。

总舵就是工厂体验游，邀请意见领袖（KOL）到酒厂深度感受李渡的元代古窖和酿酒文化。李渡将工厂体验游包装成了文旅项目，实现体验内容标准化，包括一个酒糟冰棒、一只酒糟鸡蛋、一场酒艺表演、一瓶自调定制酒等。

分舵是指李渡在全国开设的几百家知味轩餐厅，将全套酿酒流程缩小并放到餐厅里，邀请粉丝、消费达人（KOC）体验酿酒和调酒过程，现场品鉴。

小舵是指李渡的高粱合作社和烟酒店，以文化包厢的形式吸引广大消费者体验。

三级体验系统点面结合，由深到浅，层层推进，实现市场全面覆盖。总舵通过KOL扩大品牌知名度；分舵培养忠诚客户，建立KOC矩阵，扩散口碑；小舵扩大渠道触点，吸引客流。消费者用眼睛看，用耳朵听，用鼻子闻，用嘴巴品，用手触摸，亲身参与和感受，从而对李渡形成深刻印象，并从心里喜欢上李渡品牌。

## 二、通过创新打造非凡体验

当前，除了文化、娱乐、旅游等体验性行业，各行各业都开始重视客户体验的创新。

客户体验创新的方法多种多样，例如技术升级换代、整合创新开拓新品类、针对细分市场设计个性化产品、功能或业务流程创新等。一种行之有效的创新思路是：先梳理本企业的全部业务流程，把所有业务环节（设计、采购、生产、包装、运输、销售、网站、支付、客服等）都列出来，再思考哪个环节可以与众不同——是独特的制造流程、新原料，还是简化的功能？产品外观或包装怎么设计才能显得新奇独特、有趣且便于开启？是否要设计独特的产品使用方法？怎样打造限量版产品？怎样给客户打造率先拥有的优越感？诸如此类。

优秀企业通过创新打造非凡体验的做法很多，笔者将其归纳为7种方法：产品设计创新；体验注入情感；产品外观创新；产品包装创新；门店定位创新；产品使用方法创新；优化核心体验。

### 方法1——产品设计创新

《体验经济》一书的作者认为，"精心设计用户的体验是一切伟大产品的灵魂；把初级产品竞争提升为客户体验差别，是未来价值增长的持续动力。"企业设计产品时，不仅要关注产品功能和品质，更要重视提升消费者的使用感受，进行产品设计创新，让消费者产生难忘的记忆。

---

**案例**　　　　安德鲁·瑞欧：将高雅音乐大众化

安德鲁·瑞欧（Andre Rieu）是当今乐坛知名的一位小提琴家兼指挥家，他组建的斯特劳斯管弦乐团，将古典音乐与大众音乐进行了有机的融合，给人们提供了轻松愉悦的艺术享受，吸引了大批观众。

首先，他去掉了大牌独奏明星的演出环节。其次，缩减了乐队的规模，降低了曲目的复杂性，演奏大众最熟悉的古典音乐曲目，且只呈现最打动人心的乐段章节；在演出场所上，选用大型的露天场地，如体育场和城市广场，替代昂贵的剧院。再次，在演奏过程中，穿插电影音乐、音乐剧以及猫王、席琳·迪翁等歌星的流行歌曲。最后，乐团成员还经常与观众一起跳舞、摇摆和鼓掌，甚至提供了特殊光效、放飞和平鸽和气球、燃放烟花甚至花样滑冰等新元素。

---

今天，很多产品的功能强大，但使用体验却不如人意。例如，豆浆机、榨汁机满足人们在家自制豆浆、果汁的需求，但用完后清洗机器太麻烦了。改善用户的使用体验（如用完后能够轻松清洗），正是产品创新的大好机会。

### 方法2——体验注入情感

在体验中融入情感，属于产品设计的重要任务。

体验源于消费者对产品或服务的使用及感知，它和人们的使用经验、生活经历紧密相关。体验是内在的，存在于个人的精神世界，是个人在情绪、知识上参与的所得。每一个体验都真实反映了一些消费者的情感、价值观和生活方式。

企业在设计客户体验时，要注重融入情感元素，提升客户的体验感知，要点有三：融入情感；融入文化；强化共情。

（1）体验融入情感

在体验中注入情感元素，能给消费者创造难忘的、个性化的感受，激发消费者情绪，唤起消费者拥有产品的欲望，形成深刻印象。

## 案例　　熊猫不走：提供快乐体验

蛋糕很难做出差异化，各家店的原料、工艺、造型、口味等都差不多。熊猫不走给客户送蛋糕时，让配送员穿着熊猫服，带上蓝牙音箱，现场给客户表演一个2分钟的小节目——唱生日歌、跳舞、变魔术、送祝福等，替买蛋糕的人哄"寿星"开心。

熊猫不走为这个时刻设计了100多种不同的客户体验方式，制造了热闹的现场氛围和独特的生日仪式感，特别受到孩子和老人的欢迎。

熊猫不走认识到人们过生日追求的是快乐，而生日蛋糕只是道具，所以它从卖产品转变为卖服务，创新设计客户体验，不断迭代升级，推出更多的互动活动、歌曲和舞蹈，致力于为客户制造快乐体验。

（2）体验融入文化

在体验中注入文化元素，能给消费者创造难忘的记忆。

香薰品牌观夏的目标客户是独立女性，她们追求精致、品位，注重取悦于自己。观夏打造独特的文化品牌体验，吸引并留住了大量客户，具体措施包括：极简的产品外观设计；充满东方意象的产品命名，如昆仑煮雪、颐和金桂、梅水煎茶、饮雪探梅、书院莲池；视觉风格是灰白色调、低饱和度、画面简约；产品海报、详情页上有大片留白，图文错落有致，如时尚杂志般排版；文艺范儿的产品文案，如"穿上它，肩头落满金色桂花，仿佛淋了一身诗意""谁说南国从不下雪，掉落一片羽白树叶，重拾浪漫想象，为你的精神世界下一场永不消融的雪"等；宛如美术馆的线下门店。

这些举措营造出一种意境高雅的品牌体验，创造了产品消费的氛围感，塑造了小众高端的品牌形象，带给目标客户独一无二的强烈印象，激发了情感共鸣。

（3）强化共情

与客户共情，是一种情感洞察方法，关注怎样站在客户的角度还原使用行为和情感体验旅程，设身处地，感同身受，最终创造出人们喜爱的产品。共情的底层逻辑涉及心理学、语义学、人类文化学、社会学以及消费行为分析、产品和服务设计等，需要长期训练才能获得相应的能力。

企业要根据目标客户的痛点和使用场景，将客户体验环节进行细颗粒拆解，通过理解客户的生活或工作，设计出让人爱不释手、印象深刻，甚至家喻户晓的产品。

以产品设计闻名的设计型企业，如苹果、特斯拉、戴森等，通常具有卓越的审美能力和客户使用体验设计能力，通过理解客户的生活方式，针对客户的核心需求设计产品，从而提供超越客户期待的审美体验。近年来，国内涌现的设计型企业如元气森林、喜茶等，就是在深刻理解客户社交生活方式的基础上，满足了客户对品类产品的核心需求。

### 方法3——产品外观创新

伴随生活方式和审美需求的升级，人们越来越注重产品的颜值，年轻消费者尤其追求产品的设计感。创新性的产品外观，能够吸引消费者关注、谈论，提升客户晒单的概率。

产品外观创新，既涉及产品的外表，也涉及软件的可视化的美感。

苹果公司擅长产品外观设计的创新。当市场上的耳机线都是黑色的，苹果的耳机线是白色的；当大家都生产白色耳机线时，苹果研发了无线耳机。

人们能轻松判断出谁在用 iPhone。

新消费品牌的宣传主战场是社交媒体，具有话题性的产品能够自动传播。例如，茶颜悦色追求一种古典优雅、超脱静谧的安逸舒适感，品牌 LOGO 是带着浓厚江南风情的女子头像，门店装修是中国风主题，购买世界名画授权并将其印在杯子上。还有花西子的东方美学雕花口红、钟薛高的中式瓦片形状雪糕、三顿半的小咖啡杯等，均以颇具特色的设计起到了产品广告化的效果。

1998 年，喜之郎推出水晶之恋果冻，广受情侣和婚宴市场的欢迎。水晶之恋赋予果冻"爱情"的象征意义，产品外观由传统的碗形变成心形，不同颜色的果冻有不同的寓意，例如绿色代表"真的好想见到你"，紫色代表"好想你抱紧我"。

旧金山凤凰宾馆变身为汽车摇滚旅馆后顾客盈门。凤凰宾馆把房子粉刷成大胆、刺激的颜色，在房间里放上嬉皮士风格的杂志，游泳池底部是最前卫艺术家的画作，不时邀请一些可能走红的摇滚歌星前来助阵……于是，人们争先恐后地去"尝鲜"。

为什么有些超市 24 小时营业？其实，延长营业时间增加的成本并不多，却与竞争对手形成了明显差异。大多数人都会选择一家超市作为自己日常买东西的地方，而 24 小时营业的超市，由于营业时间最长，所以很多人会将其作为第一选择。

---

**案例**　　　　白加黑：治疗感冒，黑白分明

感冒药种类繁多，市场竞争激烈，产品高度同质化。康泰克、丽珠、三九、快克、银得菲等，通过强大的广告宣传，曾各在市场中占领了一席之地。

1995 年，盖天力推出了白加黑，上市 180 天销售额突破 1.6 亿元，在拥挤的感冒药市场中抢占了 15% 的份额，后来居上，成为行业第二品牌。白加黑的成功秘诀是什么呢？

白加黑把感冒药分成白片和黑片，把感冒药中的镇静剂放在黑片中，这样一来，产品与消费者的生活规律吻合，而且外观与竞品截然不同。白加黑的广告语是"治疗感冒，黑白分明"，"白天服白片，不瞌睡；晚上服黑片，睡得香"。产品名称和广告语清晰地传达了差异点，让人印象深刻。

### 方法 4——产品包装创新

俗话说"货卖一张皮"，包装能带给消费者美好的第一印象，甚至有时卖产品就是卖包装。

根据尼尔森数据，64%的消费者会购买包装更吸引人的产品。研究发现，顾客从货架前经过时，商品映入眼帘的时间只有 0.2 秒。要让顾客在这一瞬间发出"哇"的惊叹，并且愿意停留和关注，就必须靠抢眼的包装。

随着生活方式和审美需求的升级，人们对包装的要求越来越高，包装不仅要美观、有设计感、绿色环保，还要向消费者展示产品价值，使其对里面的产品产生兴趣与购买欲望，甚至能促使消费者将产品分享给别人。

包装是产品的重要组成部分，产品包装创新要坚持为消费者创造价值、向消费者宣传价值的基本原则。

优秀企业进行产品包装创新的做法有以下几种。

（1）包装展现产品价值

包装展示消费者使用产品的情景，以图片的方式体现产品怎样改善消费者的生活，从而使产品价值清晰可见。图片内容可以是有人正在使用产品，使用者看上去很快乐。例如，高清电视的包装展示家人一起观看体育比赛的场景，打印机的包装展示人们用打印机打印了很多照片并开心地将照片装入相框的场景，硬盘或存储卡的包装上标出产品能存储多少照片或视频。

有的包装直观展现产品的实际价值。例如，饮料瓶上是相关水果的图案，"PEAR 梨威士忌"的透明瓶子里有一整颗梨子。

（2）包装具有实用价值

包装设计从用户生活习惯出发，具有实用性。例如，小罐茶、三顿半咖啡都是小包装，方便饮用；东鹏特饮的瓶盖可以当杯子、防尘盖、烟灰缸；

2020 年 VR 概念流行的时候，用户用 12 瓶装可口可乐包装就可以折叠成一部简单的 VR 眼镜。

邦迪牌创可贴家喻户晓，是一般家庭的必备品。GURAD 牌创可贴怎样才能从邦迪手中抢占一块市场呢？GURAD 将卡通图案和造型印在产品包装上，创可贴的主要消费者孩子非常喜欢，父母希望孩子的伤快点好起来，当然也会买孩子喜欢的。

（3）包装满足精神需求

有的品牌通过包装塑造品牌的情感价值，满足客户的精神需求。例如，"江小白"采用适合一人独酌、两人对饮的小瓶包装，包装上是青春走心文案，容易激发年轻消费者的情感共鸣；无印良品的包装素雅，辨识度高，不仅能在色彩斑斓的商品包装中脱颖而出，还能使消费者感受和式文化的美学理念和生活哲学；香氛品牌观夏的包装上除了 LOGO 和产品名，就是大片留白，营造记忆中山河原野、人间草木的氛围感，让人犹如置身东方诗意场景，产生无限遐想。

包装上印上有趣的内容，例如流行词汇、俏皮话或鸡汤金句，会增加客户的晒单概率。丹麦牛奶品牌 Arla 在牛奶盒上讲故事（短篇小说），还有食品安全提示和儿童食谱。

（4）包装实现差异化

优秀品牌用包装设计创造陈列优势，通过特色鲜明的包装让顾客过目不忘。例如，厨邦酱油的绿格子布图案在超市货架上就很醒目。

有的品牌将包装做成原材料的形状。例如，农夫望天辣椒酱的包装是辣椒形状的，绿色弯曲的辣椒梗是瓶盖，方便悬挂。

（5）包装作为宣传海报

包装正面类似于海报，突出品牌口号、形象，侧面有一些文字介绍，如产品的详细说明。例如，简爱无糖酸奶包装上印着原料成分"生牛乳、乳酸菌、糖，其他没了"，让人一目了然，而非强调健康、无添加等。

有的包装直接宣传产品卖点。例如，元气森林气泡水的瓶身上是一个大大的书法字"气"，视觉冲击力很强，下面的小字"0 糖 0 脂 0 卡"，契合年轻人的健康瘦身需求。

（6）包装展示客户评论

包装上直接展示客户对产品的赞美，例如说明人们喜欢产品的哪些方面，也可以展示媒体或意见领袖的正面评价等。

（7）包装匹配使用场景

包装规格要匹配消费场景。例如，王老吉的单罐装用于零售，6连包塑料装用于家庭消费，12罐箱装用于送礼。

（8）包装成为媒介

今天是万物皆媒介、产品广告化的时代，产品包装成为最大的媒体。产品外包装可谓寸金寸土，可以是内容发布平台，甚至是一种独立的媒介渠道，发布其他品牌的信息。

对快消品而言，每年数亿的销量就意味着数亿次的曝光。例如，小米的手机、电视、盒子的屏幕以及MIUI，所有能展示的位置都植入了广告，广告业务已经成为小米的重要利润来源。

---

**案例**　　　　　　　　　　饮料瓶的包装营销

饮料的创新，不限于液体饮料本身。可口可乐率先开启了包装营销，"昵称瓶""歌词瓶""台词瓶""密语瓶"，效果一直不错，刺激很多消费者拍照并在社交媒体上与朋友分享。

现在，几乎所有的饮料品牌都在瓶身包装上做起了文章，如味全的"对白瓶"、百事可乐的"表情符号瓶"、康师傅的"茉莉表白瓶"、蒙牛的"大圣瓶"、RIO的"涂鸦瓶"、清珠的"宝贝回家瓶"等。

娃哈哈旗下拥有纯净水、八宝粥、茶果汁等经典产品，年销量以百亿瓶计，饮料瓶身已经成为一个规模化的媒介。娃哈哈推出了异业合作推广计划福礼惠，引来了近百家合作伙伴，包括如家酒店、驴妈妈旅游、滴滴打车以及肯德基等。用户扫描瓶身上的福礼惠二维码，即可享受合作品牌的优惠活动，这能促进娃哈哈的销售，合作品牌也获得免费推广机会。

网易云音乐与农夫山泉联合推出合作限量款"乐瓶"，将精选乐评印在4亿瓶农夫山泉上，让每一瓶水都自带音乐和故事。用户通过网易云音乐APP扫描瓶身图案，可以体验定制化AR——手机界面呈现沉浸式星空，点击星球会弹出随机乐评，用户可以拍照、同框合影，并分享到社交平台。

### 方法 5——门店定位创新

数字时代，线下门店的房租、装修、运营成本较高。无论是书店、服装店，还是餐厅、咖啡馆，或者是运营商的营业厅、厂商的营业部，企业都需要重新审视门店的定位，门店不应该只是销售渠道，仅仅作为陈列、展示和销售产品的场所，而应该承担更多功能——制造品牌体验、吸引客户持续参与、发起传播和扩散内容等，给企业带来额外收益，分摊门店成本。

未来，门店数量会变少，但通常由企业自营，以保证最佳体验。

数字时代，终端门店的新功能如下。

（1）门店是粉丝打卡地

今天流行打卡文化，网红店不断涌现。一家店只要有亮点，有话题，就会吸引自媒体和网红前来打卡，给店铺带来免费流量。终端门店应该像苹果、特斯拉那样，基于客户使用场景打造卓越的体验，将门店转变为粉丝的打卡地。

企业要精心设计门店的体验流程和亮点，以调动消费者的情绪，激发消费者拍摄、分享的欲望，将门店作为一个供消费者欣赏品牌表演的剧场，一个可供打卡的景点。

有些餐厅在客人用餐时表演精彩节目。例如，某餐厅在上招牌菜时，两位服务生推来一辆小车，然后厨师闪亮登场，向客人展示将要烹饪的食材，讲解食材的来源、做法，在车上现场表演烹饪全过程。在最后一道工序火焰喷射之前，服务生会提醒你是否需要拿出手机拍摄。整个过程犹如欣赏一场演出，有演员、有观众、有道具、有声光电特效，吃饭现场就是搭建好的舞台和布景。

## 案例　　Glossier：将门店打造成网红景点

Glossier（丝华彩妆）是近年来迅速发展起来的平价彩妆品牌，它的引流秘诀有两个：一是产品包装极具特色，适合在社交媒体上分享；二是门店成为消费者拍照必去的网红景点。

2016 年，Glossier 将纽约的旧办公室改造成一家门店，店内统一采用品牌色粉色，有粉色墙、粉色台阶、粉色陈列柜、粉色沙发等，全店无一不粉。

门店既是展示产品的精品店，也有专供顾客试用畅销产品的空间，还是品牌方的办公室，有开放式的办公区、会议室，以及厨房、浴室等。顾客可以近距离观察品牌，品牌营销人员可以近距离了解顾客。

2018 年年初，Glossier 在洛杉矶开设了第二家门店，店内采用美国大峡谷地貌设计，视觉效果震撼人心；消费者可以在店内随意拍照、录制视频；如果顾客想购买现场陈列的商品，要到线上店铺下单，离店时可从前台带走商品。

（2）门店是玩乐与社交场所

品牌要通过友好设计，和消费者玩在一起，让门店变成客户的游乐场和派对场所。例如：

蔚来汽车的门店是生活方式展馆和用户社交的沙龙会所；

良品铺子与同道大叔跨界合作的星座主题良品生活馆，是集吃喝玩乐于一体的游乐园；

眼镜品牌 Gentle Monster 的门店就像艺术馆，店内陈列的艺术作品、艺术装置比商品多，逛店就像逛展。门店每 21 天会更换一次陈列主题，全球没有两家店雷同；

水晶品牌施华洛世奇承包一座电影院，影院内各种设备和物品都改用水晶制成，将影院打造成一座梦幻的水晶宫。

（3）门店是互动的入口

门店是消费者进入品牌线上空间和深度体验品牌的入口，是进入品牌社群、与品牌互动的起点。

很多产品的展示和销售都可以在线上完成，但要让消费者充分感受、体验品牌，则离不开线下。企业要将实体消费场景与线上紧密配合起来，给消费者创造全场景的品牌体验。

（4）门店是展示新功能的场所

门店要打造线上无法实现的功能，比如云货架（通过高清屏展示产品信息的智能虚拟货架）、试妆魔镜和试衣镜等，将门店打造成体验中心、活动中心、服务中心和物流中心。例如，喜茶的黑金店、PINK主题店是"灵感之源"，给消费者创造惊喜和新鲜感。

### 方法6——产品使用方法创新

使用方法创新，就是通过独特的使用方式实现差异化。独特的使用体验能让人印象深刻。

奥利奥的广告语"扭一扭，舔一舔，泡一泡"，为用户创造了一种新的消费方法，在这一整套动作中，有手的触觉，有味觉，有视觉，可能还有听觉。消费者听一次，跟着做一次，就能牢牢记住，因而成为品牌强大的记忆点。这种全感官的参与让人产生尝试的欲望，创造了消费仪式感，这会使消费者养成习惯，从而把奥利奥变成自己日常生活的一部分。

**案例　　　　　　　　　农夫果园：喝前摇一摇**

在竞争激烈的果汁饮料市场上，各大品牌纷纷采用美女路线：统一曾喊出"多喝多漂亮"的口号；康师傅曾签约梁咏琪为"每日C果汁"摇旗呐喊；健力宝曾聘请亚洲流行天后滨崎步作为形象代言人；汇源曾邀请韩国影星全智贤出任"真鲜橙"的代言人。

后来的农夫果园"不为美色所惑",以一个有趣的动作实现了差异化——"喝前摇一摇"。多年以来,果汁饮料的外包装上都有一行小字:"如有沉淀,为果肉(有效成分)沉淀,摇匀后请放心饮用。"这是要消除一个误会:有沉淀并不表示产品品质有问题,只要摇匀后饮用就可以了。而农夫果园发现,"喝前摇一摇"其实是一个很好的差异点,既形象直观地表明果汁含量高,又可以使口感更好。

### 方法7——优化核心体验

企业要注重优化客户的核心体验。

迪斯尼乐园认识到,游客在公园的大部分时间是排队等候,为此,迪士尼对队列进行了精心设计,优化游客的排队体验,游客经常发现等候时间并不像自己想象的那么长。

美国服务管理专家、哈佛商学院教授大卫·麦斯特(David Maister)曾经总结出如下的"排队原理"。

①聚精会神时,时间会过得更快。迪斯尼乐园让员工穿着戏服,在排队的游客旁边逗乐。

②"正在办理中"的等候时间要比"尚未办理"的等候时间过得快。有些航空公司在队尾办公,回答乘客的问题,让乘客感觉办理过程正在进行。

③焦虑感会延长心理等候时间。等候牙医时的焦虑感,要强于等候迪斯尼乐园活动的感觉。

④未知信息下的等候时间要长于已知确定信息时的等候时间。迪斯尼乐园总是把队伍长度不断告诉游客。

⑤知道原因时的等候时间要快于未知原因时的等候时间。

⑥不公平排队时的等候时间要长于公平排队时的等候时间。例如,航空公司售票处应该只有一列队伍,哪怕队伍显得很长。因为这样队伍移动得更快,而且比多个队伍以不同的速度前移显得公平,因为每个人办理机票手续的复杂程度不同。

⑦服务价值越高,顾客愿意等候的时间越长。

⑧独自等候的时间要长于集体等候的时间。

## 案例　　　　　　　　麦当劳：以"快"制胜

快餐的卖点是方便、快捷。麦当劳不是提供面面俱到的服务，而是给服务做"减法"，满足顾客对"快"的核心需求。

在麦当劳餐厅，接待的服务员一个人负责点餐、收银和提供食品三项工作，消除了信息传递环节，提高了服务效率。麦当劳经常开展"挑战59秒"活动，即：无论顾客购买多少食物和饮品，从下单的那一刻起，1分钟之内，将食品备齐；如果超过1分钟，麦当劳就免费请顾客享用一支圆筒冰激凌，并真诚致歉。

## 秘诀 7
# 打造卓越品质

企业为客户创造价值，关键是提供品质卓越的产品。这要求企业推进数字化转型，降本增效提质，并发挥精益求精的工匠精神。

超预期的产品品质与服务体验，能感动客户，使其主动为企业宣传，产品实现自动销售。

## 一、品质卓越是产品之本

### 1. 微笑曲线与武藏曲线

1992年，宏碁公司创始人施振荣提出了微笑曲线理论，其内涵是：在IT产业的业务流程中，中游的生产与制造环节利润率较低，而上游的研发与设计环节、下游的销售与服务环节利润率较高（如图16所示）。多年来，微笑曲线理论被中国商界奉为圭臬。

事实上，在业务流程中，中游生产与制造环节的难度相对较高。2004年，索尼中村研究所对日本制造业进行调查，发现在制造业业务流程中，生产与制造环节利润较高，而研发、原材料及销售、服务环节的利润较低。这一发现与微笑曲线恰好相反，与日本"剑圣"宫本武藏的剑术姿势相近，因此被称为"武藏曲线"（如图16所示）。2005年6月，日本《2004年度制造业白皮书》对近400家制造业企业的调查发现，认同"生产与制造环节利润率最高"的企业数量最多。

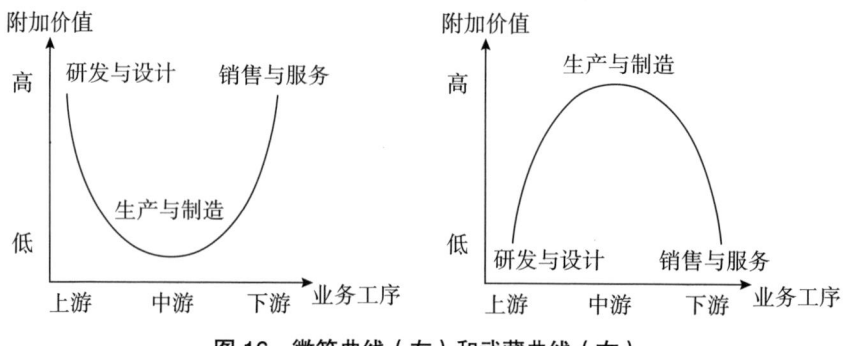

图 16 微笑曲线（左）和武藏曲线（右）

日本企业遵循武藏曲线，低调内敛，踏踏实实、勤勤恳恳地钻研技术，打磨生产工艺，在专业零部件、新材料、精密设备等领域打造了高科技含量的精品，在当今世界产业分工中占据了高利润的高端位置。

### 2. 中国企业与微笑曲线

长期以来，我国劳动力成本较低，在加入 WTO 带来的外贸红利及由政府主导的投资拉动下，企业能够相对轻松地盈利，这导致有些企业在装备自动化、数控化、智能化方面的投资意愿不足，使得企业的生产自动化、智能化总体水平不高。

中国商界的总体氛围稍显浮躁。下游销售、服务的门槛低，"砸钱"就可以；而上游的技术研发创新异常艰难，需要"坐十年冷板凳"。商业模式创新比较容易，复制国外模式、"拍脑门"就能"创新"，但其中存在很多问题。首先，互联网企业、创业企业喜欢炒作，市场"热点"不断，过度营销导致营销低效化；其次，有些企业的产品品质一般，就打出追求"性价比"的旗号，其实这种思维不利于提升产品品质和塑造品牌；最后，创业明星如过江之鲫，各路英豪都热衷于创新商业模式，新模式令人眼花缭乱，大部分创新企业都在搭平台、建生态、炒概念。

### 3. 提升产品品质，加快产业转型升级

企业强则国强。一方面，近年来，在《财富》世界 500 强排行榜上，中国企业逐年增多，证明了我国企业实力、行业实力和国家经济实力都在提升；

另一方面，我国多数上榜企业还算不上世界一流企业，在国际化、盈利能力、模式创新、专利技术、制订标准与规则的话语权等方面与世界一流企业都存在差距，"大而不强"是我国头部企业的突出问题。

作为全球第一制造业大国，中国拥有全球最完整的工业体系、规模最大的生产能力和完善的配套能力，但仍面临很多风险。中国产业发展所依赖的基础材料、基础工艺、基础技术、工业软件等能力不强，长期高度依赖进口，存在诸多"卡脖子"短板。总体上看，中国工业仍处于全球价值链中低端，自主可控能力不强，正处在由制造大国向制造强国转变的关键时期。

随着消费升级，中国消费者越来越重视产品品质。中国企业需要学习武藏曲线理论，踏踏实实培育"硬功夫"，提升生产制造环节的自动化、信息化、智能化水平，大幅提升产品品质，加快实现产业转型升级。

## 案例　　　　　　　　优衣库：品质第一

优衣库的老板柳井正是日本的首富。优衣库的成功秘诀是什么呢？

优衣库坚持只卖"精品"，只做基本款，款式多年不变，大型旗舰店的商品数量仅有500种，不到ZARA、H&M等快时尚品牌店的1/10。品种少，单品生产规模大，可以降低生产成本，提升品质。

优衣库的衬衫追求舒适。公司非常重视面料研发，与科研机构长期合作，开发新面料。

优衣库追求完美的产品品质。行业次品率为2%～3%，而优衣库要求中国工厂把次品率降到0.3%。优衣库实行严格的品质监控标准，例如T恤表面的线头长度超过0.5毫米就算次品。

## 二、打造品质卓越的产品

打造品质卓越的产品，除了根据客户需求持续迭代优化产品，还需要推进数字化转型，培育工匠精神。

## 1. 推进数字化转型，降本增效提质

（1）提高效率，降低成本

基于数字技术建立的"无人工厂"能够实现大批量、多品种、可视化的智能生产，提高生产效率，降低生产与营销成本。同时，物联网、大数据和人工智能等数字技术能够降低供需双方的信息不对称程度，帮助企业不断优化产品和服务，在更大范围内快速感知并响应市场的个性化需求，把握市场先机，消除冗余损耗，实施区别于传统批量化生产的柔性制造模式。在个性化需求增加和市场竞争愈演愈烈的数字时代，这种"个性化、小规模、周期可控"的制造模式使得企业可以快速完成产线切换，实现智能排产，极大地提高了企业的生产效率并降低了生产成本。成本和效率上的优势使得企业的生产方式逐渐由"以产定销"转变为"以销定产"的定制化生产方式，助力企业获取更多生产订单，加速库存周转，进而提升市场份额。

（2）提供解决方案服务

数字时代，优秀企业通过定制化产品、综合解决方案来满足客户的个性化、多样化需求。数字技术的信息化、平台化特征帮助企业提高生产性服务要素在产品生产中的嵌入程度，提升配套生产性服务的水平。具体而言，在柔性生产模式下，企业对消费者的需求感知更精准，更容易向客户提供定制化产品与系统解决方案，包括信息咨询、产品研发、运行维护、现代物流和融资租赁等，从而提高客户黏性，帮助企业获取更大的价格优势。

（3）提高产品品质

随着数字技术设备的广泛运用，"机器换人"现象将愈发明显，企业将减少对低端劳动力的需求，增加对研发设计、系统集成、管理咨询与营销宣传等方面高端人才的需求，高质量的人力资本和知识资本将更好地融入企业生产研发和运营管理过程之中，推动企业技术创新以及产品和服务品质的提升。

## 2. 培育工匠精神

所谓"工匠精神",就是对产品追求完美和极致,精益求精、精雕细琢的态度和价值观。中国传统文化的熏陶、"物勒工名"等管理制度和严格的质量考核标准塑造了中国古代的工匠精神。德国、日本等国的制造业企业经过数百年的磨砺,形成了一丝不苟、精益求精的现代工匠精神。

培育工匠精神,前提是保持技术与工艺水平的领先。在机械行业,如果机床只能达到毫米级的加工精度,那么即便再努力,也难以生产高品质产品;如果能改善工艺,实现微米级的加工精度,产品品质自然会提升。在化工行业,如果只能生产低端的乙烯原料,当然没有市场;但如果能生产高纯度的化学药剂,自然不用担心销售问题。

怎样培育工匠精神?我们先看看下面两个案例。

**案例** 　　　　　同仁堂的经营哲学

同仁堂在明朝永乐年间开业,店门上的对联就是企业坚守了300多年的经营哲学:"炮制虽繁必不敢省人工,品味虽贵必不敢减物力。"这通俗地说就是"品质第一"。同仁堂还有一条祖传的古训"修合无人见,存心有天知",意思是说,在无人监管的情况下,做事不违背良心,不见利忘义,你所做的一切上天是知道的。

**案例** 　　　　　"德国制造"领先世界的秘密

德国是后起的资本主义国家。在发展初期,由于世界市场几乎被英、法等老牌强国瓜分,追求强国梦的德国人以伪造商标、剽窃设计、仿造产品、低价倾销等手法冲击市场,结果"德国制造"成为"品质差"的代名词。痛定思痛，德国人意识到，占领世界市场要靠高质量的产品，而不是低质廉价的产品。于是，德国人紧紧抓住第二次工业革命的战略机遇，大力发展钢铁、化工、机械、电气等制造业，加快技术改造，严把产品质量关，迅速进入世界工业强国之列。

"德国制造"的基本特征是耐用、可靠、安全、精密。"德国制造"完成华丽蜕变，并在全球化时代保持领先地位，其根源是理性、严谨的民族性格，具体表现在如下5个方面。

①质量："德国制造"注重内在质量，而不是外观和华而不实的功能。

②专注：德国企业耐得住寂寞和诱惑，几十年、几百年专注于一个领域，力图做到最强，并成就大业。例如，WMF一百多年来专注于生产厨房用具，成为全球厨房用品顶级奢侈品牌，甚至成为"不锈钢厨房"及"餐具"的代名词。

③精确：德国人做事讲究精确，这使"德国制造"具有精密的特性。

④完美：追求一丝不苟、精益求精。德语有句谚语："犯错误，都要犯得十全十美。"

⑤秩序：德国社会及企业都在有序、理性地运转着，重视秩序、流程、条理。

另外，德国"三位一体"的制度也发挥了重要作用。

①科技创新体系。德国历届政府十分重视制造业的科技创新和成果转化，着力建立集科技开发、成果转化、知识传播和人力培训于一体的科技创新体系。科研人员出成果，企业出资本，国家出政策并负责沟通协调，企业承担2/3的科研经费，联邦政府和地方政府承担1/3。德国企业重视研发投入，研发经费占GDP的比例位居世界前列。

②标准化体系。德国是世界工业标准化的发源地，德国企业认为"标准"就是法律，要在生产制造之前先制订标准。例如，奔驰公司实施"标准为先"的质量文化，通过尽可能完善每个环节和部件的标准，实现了"零缺陷"的目标。德国长期以来实行严格的工业标准，确保了"德国制造"的质量，整体提升了"德国制造"的竞争力。

③职业教育体系。学校和企业联合开展职业教育，培养高素质的技术工人。职业学校负责传授理论知识，教育经费由国家承担；企业负责实习和培训，承担实践培训费用。德国约70%的青少年在中学毕业后会接受这种双轨制职业教育。德国技术工人的平均工资远高于美、日、英、法等国，与白领阶层相当。正是这些技术娴熟的工人把设计蓝图变成精美的产品，帮助德国企业在经济全球化过程中保持着强大的竞争力。

从实践经验可知，培育工匠精神，要点有四：追求完美、用心、投入、专注。

（1）追求完美

培育工匠精神，关键是追求完美，质量第一。

任正非强调，好产品犹如好歌，只有千古传唱的歌才是好歌，几千年来，都江堰的设计与结构都没有人要改变它，这才是真正好的科研成果，真正好的产品。他还指出，高质量和低成本并不矛盾。成本的概念，不仅包括交易的价格，还包括全生命周期的成本。

### 案例　日本"长寿"企业的秘密：追求完美

日本有10家历史上千年的企业，有3000多家历史超过200年的企业。这些企业"长寿"的秘密是什么呢？

（1）只做一件事，做到极致

有些匠人用一生的时间钻研一件事，有些家族甚至十几代人只做一件事。

冈野信雄是日本神户的一位小工匠，他三十多年来只做一件事：修复旧书。冈野信雄乐此不疲，最后做出了奇迹：污损严重、破烂不堪的旧书，经过他的手，会变得光洁如新，就像被施了魔法。

在日本，这样的工匠灿若繁星，他们从事竹艺、金属网编、蓝染、铁器等行业，许多行业都有一批对自己的工作有着"神经质"般追求的匠人。他们对作品要求苛刻，对自己的手艺充满骄傲，对工作从不厌倦并永远追求尽善尽美。对他们而言，产品质量不好是奇耻大辱。

1998年，树研工业生产出世界上最小、最轻的齿轮，只有0.01毫克。为了实现这种齿轮的量产，他们耗费了整整6年。2002年，树研工业又生产出质量为0.001毫克的齿轮。这种齿轮有5个小齿，直径0.147毫米，宽0.08毫米，被称为"粉末齿轮"。但是，迄今这种粉末齿轮还是"英雄无用武之地"，没有找到实际的应用场景。那么，树研工业为什么要花费巨资开发这种产品呢？这就是追求完美的极致精神——既然研究一个领域，就要做到极致。

（2）产品无法被模仿

日本哈德洛克（Hard Lock）工业株式会社只有45名员工，他们生产的螺母号称"永不松动"。对于高速列车等重要项目，螺母保持牢固至关重要。高速列车长期与铁轨摩擦，震动非常大，如果螺母出现松动甚至脱落，就有导致列车解体的危险。

哈德洛克的创始人若林克彦年轻的时候，在大阪举行的国际工业产品展览会上看到一种防回旋的螺母，就带了一些样品回去研究。他发现，这种螺母是用不锈钢钢丝做卡子来防止松动的，结构复杂，价格高，而且不能保证绝不会松动。到底怎样才能做出永远不会松动的螺母呢？若林克彦彻夜难眠。有一天，他突然想到在螺母中增加榫头的办法，结果非常成功，他终于做出了永不松动的螺母。

哈德洛克螺母的结构比同类螺母复杂得多，成本高，销售价格也高，因此长期找不到市场。若林克彦苦苦坚持多年，终于遇到了日本铁路公司，将哈德洛克螺母用于日本新干线。如今，哈德洛克螺母已经被澳大利亚、英国、波兰、中国、韩国的铁路采用。

在哈德洛克的网页上有一段声明："本公司长期积累了独特的技术和诀窍，对不同的尺寸和材质有不同的对应偏芯量，这是哈德洛克螺母无法被模仿的关键所在。"这是明确地告诉模仿者：小小的螺母很不起眼，而且物理结构很容易解剖，但即使把图纸给你，它的加工技术和各种参数配合也不是一般工人能实现的，只有专家级的工匠才能做到。

（3）产品无须检验

从1970年起，梅原胜彦的A-one精密公司始终在做一个小玩意儿——弹簧夹头（自动车床中夹住切削件以便一边旋转一边切削的部件）。2003年，A-one在大阪证券交易所上市，当时只有13名员工，但平均每天有500件订单，拥有1.3万个海外客户。

有一次，一批人到A-one参观学习。有位参观者问："你们在哪里做成品检验？"得到的回答是："我们根本没时间做这件事。"对方执拗地追问道："不可能，你们肯定是在哪里做了。能不能让我看看？"最后发现，A-one真的没有成品检验流程。

（2）用心

世界上的很多事情并不难，只要我们用点心思，遵循常识，就能脱颖而出。那么，怎样才能做到"用心"呢？

第一，做好该做的事情。

在装修自家房子时，很多人会迅速成为装修专家，因为房子是自己的，所以人们会很用心，每天花很多时间研究，在网上学习他人的经验，到建材城去对比、砍价。只要拿出这种精神，人人都能成为优秀的产品经理。

苹果产品首次开发出"记忆上次播放位置"的功能，用户点击视频时会自动从上次观看的位置开始播放，而不需要拖动进度条寻找播放位置，这一点很多产品都做不到，或者在几年之后才勉强做到。

滴滴打车在市场拓展初期，为了提升用户打车的体验，专门在北京招了一名"打车体验师"，每天花几百元在市区打车，寻找打车体验中的问题与瑕疵。

第二，真诚的态度。

丰田旗下的雷克萨斯是历史上最快获得市场认可的豪华车品牌，这源于其过硬的产品品质、用心的态度以及周到的服务。

雷克萨斯对售前售后同样重视，让消费者买车顺心、用车省心。保质期内的任何一次普通维护，雷克萨斯都会对整车进行大检查，包括清理卡在轮胎中的小石子、更换玻璃水以及受损的雨刮片，应客户要求清洗车厢等。

丰田公司总裁丰田章男说过："每一台雷克萨斯，都是跪着卖出去的。"这足以说明其服务态度。日本文化经常用"跪"来形容诚恳、谦卑而恭敬的态度，雷克萨斯将"跪文化"用在销售与服务环节，让消费者感受到它的真诚。

第三，多用产品。

好产品是逐步演化出来的，不是规划出来的。

在创办 7-Eleven 的 40 多年间，铃木敏文保持着一个习惯：在每个周末上午开车去健身，中午返回时在路过的几家 7-Eleven 便利店购买一些日用品。他年复一年地亲自了解公司的运营状况，成就了 7-Eleven 的商业神话。

我们经常看到，很多互联网产品的基本功能仅仅是"能用"，连"好用"都达不到，更别提让人"爱用"了。事实上，只要 CEO 和产品经理自己多用几次产品，或者让自己的家人和朋友试用一下，产品体验就能比大部分竞品强。如果 CEO 亲自使用新产品，就能把握产品体验和运营状况，了解用户需求，上行下效，这样就在公司里营造起重视产品、关注用户的氛围。如果 CEO 不关注产品，员工自然不会上心，可能很少使用自己的产品，有的员工甚至习惯使用竞争对手的产品。

互联网企业的老板大都擅长变身为"超级用户"——互联网业务的典型主流用户，就是不愿思考、没有耐心又非常挑剔的用户，也叫"小白用户""傻瓜用户"——体会普通用户在使用产品时可能会产生哪些问题，并找出改进方法。据传，乔布斯能在瞬间把自己变成一个"傻瓜用户"，马化腾能在 1 分钟内酝酿并进入这个状态。

企业的所有员工，无论是 CEO 还是一线员工，无论是产品经理还是研发人员，都应该大量接触用户，到论坛、微博等平台与用户沟通交流，直接了解用户的心声，处处留心，这样才能提升客户体验水平。

---

**案例**　　　　　　马化腾：好产品是用出来的

马化腾认为，优秀的用户体验源于对用户需求的准确把握和对产品的不断打磨；做产品开发与用户体验没有秘诀，只要大量用、不断用，就能慢慢找到感觉。他曾经说："产品经理最重要的能力是把自己变成'小白'去发现问题，然后变回专业人员，想想为什么这样，该怎么解决。"

新产品上市以后，要大量收集用户体验信息。针对每一款产品，腾讯都专门设立了官方博客、产品论坛等用户反馈区，有的产品还在最显眼的地方设置了"反馈"板块，以便用户反馈意见。

当年QQ发布后，马化腾曾长期假扮用户，用QQ和别人聊天。2008年，腾讯推出QQ邮箱。针对这样一个传统产品，腾讯竟然做了400多项客户体验创新，其中大约300项是马化腾本人亲自发现和提出的。马化腾发现问题的方法很简单，就是自己反复使用。在一年的开发过程中，马化腾与QQ邮箱研发团队频繁沟通，拒绝使用其他通信工具，全部交流都通过QQ邮箱进行，改进意见就是在使用过程中产生的。

当微信发布后，马化腾还是天天使用，不断提出改进意见，很多研发人员经常在凌晨三四点接到他具体到某个符号的改良邮件。张小龙说："所谓'客户体验'，最终是对人性的洞察，产品要特别符合用户的操作习惯，让用户欲罢不能，变成一个他离不开的东西。"

## 案例　　　　　史玉柱：成为游戏狂人

在开发《征途》前，有一段时间，史玉柱不上班，天天在家里玩游戏，玩了一年多，成了一个地地道道的游戏玩家。

《征途》刚研发出来时并不好玩，史玉柱就伪装成玩家，每天玩十几个小时，玩了两年，玩到最高级后，销号重新开始玩。他成了《征途》最资深的玩家，成为事实上的产品经理；他直接给开发人员提出要求，告诉开发人员游戏该用什么规则，该怎么修改。

史玉柱还逼着团队成员玩游戏，"不喜欢游戏的人不应该来我们公司"。《征途》的团队中都是"游戏狂人"，这也确保了产品设计是从玩家的角度出发，更加切合实际。

（3）投入

第一，投入，就是热爱产品。

《论语·雍也》中有"知之者不如好之者，好之者不如乐之者"，热爱、痴迷一件事，才能取得最好的结果。蒲松龄有句名言："书痴者文必工，艺痴者技必良。"

星巴克咖啡之所以好喝，是因为星巴克的 CEO 霍华德·舒尔茨（Howard Schultz）嗜好咖啡，曾经花很长时间在意大利品尝咖啡，如痴如醉地向人推荐星巴克咖啡。而星巴克的巧克力之所以卖得不如咖啡好，是因为霍华德不了解巧克力，星巴克并不精于巧克力，只是提供一项服务而已。

伟大的企业家始终会对客户需求保持高度的好奇心与感应度，下决心为客户提供物超所值的产品，而不是为自己赚钱最多的产品。他们渴望创造卓越的产品，视产品如同自己的脸面，将产品当成艺术品来雕琢；他们对产品的痴迷与狂热催生出与众不同的灵感，能感染员工与客户，并营造出吸引粉丝的企业文化。

把热爱的事情做到极致就是事业。如果你从事的事业是你所痴迷的，你就成功了一半，因为这时工作成了你的乐趣，你会殚精竭虑，主动把工作做得更好。

---

**案例**　　　　　　　　**乔布斯：寻找你的真爱**

乔布斯认为，生命短暂，人要找到自己的真爱，要有勇气跟随自己的直觉。"有时候，生活会用砖头打你的头，不要丧失信心。我很清楚，唯一支持我前进的是：我爱我所做的事。你得找出你的真爱，工作上是如此，人生伴侣也是如此。"

"你的工作将占据你生活的很大一部分，所以你得到满足的唯一途径就是去做你信念中伟大的事业。而要成就伟大的事业，就必须钟爱你所做的工作。如果你还没有找到，继续寻找，不要停下你的脚步。"

"事情的成败得失，我不是很在乎，我在乎的是我喜欢这份工作，乐于从事这项事业。如果努力之后，我还是失败了，那我相信自己还会努力的。"

乔布斯将产品称为苹果的"地心引力"，他对产品的狂热是出了名的。他要求产品从外形到体验都要非常"酷"，经常沉溺于按键甚至像素等细节。乔布斯对质量的追求达到了极致，他要求电脑里面顾客看不见的布线和焊点也要做得非常完美。他说过："如果你是个正在打造漂亮衣柜的木匠，你不会在背面使用胶合板，即使它对着墙壁，没有人会看见。你心知肚明，所以你依然会在背面使用一块漂亮的木料。为了能在晚上睡个安稳觉，美观和质量必须贯穿始终。"

1997 年，乔布斯在回归苹果公司时说："当公司不是由产品人推动前进，而是由营销人推动前进时，这种情况最危险。"在 iPod 获得巨大成功后，微软推出了更加轻巧的播放器 Zune，但一败涂地。对此，乔布斯直截了当地指出："随着年纪增长，我越发懂得'动机'的重要性。Zune 是一个败笔，因为微软公司的人并不像我们这样热爱音乐和艺术。我们赢了，是因为我们发自内心地热爱音乐。我们做 iPod 是为了自己。当你真正为自己、为家人或好朋友做一些事时，你就不会轻易放弃。如果你不热爱这件事，你就不会多走一步，不会愿意在周末加班，只会安于现状。"

判断一个产品好不好，有一个很简单的方法：企业员工及其家属是否会主动使用自己的产品？是否会通过各种渠道充满热情地将产品主动推荐给别人使用？如果不是，那么该产品的品质肯定不够理想。

你迷恋你的产品吗？还是仅仅为了赚钱？每天早上叫醒你的，是闹钟，还是你心中的梦想？你的员工热爱你的产品吗？还是仅仅为了工资？

第二，高手爱下笨功夫。

国学大师钱穆说过："古往今来有大成就者，诀窍无他，都是能人肯下笨劲。"

冰心有一首小诗："成功的花，人们只惊羡她现时的明艳！然而当初她的芽儿，浸透了奋斗的泪泉，洒遍了牺牲的血雨。"

1975 年，21 岁的比尔·盖茨创办了他的第二家公司——微软公司，当时他已经有 7 年的编程经验了。在 16 岁时，为了免费使用电脑，他在公司兼职编写软件，废寝忘食，夜以继日，经常连续编程 20 多个小时。

1902 年，27 岁的诗人里尔克应聘去给 62 岁的雕塑大师罗丹当助理。在年轻诗人的想象中，名满天下的罗丹一定过着十分浪漫、高雅的生活。然而，他看到的真实的罗丹竟是一个整天孤独地埋头于画室的老人。

真正的天才，无一不是长期聚焦于目标，严格自律，放弃娱乐生活，放弃无效社交，忍受不被理解的孤独，通过高强度付出，不懈地追求完美，将自身潜力发挥到极致，才创造了世人瞩目的奇迹。一万小时的锤炼是任何人从平凡到卓越的必要条件，这就是著名的"一万小时定律"。

卓越本质上是自控力、自制力、坚持和深度思考的能力。卓越的背后，是无比寂寞的勤奋。成功只是一个结果，也许水到渠成，也许永无来日。

乔布斯说过："成功没有捷径。你必须把卓越转变成你身上的一个特质，最大程度地发挥你的天赋、才能、技巧，把对手远远地抛在后面。高标准严格自己，把注意力集中在那些将会改变一切的细节上。变得卓越并不难，从现在开始尽自己最大能力去做，你会发现生活将给你惊人的回报。"

曾国藩的人生哲学是"尚拙"——崇尚笨拙。曾国藩说："天下之至拙，能胜天下之至巧。"曾国藩的带兵理念是"结硬寨，打呆仗"。湘军每到一处便修墙挖壕、安营扎寨，蚕食太平军控制的区域，将进攻任务变成防守任务，这就是"结硬寨"。湘军攻城经常用时整年，而不是两三个月，通过挖壕沟围城，断敌粮道，围敌打援，这就是"打呆仗"。曾国藩的方法很笨，很简单，但非常有效，最终打败了太平军。

做事要拙，谋划要巧。然而，今天很多人追求高效率，办事越少费力气、越走捷径越好，甚至不择手段，这种"弯道超车"其实是痴人说梦。今天，企业参与市场竞争，比拼的是一点一滴的努力和积累。创业者要沉下心来，踏踏实实，不要把命运寄托在一两个点子或炒作上。优秀的企业之所以能不断开发新产品，开拓新市场，就是全体员工勤于思考、精益求精、百折不挠、攻坚克难的结果。

（4）专注

《史记·货殖列传》中有这样一段话："贩脂，辱处也，而雍伯千金；卖浆，小业也，而张氏千万；洒削，薄技也，而郅氏鼎食；胃脯，简微耳，浊氏连骑；马医，浅方，张里击钟。此皆诚壹之所致。"卖油脂是低贱的行业，而雍伯聚积了千金之财；卖浆汤是小本生意，但张氏靠它赚了一千万钱；磨刀是小手艺，但郅氏靠它富到列鼎而食；卖羊肚本来微不足道，而浊氏靠它富至车马成行；给马治病是浅薄小术，而张里靠它富到击钟佐食。这些人都是因为心志专一而致富的。

专注才能创新。曾国藩说过："凡人做一事，便须全副精神注在此一事，首尾不懈。不可见异思迁，做这样想那样，坐这山望那山。人而无恒，终身一无所成。"创新需要经验的积累，不能浅尝辄止、朝秦暮楚，只有在一个行业中持之以恒，坚持耕耘，才能知道这个行业哪里存在问题，痛点是什么，才容易找到创新的突破口。

专注才能卓越。面面俱到必然平庸，要集中优势兵力打歼灭战，将人力、物力和财力集中在关键突破口，就像钉钉子一样，将全部力量放在钉子尖上，近乎偏执地做深、做透、做彻底、做到极致、做到具备不可替代性，这样不仅能牢牢抓住消费者，还能获得定价能力。苹果的产品线非常窄，每个产品都经过苛刻的设计，像艺术品一样精美，令全世界的消费者为之痴狂。格力聚焦于空调，不断研发新技术，提高品质，产品性价比很高，已经成为空调行业的老大。

乔布斯说过："创新来自对1000件事情说'不'，只有这样，才能确保我们不误入歧途或白白辛苦。我们总是在想，可以进入哪些新的市场，但只有学会说'不'，你才能集中精力于那些真正重要的事情。人生中最重要的决定不是你做什么，而是你不做什么。"

德国管理大师赫尔曼·西蒙（Hermann Simon）在1986年提出了"隐形冠军"（Hidden Champion）这个概念，指专注于特定行业的优秀中小型企业。隐形冠军的产品通常只是某种消费品的部件、原料或存在于制造过程之中，人们难以觉察。它们在特定细分市场中的地位无可撼动，在有些领域甚至占据了全球95%的市场份额（例如德国卷烟机械生产商Hauni）；它们的技术创新遥遥领先于同行，人均拥有专利数甚至超过西门子这样的世界500强企业；由于行业相对冷门，加上专注的战略和低调的风格，它们的公众知名度很低。

隐形冠军现象在世界各国普遍存在，通常存在于许多不起眼的细分行业中。这些企业之所以能成为"冠军"，最根本的原因就是专注。其专注于别的企业不屑做、不能做或是没有想到的特殊领域，持之以恒，绝不放弃，最终获得了不可撼动的市场地位。

强烈的愿望，是成功的动力。你的心态就是你的主人，对成功的强烈愿望和夜以继日的反复思考会形成潜意识，让你在不经意间迸发好想法，让你的每一天都充满创意。

你心中描绘怎样的蓝图，决定了你将度过怎样的人生。强烈的愿望促使你睡也想、醒也想，一天24小时不断地思考，聚精会神，透彻地思考，这就是事业成功的原动力。

## 案例　　　　　　　　　稻盛和夫：带着爱去工作

日本管理大师稻盛和夫在《干法》一书中讲述了打造卓越产品的理念与方法，值得参考。

（1）融入工作中

对自己的工作、自己的产品，如果不注入深沉的关爱之情，事情就很难做得出色。

"工作是工作，自己是自己"，把"工作"与"自己"分开，让两者保持距离，这是最近在年轻人中流行的观点。稻盛和夫认为，要做好工作，就应该消除"工作"和"自己"之间的距离，要悟到"自己就是工作，工作就是自己"的程度，两者密不可分。也就是说，要把身心全部投入工作、热衷于工作，达到与工作"共生死"的程度。如果对工作缺乏如此深沉的挚爱之情，就无法抓住工作的要领。

京瓷在创建后不久，曾制作用于冷却广播机器真空管的水冷复式水管。因为过去生产这种水管的企业的技术人员离开了，所以订单就到了京瓷手中。但是，京瓷以前只做小型陶瓷产品，这种水管尺寸太大（直径25厘米、长50厘米），采用的是老式陶瓷原料，属于陶器，而且要在大管中通小冷却管，结构非常复杂。

京瓷没有制造这类产品的设备，也不掌握相关的技术。尽管如此，由于客户盛情难却，稻盛和夫还是把任务承接下来。为了做好这一产品，他付出了常人难以想象的辛劳。例如，原料虽然使用与一般陶器相同的黏土，但因为尺寸很大，要让产品整体均匀干燥极为困难。开始时，在成型、干燥的过程中，几乎每次都出现干燥不均、先干燥的部分出现裂痕的现象，分析原因，可能是干燥时间过长。于是，京瓷在缩短干燥时间上下功夫，但结果仍不理想。经过反复试验，京瓷最后想出一招：在尚未完全干燥、还处于柔软状态的产品表面卷上布条，再向布条上吹雾气，让产品慢慢地干燥。

但是，新的问题随之产生。如果产品太大，干燥时间过长，产品会因为自身的重量发生变形。为了防止变形，京瓷又想了各种各样的办法。最后，稻盛和夫决定抱着水管"睡觉"。他在炉窑附近温度适宜的地方躺下，把水管小心翼翼地抱在胸前，通宵都在慢慢转动水管，用这种方法让水管干燥，同时防止水管变形，最终顺利地完成了水冷复式水管的制造任务。

（2）对产品倾注爱

在制造业中，很多时候，产品制成率（合格品相对于投入的全部材料的比率）很难提高。这时，首先要迈开双腿，走进现场，然后要带着爱，用谦虚的目光审视产品。

京瓷的产品大多是电子领域使用的小型零部件，要寻找产品的问题很不容易。那时，就像医生总是带着听诊器进诊疗室一样，稻盛和夫去生产现场时总是带着放大镜。他的放大镜由多枚透镜组成，用1枚镜片可以放大5倍，用2枚就可以放大10倍。他经常用这种放大镜对烧制成的产品逐个进行细致的检查，只要有一个小小的缺陷，就是不合格的产品。

在制造新型陶瓷产品时，首先要将原料粉末固定成型，然后放进高温炉内烧结。一般陶瓷的烧制温度在1200℃左右，而新型陶瓷要在1600℃的高温中烧结。当温度达到1600℃时，火焰的颜色不再是红色，而是一种刺眼的白色。在将成型的产品放进这样的高温炉中烧结时，产品会一点一点地收缩。收缩率高的，尺寸会缩小两成。这种收缩在各个方向上并不均衡，稍有误差就会产生不合格产品。

另外，在最初进行板状新型陶瓷制品的烧结时，不是这边翘起来，就是那边弯下去，烧出来的产品就像鱿鱼干一样。对新型陶瓷在烧结过程中发生翘曲的原因，已有的研究文献中没有记载，因此，稻盛和夫只能自己做出各种假设，然后反复试验。

在这个过程中，他弄清楚了一点，那就是将原料放进模具加压后，因为上面和下面施压的方式不同，所以原料粉末的密度也不同。经过反复试验，密度低的下部收缩率大，因而发生翘曲。然而，虽然弄清了翘曲产生的机理，但要做到上下密度均匀却很困难。

这时，为了观察产品究竟是怎样翘曲的，稻盛和夫在炉子后面开了一个小孔，通过这个小孔观察炉内的状况，记录在什么温度下产品会弯曲，如何弯曲，还有哪些变化等。果然，随着温度的升高，产品发生了翘曲。他改变条件，多次试验，但无论怎样，产品还是会发生翘曲。

突然，稻盛和夫的灵感来了：在高温烧结时，如果从上面将产品压住，不就不会翘了吗？于是，他用耐火的重物压在产品上烧制，问题终于圆满解决，平直的产品做出来了。

（3）精于一业

稻盛和夫认为，只有把精力倾注于一个领域，钻研透彻，才能达至真理，理解世间万象。例如，一名工匠，长期专注于工作，掌握了精湛的技术，即使让他谈论人生，他也会有精辟的见解。另外，经过修炼提升了人格的僧人，即使论及其他领域的话题，也能说出深刻的道理。还有园艺师、作家、艺术家等，凡是精通一艺一技者，他们的话语中都有丰富的"营养"。

知识广而浅，等于什么都不懂。只有一门深入，探究到底，才能一通百通。这是因为，在一切事物的深处，都隐藏着驾驭一切的真理。

## 三、超越客户预期，制造口碑效应

### 1. 管理客户预期，制造口碑

（1）提供超预期感受，让客户主动传播

客户的感受可以分为三类：基本感受；预期感受；超预期感受。基本感受是必须满足的，否则客户就直接把你淘汰掉了；产品品质或服务体验达到了客户期望的水平，客户觉得满意，在这种情况下，双方公平交易，互不相欠，不会产生口碑；只有产品或服务非常好，超出客户的预期，客户感到激动或惊喜，才会产生口碑。

关于客户期望，有一个"120法则"。

投掷保龄球的目标是同时击倒10个瓶子。看上去，同时击倒9个瓶子和10个瓶子的差别不大，但是，击倒9个瓶子能得90分，而击倒10个瓶子能得240分。

如果把客户对产品品质或服务体验的期望值设定为100分，当企业做到120分的水平时，边际效益最高。为什么是"120"而不是"150"呢？因为如果超出客户期望太多，会偏离最佳产出效率，给企业带来沉重的负担，而"105"或"110"的门槛太低，容易被竞争对手模仿和超越。

本书的第一部分阐述了口碑效应与峰终定律。峰终定律揭示了人类感受的规律，极致的"高峰"感受让人印象深刻。企业应该追求给客户极致感受，超出消费者的预期，让他感到激动、惊喜，主动与人分享——拍照发朋友圈或微博，从而实现产品的自动销售。

"极致"代表企业的努力方向和服务态度。极致感受是指在合理的成本下提供最好的产品品质与客户体验，在行动上付出不亚于任何人的努力，使结果超出客户预期并感动客户，而不是不计成本地远远超出客户的需求。

### （2）管理客户预期

客户预期隐含着客户对社会平均服务水平的判断。社会平均服务水平是变化的。20世纪80年代以前是短缺经济时代，人们对服务水平的要求与今天一定不同。

只有让客户感动，才能产生口碑。企业不能只把"客户满意"当成目标，而要超越行业平均水平，超越竞争对手，这样才能超出客户的预期。某企业原来的客服口号是"满意是标准，感动是目标"，后来修改为"感动是标准，重复是目标"，哪个效果好？

同行普遍能做到的服务，就是义务。只有超越普遍意义的服务，才能给客户留下深刻印象，让其对品牌产生认同。

---

**案例　　　　　　　　　　美捷步：管理预期**

美国鞋类电商美捷步（Zappos）通过管理客户预期来制造口碑。

美捷步向客户承诺，下单后4天内将鞋子送到，大多数情况下隔天即到。同时，美捷步推出售后延迟付款、客户购买商品后90天内可以不付款的服务。另外，客户每次订购1双鞋，送货上门时能试穿3双鞋，客户可以只留下最喜欢的那双，把不合适的都免费寄回。实际上，很多客户会选择购买2双鞋。此类超预期服务，让客户发出"哇"的惊叹，口口相传，美捷步名声大噪，迅速火遍美国。

2009年，美捷步被亚马逊以8.47亿美元收购。

---

由于超预期能够产生口碑，所以，管理客户预期的关键是"低承诺高交付"，避免过度宣传、自我吹嘘。例如，为客户装宽带，承诺2天装上，结果2小时就搞定了，客户一定感觉很爽，自然有可能推荐给别人。

企业与客户交往时，要把握好价值兑现程度，重在交付物与交付过程。例如，有些销售人员把自己的产品或服务吹上天，而高水平销售人员通常不会一开始就全盘托出，而是"挤牙膏"。

卓越的领袖擅长给群众指出未来的方向、路线图以及可能遇到的困难，激励人们克服困难，向目标奋进，这也是一种预期管理。

**2. 打造超预期感受的方法**

打造极致的客户感受，基本方法有三：让客户爽；重视细节；快速迭代。

（1）让客户爽

企业要时刻为客户着想，设身处地解决客户的问题，把某些预期感受转换成超预期感受，别人想不到的地方可能是取得突破的地方。譬如，餐厅服务通常是预期感受，但海底捞把服务做成了超预期感受；价格通常是预期感受，但小米最早把智能手机做到 2000 元以内，这就成了超预期感受。

在出去吃饭时，等位是很常见的事情，人们通常是干巴巴地等待。怎样把等待变成一种享受呢？有些餐馆在入口处设置等位专区，提供茶水、水果、扑克，甚至是美甲、擦鞋、手机充电、电动车充电等服务——统统免费！吃饭时，服务员拿塑料袋把顾客的手机套起来，以免手机被弄脏；冬天到餐馆，服务员会为戴眼镜的顾客送上一块擦镜布。有网友曾发帖说"海底捞居然搬了张婴儿床给儿子睡觉，大家注意了，是床！"这些体贴入微的服务超越了顾客的期望，令顾客感动，从而产生口碑。

小米手机一上市就定位为高配低价。小米 1 是国内首款实现双核芯片、1.5GB 存储容量、4 英寸屏幕、800 万像素镜头、待机时间 450 小时的手机。当时，同等配置的智能手机价格在四五千元，而小米定价为 1999 元，完全超越了人们的预期。小米手机上市第一年就售出 700 万台。很多人除了自己用，还给亲戚朋友购买，42% 的用户买了 2～4 台。

---

**案例**　　　　　　　　　　**自行车店：制造高峰感受**

美国的赞恩自行车店对 1 美元以内的零配件全部免费提供，这些零配件通常与顾客的不愉快经历有关。例如，星期六早上骑车出去玩，车子却坏在半路，走了半天才找到修车店。在这种特殊的时刻，如果修车店免费提供零配件，会让顾客感动，对修车店产生深刻的印象，吸引顾客以后前来买车。据统计，每个顾客在赞恩车店的平均花费达 12500 美元。

企业要尽可能给顾客留下好印象。用小小一笔钱换来忠诚的顾客，比打广告、搞促销的效果好多了，何乐而不为呢？

（2）重视细节

令人感动的体验体现在每个细节中，像春风化雨，点滴滋润着客户。"千里之堤，溃于蚁穴"，一个不经意的纰漏，往往会产生巨大的破坏。

卓越来自长期的时间积累和压倒性的投入。企业经营者需要走到一线，扮演一名用户，亲身感受每一个环节是否到位，更需要监督品质是否始终如一，久久为功，坚持十年二十年。每个产品都有大量的创新空间，每一项改变都能给用户带来价值，都是让用户复购、忠诚进而向人推荐的理由。

服务体验是由员工提供的。企业日常工作大多是琐碎、繁杂的事务性工作，需要广大员工用心投入、敏锐感受。员工具有主人翁意识，具有提供极致体验的意识和能力至关重要，而这需要企业文化的力量。

## 案例　　　　　　　　王永庆卖米

商界巨子王永庆在 16 岁时曾经开了一家米店。除了严控质量，送货上门，他还有一个本子专门记录客户家里有多少人、一个月吃多少米、何时发薪等信息。算算客户的米快吃完了，就送米上门；等到客户发薪的日子，再上门收款。

## 案例　　　　　　　　为客户订车票

日本东京福本贸易公司刚成立的时候，有一位女员工专门负责为客户订车票。有一段时间,她经常给一家德国公司的商务经理订东京到大阪的火车票。不久,这位经理就发现了一件非常巧合的事:每次去大阪时,他的座位总是在车厢右边靠窗的位置;每次返回东京时,他的座位总是在车厢左边靠窗的位置。他很好奇,就告诉了订票的女员工。女员工说:"坐火车去大阪时,富士山在你的右边;返回东京时,它在你的左边。我想,很多外国人都喜欢富士山的景色,所以每次我都替你订了能看到富士山的位置。"

一件不起眼的小事,让这位德国经理深深感动,促使他把双方公司的贸易额由400万马克提高到了1000万马克。

## 案例　钟山苑酒店:打造高品质的独特体验

钟山苑温泉酒店是日本箱根地区的一家家族酒店,拥有120间客房。在竞争激烈的日本温泉酒店行业,钟山苑年年跻身前10位,秘诀是什么呢?钟山苑的宫下社长一语道出了玄机:"我们每天的工作就是为了让顾客在钟山苑有独特的、难忘的体验。"

由于钟山苑的顾客主要是50岁以上的中老年人,所以酒店为传统日式,而庭院是关键。钟山苑的庭院,一年四季有不同的主题,给顾客鲜明的季节体验:春天,看樱花,还有灯光效果下的夜樱;夏天,在庭院里那条人工小渠旁,萤火虫闪烁在草丛中;秋天,赏月;冬天,观雪。

钟山苑吸引顾客的是氛围,而氛围是由细节决定的。例如,在插花时,每株花都是一个独特的生命体,在极简的日式设计风格中,鲜花在自己的空间居于中心位置。钟山苑摆放了400多个鲜花盆栽,由7位员工专门负责养护。

宫下社长认为,服务业的核心是人,让人具有极致服务的意识和能力是最重要的事情。钟山苑的核心员工不是在上班,而是在为自己、为家族的荣誉工作,一代一代的匠心传承,只为让客人满意。宫下社长还认为,与其把钱花在做广告上,不如把钱花在提升顾客体验上。钟山苑几乎从不在报纸、电视上做广告,一半的顾客是回头客。

## 📝 案例　　　　　零售店：重视服务细节

苹果零售店是全球盈利水平最高的零售店，在提升服务体验方面，苹果零售店总结了10条秘诀。

● 员工是苹果零售店的灵魂。前些年，零售店在招募员工时，要求应聘者回答3个问题："你能否与乔布斯旗鼓相当？"（考查应聘者是否自信）"你是否展示出了勇气？""你能否提供利兹·卡尔顿酒店那种水平的客户服务？"

● 苹果零售店员工的职责不是销售产品，而是帮助顾客解决问题。员工没有销售指标，也没有销售提成。

● 顾客进店后热烈欢迎，要让顾客感受到尊重。

● 电脑和iPad的屏幕都处于打开状态，接入Wi-Fi，安装最新、最流行的应用。

● 每天开门营业前，所有笔记本电脑的屏幕以相同的角度打开，既整齐美观，又能吸引顾客触摸笔记本，调节屏幕，使其适合自己的角度。

● 顾客可以无限时把玩设备，培养"拥有体验"。员工不能向顾客施压，迫使他们离开。

● 在为顾客提供一对一的培训时，未经顾客许可，员工不得触碰设备，以便让顾客自己找到解决方案。

● 严格规定员工用语。如果是无法修复的技术问题，维修人员必须说"根据目前的情形来看"，而不能说"不幸的是"；在谈到"功能"时，要用"好处"来代替。

● 如果顾客念错了产品名称，员工不能予以纠正。员工要将错就错，营造惬意的氛围，而不是趾高气扬。

● 超过保修期后，维修人员有权为用户延长保修服务，最长可达45天。

无印良品的门店异常重视细节体验，通过标准化的商品陈列征服顾客。标准化的商品陈列不仅整齐、饱满、富有冲击力，还考虑了顾客的购物习惯。例如，文具区的所有笔盖都朝向一个方向，美容护肤品的各类瓶子的瓶盖和标签朝向统一，挂在高处的搓澡棉、浴花也保持相同的高度与角度。在新店开张时，最辛苦的工作就是商品陈列，这项工作通常要耗费 1～3 周时间。

---

### 案例　小米手机：优化打电话功能

雷军指出，小米的终极 KPI 是："用户用了我们产品是否会尖叫？是否会推荐给朋友？"

对于打电话这个基本功能，小米 1 竟然做了 37 个体验优化点，举例如下。

● 怎样不错过应该接的电话？解决方案：30 秒未接听，铃声自动放大；当用户拿起手机时铃声自动减弱。

● 怎样不接听那些不该接听的电话，例如推销电话？解决方案：用户可以在 MIUI 系统中标记陌生电话，设置"电话防打扰""屏蔽响一声电话"等。

● 怎样更快捷地搜到联系人？解决方案：用户使用全拼、简拼、混拼、数字都可以找到联系人。

这些改进点，在当时深受用户欢迎，很快就成为全行业的标配。

（3）快速迭代

成长就是迭代，路都是一步一步走完的，好产品都是聪明人花笨功夫做出来的。

优秀的互联网企业都追求产品的完美，永远不厌其烦地修改产品，力求将客户体验做到极致。马化腾说过："也许每一次的产品更新都不是完美的，但是如果坚持每天发现、修正一两个小问题，不到一年基本就把产品打磨出来了，自己也就很有产品感觉了。"

数字时代，硬件厂商软件化，软件厂商云端化，客户需求往往包含产品与服务的解决方案，制造业逐渐转型为服务业，而服务的核心是客户体验，体验需要持续优化。企业要通过数据反馈（如远程升级技术 OTA），不断挖掘客户痛点，持续快速地对产品进行迭代升级。

对互联网和软件企业而言，要想进行快速的迭代式开发，不断优化产品，就必须具有强大的开发能力，而不能由外包单位负责开发产品。一般而言，软件、网站或 APP 上线后，都需要不断优化。如果产品不是企业自主开发的，就需要找外包单位修改完善。当企业把修改意见反馈给外包公司时，得到的回复往往是："请把所有的需求都写下来，我们再统一修改。"整理好需求，确认签字后，外包公司才会估算工作量和服务价格。然后，需求提出者去报预算，预算审批完成，外包公司再去修改、上线……一来二去，几个月就过去了，而客户根本等不了这么久。优秀的互联网和软件企业会时刻关注客户的体验，客户白天反馈意见，开发人员晚上修改，第二天新版就上线了。

## 秘诀 8
## 产品简捷化

产品要简单化、标准化、快消化，种类要少而精，服务要方便快捷，这样才能降低理解成本和使用门槛，节省消费者的时间和精力，消费者会快速购买，产品信息容易传播，企业不用费力推广，消费者会主动追逐产品。

## 一、人们追求便利，珍惜时间

### 1. 简单是消费者的首要考虑

懒人推动社会进步。懒人不想耕田，于是拖拉机、播种机和收割机产生了；懒人不想走路，于是火车、汽车、飞机和高铁产生了；懒人不想洗衣洗碗，于是洗衣机和洗碗机产生了。

以前，人们的收入低，时间成本也低，不关心是否便捷。随着社会节奏加快，收入提高，加上通勤压力日益增加和社会分工不断变化等因素，人们要应付的事情越来越多，时间越来越宝贵，尤其是中产阶层的时间成本上升很快，这驱使人们追求便利、简单，能节省时间的新产品，就很容易获得成功。淘宝、支付宝为什么受欢迎？手机上点几下就能完成购物、付款，人们再也不用去排长队了。

打造客户真正需要的简单体验是一项极其复杂的工作。为了给客户提供你认为他们需要的东西，你可能会提供太多的选择和功能。

## 2. 便利的内涵与实现方法

对企业而言，简单意味着给客户提供便利，就是以"少即是多"的心态来重新思考产品开发、销售及营销工作，从而降低产品组合、价格折扣、广告宣传等方面的复杂性。

一般而言，便利的内涵涉及以下几点内容。

①容易获得。一是易获得信息，客户可以通过社交媒体等获得所需信息，包括简洁明了的标志与说明等；二是易获得产品与服务，客户容易联系到企业，企业的服务响应快。

②容易购买。例如门店的营业时间长、营业天数多（例如 7×24 小时服务）、距离近（易抵达、离家近）。

③产品简化、标准化，容易学习，方便使用，尤其是电子产品、软件产品。在快餐型消费文化的影响下，消费者不愿意花时间看长长的说明书。以前的遥控器都有几十个按键，而小米电视遥控器只有 11 个按键。有些企业把产品说明书做成二维码，一扫就能看到示范操作的视频。

④一站式服务。客户最不愿意听到的话是"这不归我们部门管"，企业要力争一次性解决客户面临的全部问题，而不是在部门间踢皮球。要让客户在一个触点（窗口、网页等）轻易地取得所需或解决问题，一名员工全权负责所有事宜。这要求员工有意愿并有能力满足客户的需求，减少客户的不便。

# 二、通过简单化，打造"爆款"产品

## 1. 产品标准化、快消化，方便购买消费

（1）人们喜欢标准化的快消品

传统产品转化成标准化的快速消费品，人们使用起来简单方便，就会受到欢迎。麦当劳汉堡包是标准化产品，全世界几万家连锁店提供同样的汉堡。茶叶千差万别，价值难以判断，售货员要推销，甚至邀请你品尝一番，交易

成本很高；而立顿茶包是标准化的，可以快速购买，还方便饮用。

复杂的产品就是"残次品"。2008年，飞利浦公司针对美国企业的商品退货问题进行了一项调查研究，发现每年退货商品的总价值达1000亿美元，其中残次品只有500亿美元，另外500亿美元的商品本身没有问题，只是太复杂了，消费者不知道该怎样使用。另一项调查发现，消费者学习新产品使用方法的平均时间只有25分钟。如果超过这个时间，大部分消费者不会继续琢磨各个按键的功能，而是放弃，扭头去寻找更简单、更友好的东西。

## 案例　　　　　　　　　立顿：茶叶快消化

英国立顿（Lipton）作为全球第一大茶叶品牌，其销售额相当于中国茶叶销售额的2/3。立顿的成功秘诀如下。

①方便冲泡。立顿依靠茶叶拼配技术和包装创新（袋泡茶），解决了传统茶饮冲泡程序复杂、茶渣不易处理等弊端，颠覆了传统的饮茶方式，推动了世界茶叶的消费。

②产品标准化。立顿通过工业化大生产，将茶叶从农产品转化成高度标准化的商品，降低了产品成本，弱化了茶叶的原产地和品种概念。

③产业链可控，品质稳定。立顿用不同产地的茶叶拼配出基本固定的口感与品质。红茶茶包是采购自斯里兰卡、肯尼亚、中国等不同国家的拼配茶，绿茶茶包是采购自中国黄山、四川等地的拼配茶。

立顿在中国有三个茶原料供应基地，安徽黄山、四川雅安供应绿茶，云南供应红茶。立顿与供应商保持长期合作关系，要求供应商的种植、加工流程符合国际组织雨林联盟（RA）的标准。雨林联盟针对种植加工工艺，有茶叶的可追溯系统、农药使用时间记录等一整套标准体系。立顿还参与到供应商的技术合作、指导、监督和检查等全产业流程中。

④品牌宣传。1890年在英国上市时，立顿的广告词是"从茶园直接进入茶壶的好茶"。长期以来，立顿持续塑造"世界茶品专家"的形象，品牌象征一种

国际的、时尚的、都市化的生活，红底白字的 LOGO、明亮的黄色包装向世界传递品牌理念——光明、活力和自然美好的乐趣，在超市货架上也非常醒目。

⑤现代渠道体系。立顿茶包作为快速消费品，可以在各种渠道销售，方便消费者选购。而中国茶叶销售的主渠道仍然是茶叶市场和茶叶专卖店。

⑥扩展消费群体。以中国销售的立顿黄牌精选红茶为例，每袋 0.4 元。创新产品和大众化价格，吸引了追求时尚、健康的广大年轻群体。

## 案例　　　　　呷哺呷哺：火锅快餐化

贺光启将火锅快餐化，推出"吧台式火锅"呷哺呷哺。

呷哺呷哺餐厅通常位于人流量大的商场及写字楼密集的地区，目标顾客是单独用餐的年轻群体和商务白领，竞争对手是快餐，而不是传统火锅。

呷哺呷哺建立了一个强大的中央厨房，负责加工调制食材，分店只需要一个具备"冷鲜"和"速热"功能的简易厨房，减少了店面租金。

呷哺呷哺推出不同种类的套餐，让顾客能遍尝自己喜欢的美食。餐厅布置模仿回转寿司店的吧台式布局，使单位面积的座位数增加了 30%。服务员站在吧台中央，四周顾客的要求尽收眼底，能及时响应。一名服务员能同时服务 20 位顾客，大大降低了人工成本。

此外，呷哺呷哺减少了顾客的用餐时间。吧台式布局，没有私密空间，服务员在眼前忙碌，与陌生人并肩而坐，这让人很难长时间用餐。由于顾客平均用餐时间只有 40 分钟，所以翻台率大幅提高。呷哺呷哺北京西单明珠大厦分店曾创下一天招待 2000 位顾客的客流量纪录。

（2）新技术行业发展路径：产品越来越简单

新技术产品普及的过程就是简单化的过程——把技术复杂的产品变得简单，把价格昂贵的高端产品变成价格一般的普通产品，降低使用门槛，使其适合大众消费，从狭窄的高端市场进入广阔的中低端市场。

如果消费者必须掌握机械原理、发动机原理才能开车，那么汽车工业永远不可能发展起来；如果只有掌握通信技术的人才能使用电话，那么电话永远是实验室产品。互联网越来越普及，原因就是它越来越简单。个人计算机的普及用了几十年，而智能手机两三年就普及了。Windows 取代 DOS，智能手机取代数码相机，Google 搜索取代 Yahoo 黄页，自动挡汽车取代手动挡汽车等，都是因为前者更简单、更方便。

二十世纪七十年代，IBM 向企业客户提供大型计算机和个性化的软件解决方案，获利丰厚。IBM 德国分公司的几位软件工程师认为，为每家企业客户重新开发软件费时费力，给企业客户设计一套统一的标准软件的效率更高。但是，他们的建议被 IBM 决策层拒绝了，因为该方案会降低 IBM 的利润水平。于是，这几位工程师离职创业，成立了 SAP 公司，他们推出的企业标准管理软件很快就风靡市场，开创了全新的"蓝海"。

二十世纪八九十年代，计算机是一个巨人，体积庞大、脆弱，放在专用的机房里，由专人看管。使用计算机需要排队预约，穿上白大褂、套上鞋套才能"上机"。当时，IBM 大型机的计算能力很强大，乔布斯拿着一台仅具雏形的、粗糙的个人计算机请求惠普公司投资，却被拒绝了，因为惠普觉得它的计算能力太弱，就像个玩具。但是，惠普也忽视了它的优点：简单、方便。后来的故事大家都知道，苹果公司开创了庞大的个人计算机产业。

施乐公司发明了静电复印机，曾经垄断了复印机市场，后来却输给了日本的佳能，为什么呢？施乐通过给复印机增加一项又一项的功能抬高了价格，增加了利润，而佳能复印机功能简单，价格只有施乐的 40%，轻而易举地取代了施乐的市场地位。

Flip 摄像机内置 USB 接口，用户可以把摄像机与电脑连起来充电并传输视频。在摄像机行业大打"功能战"的年代，Flip 取消了所有"必不可少"的功能。Flip 没有变焦、特效、灯光设置与翻转屏幕，只有 6 个按键，满足了大多数人在拍摄视频时的需要。2009 年，思科公司花费 5.9 亿美元收购了 Flip。

> **案例**　　　社交媒体：产品越简单，用户规模越大

用户在社交媒体平台上越容易提供内容，提供内容的用户就越多，平台的用户规模就越大。

在Web1.0时代，市场上仅有CNET等少数几家内容平台。用户必须先注册域名，寻找网站主机，安装内容管理软件，之后才能提交自己所写的内容。当时，提供网络内容的人非常少。

1999年，博客问世，用户只需要注册一个账号，就可以轻轻松松地在网上发言，提供内容者数量显著上升。刚开始很多人写，但大多数人坚持不下来，因为写文章比较辛苦。

2006年，提供微博业务的Twitter问世。Twitter规定每条推文不超过140个字符，这就使更多人具备了提供内容的能力。微博把写博客变得简单，只要会写短信，就会写微博，几个字也可以，无所谓文采。不愿意写长文章、读长文章的人都加入了微博大军，微博越来越普及。微博并没有发明新技术，只是把复杂的东西变简单，把烦琐的东西变方便，就彻底改变了人们的信息传播方式。

如今，Pinterest、Instagram和Vine这样的新公司又进一步简化了提供网络内容的过程。用户只需要抓拍图片或是收藏心仪的图片，就可以将其分享到多个社交网站。

以前，人们要想修图，就得使用复杂的Photoshop软件。而美图秀秀这类"傻瓜化"的免费修图软件，用户不用学习就能使用，通过图片特效、美容、拼图、场景、边框、饰品等功能1分钟就可以做出专业的照片，还能将图片一键分享到微博、微信朋友圈、QQ空间等，能不受欢迎吗？

（3）加速产品更新换代，促进复购

如果商品质量太好，消费者使用周期就长，就难以复购商品。为了提高消费者购买频率，有些企业加速商品更新换代，甚至人为缩短商品使用寿命，或者设计容易损坏的商品。

飞利浦降低灯泡使用寿命。在电灯普及初期，灯泡寿命达到2500多小时，消费者好几年才换一个灯泡。1924年，飞利浦、通用电气等灯泡制造商曾经结盟并达成协议，规定灯泡的寿命控制在1000小时左右，不遵守协议将被处罚。

宜家降低家具使用年限。家具以前被认为是终身可用的商品。宜家追求流行风格，将家具定义为需要时常更换的商品。宜家的品牌理念是可持续发展，却鼓励人们快速更换家具。

苹果手机快速迭代升级。自乔布斯发布iPhone 4后，苹果每年都会发布新款手机，更新外观、配置、相机、颜色、系统等，新手机一发布，意味着旧手机已经过时了。苹果通过各种方式暗示消费者，只有用上最新的手机，体验最新的科技，你才是最前沿、最时尚的人。最近几年，苹果发布新机半年后，发布这款新机的新配色，一个新配色就驱动不少消费者更换手机。为了推动消费者换机，苹果推出"以旧换新"计划，购买新机时旧机可以抵不少钱。如果你还不想换机，苹果就让你的旧手机变慢，苹果的说辞是"让处理器降频运行，为了让你的电池耐用一点"。

移动互联网时代，快速迭代升级的理念被大众接受，企业经常更新软硬件产品，驱动消费者持续消费。一次性商品也越来越多了，如一次性洗脸巾、一次性厨房纸、一次性桌布等。

### 2. 简化产品体系，打造"爆款"产品

选择过多会让人难以下决心购买，因为消费者不知道自己是否选择了最合适的产品。

---

**案例**      不确定性或选择过多会导致决策瘫痪

行为经济学创始人阿莫斯·特沃斯基（Amos Tversky）和美国普林斯顿大学心理学教授埃尔达·沙菲尔（Eldar Shafir）研究发现，人在做决定时会受到不确定情境的影响。

假设你是一位大学生，在为期两周的圣诞假期前刚参加了一门重要的考试，有些学生的成绩很快就公布了，有些学生还要多等两天。此时，你看见一条广告：圣诞期间去夏威夷度假可享受超低折扣。于是，你面临 3 个选择：马上交钱；马上放弃；先付 5 美元定金让这个优惠价位预留两天，等成绩出来以后再决定。在获知自己考试通过的学生中有 57% 的人决定去度假，毕竟这是很好的庆祝活动；在得知自己考试没有通过的学生中，54% 的人也选择去度假，毕竟这是很好的减压和发泄方式。不管考试是否通过，学生们都巴不得马上飞往夏威夷。而那些还不知道考试成绩的学生，想法就截然不同，他们中的大多数（61%）选择花 5 美元多等两天。

这项研究告诉我们：不确定性，即使是毫不相干的不确定性，也会导致决策瘫痪。

有些企业会提供几十种产品供消费者选择，一方面是因为企业面对的是小众市场，要满足客户的个性化需求；另一方面则是为了制造信息不对称，把消费者搞晕，以便拉开价格档次，实现高额利润。

某餐馆减少了菜品种类，不仅提高了食材的新鲜度，顾客的点菜速度也提高了。有些餐馆的菜单很厚，提供几百个菜品，实际上很多菜一个月只被点一两次，不仅厨师做不好，食材也不新鲜，顾客就不可能有好的体验。

数字时代，面向大众市场的企业要实施"大单品"战略，坚持"优生优育"，而非"多子多福"。只有产品种类尽量少，才能打造精品和极致体验，才能使营销工作重点聚焦，使营销任务简单明晰。优秀的企业只提供一两种"很棒"的"爆款"，而不是生产几十种"不错"的产品。亚马逊只生产和销售一款产品 Kindle，流媒体服务商奈飞（Netflix）只提供一种服务，苹果只同时推出几款产品。

## 案例　乔布斯通过"简化"让苹果起死回生

1997 年，苹果接近破产，就把乔布斯请了回来。乔布斯重返苹果后取得的辉煌成就，并不是技术创新，因为在无线网络和手机技术上，苹果几乎没有核心专利。乔布斯拯救苹果的第一招叫作"简化"。他先给苹果灌输了一个理念：决定不做什么跟决定做什么一样重要。他发现，苹果有几十个产品线和无数的产品，光是麦金塔（Macintosh）就有好多个型号，每个型号还有一堆让人困惑的编号，从1400到9600都有。

"我应该让我的朋友买哪个？"乔布斯问了个简单的问题，却得不到简单的答案。于是，他大刀阔斧地砍掉了众多的型号和产品——很快就砍掉了原来的70%。几周后，乔布斯还是无法忍受那些产品。在一次产品战略会议上，他在白板上画了一条横线和一条竖线，在竖线两端写上"消费级"和"专业级"，在横线两端写上"台式"和"便携"，形成了一个包含4个象限的四格图。"我们的工作就是做4个伟大的产品，每格一个。"乔布斯用简洁的理念表明了苹果的新产品战略，将数量众多的产品精简成4种：普通用户和专业用户的笔记本电脑、普通用户和专业用户的台式机，即Power Macintosh G3、Powerbook G3、iMac、iBook共4款产品。当时，苹果离破产不远，乔布斯只用了这一招就让苹果从上一年亏损10.4亿美元变成1998年盈利3.09亿美元——起死回生！

当时，乔布斯还高调砍掉了一款很有名的手写设备"牛顿"。乔布斯说，上帝给了我们10支手写笔，我们不要再多发明一个了。停掉"牛顿"等产品后，苹果解放了一批优秀的工程师去开发新的移动设备，最终做出了iPhone和iPad。

自从开创智能手机产业以来，苹果总共也没有推出多少款iPhone手机。刚开始，乔布斯甚至只想做一种颜色的手机，因为他觉得做几种颜色不够专注。其实，只出1款手机很难！企业要坚信自己这款手机就是世界上最好的，如果不自信，就只能做几十款甚至上百款。

苹果产品的型号少，每一款都带给用户极致的体验，购买过程也非常方便。如果想购买一台笔记本电脑，只需要从MacBook Air和MacBook Pro两种机型中选择。在选择机型之后，显示器尺寸、内存和硬盘大小的选择就非常简单了。无论是苹果的网上商店还是实体店，顾客逛的不是产品超市，而是让人赏心悦目、惊喜连连的体验店。

让我们去逛一下某电脑品牌的网站。网上产品目录复杂，消费者根本不知道每个系列有何区别，以及每个系列下的不同型号、每个型号下的不同配置有何区别。消费者要先寻找适合自己的机型，然后在众多型号中选择自己喜欢的，这是一种什么样的折磨！

怎样改变茅台的品牌形象呢？茅台不妨推出多款非53度、低价的酱香酒，推出茅台啤酒、茅台红酒、茅台米酒，甚至茅台矿泉水、茅台酒店、茅台手机、茅台空调，加快新品推出速度，5年出厂的规矩也不要了，假酒也不管了……用不了多久，茅台的品牌形象就会发生彻底改变。

### 3. 产品简单化的方法

**（1）简单化的基本原则：别让我思考**

在设计领域有一条基本原则——"Don't make me think"（别让我思考）。我们家里的冰箱、电视、洗衣机，有多少人认真看过说明书？就那几个按键，一目了然。对大众消费品而言，用户不需要阅读说明书、不用设置、不用学习操作方法的才是好产品。如果一个产品需要用户经常请工程师进行安装、调试与维护，那么它注定只是少数人的产品。

苹果的使命是站在科技与人性的交汇处，将复杂的技术变简单，为不喜欢使用新技术和不愿意花时间弄懂新技术的人提供技术支持。苹果推出麦金塔（Macintosh）时，乔布斯要求用户手册要简单易懂。团队成员说："我们尽力了，手册只需要高中三年级水平的英语。"乔布斯说："不行，要小学一年级水平的也能看懂。"在乔布斯近乎偏执的坚持下，iPhone的机身上最终只留下了一个按键。就是这种简化到极致的设计，使一部复杂的智能手机几乎不需要阅读用户手册就能使用。iPod Shuffle是世界上最简单的音乐播放器，只有几个最基本的功能：打开与关闭，调节音量，跳到下一首歌或返回上一首歌，设定按顺序播放歌曲或随机播放。对3岁的孩子或者70岁的老人而言，苹果设备和传统的消费电子产品，哪个容易上手？当孩子和老人都可以不看产品手册直接使用时，产品才算及格了。

我们能从谷歌首页看到什么？一个谷歌的标志，一个文字输入框，还有两个点击框，一个写着"谷歌搜索"，另一个写着"手气不错"，再没有其他东西了。

为什么现在很多人都不看电视了？两个遥控器，一个控制电视，一个控制机顶盒，看个电视跟调设备似的。

（2）产品功能要聚焦

产品创新的常见误区是功能越来越多，产品越来越"重"。很多产品经理喜欢给产品添加新花样，美其名曰"创新""迭代"。彼得·德鲁克认为："创新若要行之有效，就必须简单明了、目标明确。它应该一次只做一件事情，否则就会把事情搞糟。"

规划产品功能时，一定要先学会做减法，而不是做加法。其实，对产品做加法很容易，而做减法很难；冒出一个想法太容易，而判断想法是否正确很难。产品经理如果没有能力洞察客户的痛点，就会把所有的点子都塞到产品中——让产品具有太多的功能。这样一来，客户感觉不到重点，根本记不住，产生不了印象；产品功能越多，问题就越多，维护起来就越麻烦。

（3）简化产品的方法

一般而言，影响一项活动（任务）的难易程度的要素，即简洁性的元素，共有6个。

①时间——完成该项活动所需的时间。

②金钱——从事该项活动所需的经济投入。

③体力——完成该项活动所需消耗的体力。

④脑力——从事该项活动所需消耗的脑力。

⑤社会偏差——他人对该项活动的接受度。

⑥非常规性——该项活动与常规活动之间的匹配程度或矛盾程度。

为了提高用户使用产品或服务的可能性，产品经理要探究是什么原因阻碍了用户使用——用户究竟是时间不够多，还是经济实力欠缺？是忙碌一天之后不想再动脑筋，还是产品太难操作？是这个产品与他们所处的社会环境格格不入，还是它太逾越常规以至让人难以接受？

有的企业过分关注内部运营体系，却让客户耗费了大量时间和耐性。企业要经常检查一下：你的网页是否方便客户完成任务？客户能否便捷获得支持性服务？企业要简化业务流程，避免繁文缛节，客户的注册过程要尽可能简单，不要让客户填写过多的信息，重复填写有关信息，如输入订单号、促销代码等复杂信息。企业要定期检查业务流程中的环节、表格或申请，判断是否有必要。

简化产品的基本步骤是：首先，了解人们使用某产品或服务的原因；然后，列出用户使用该产品或服务时的所有环节；最后，把无关环节全部删除，直至将使用过程简化到极致。

设计人员要致力于简化使用过程，减少摩擦，消除使用障碍，推动用户使用起来。设计人员要不断问自己，哪个因素能够让用户继续下一个步骤？

微保险（Micro Ensure）向欠发达地区的贫困人口提供保险服务。经过一系列的试错，它找到了打开市场的"钥匙"——将投保、赔付都极简化，客户只提供手机号就可投保，赔付金也支付到该手机账号上。

## 三、打造简捷的客户体验

### 1. 优化场景体验

不同的产品与服务，客户的使用场景不同，体验标准也不同，以下三种情况较为常见。

（1）服务便捷，节省时间

世界上的一切事物，归根到底都是时间。马克思说："一切节省，归根到底都是时间的节省。"所谓方便快捷，就是简单易用、节省精力和时间，追求便捷是人类社会进步的重要推动力。

对时间成本最在意的企业家是乔布斯。乔布斯曾经走进一位研发工程师的办公室，抱怨苹果电脑的开机时间太长了。工程师不明白：开机时间长又怎么样？乔布斯换了种说法："如果能救人一命，你愿意想办法让启动时间缩短 10 秒吗？"接着，乔布斯走到一块白板前演算：如果有 500 万人使用苹果电脑，每天开机多用 10 秒，加起来每年要浪费大约 3 亿分钟，相当于至少 100 个人的寿命。工程师懂了。几周过后，苹果电脑的启动时间缩短了 28 秒。

一般企业的服务会在顾客付完钱那一刻终止，而北京的新光天地曾经将服务范围延伸到顾客离店。当时，很多出租车司机喜欢去新光天地候客，因为开着空车到新光天地候客 5 次便可获赠 50 元加油卡，每次还能得到一瓶饮料。用这种方法"拉拢"出租车司机后，即使在雨雪天、晚高峰，新光天地的顾客也不会遭遇"打车难"，不用提着购物袋苦等出租车。

目前，社区门店、便利店业态蓬勃兴起，越来越多的企业将促销活动从核心商圈的大卖场转到了社区。这些社区门店既满足了消费者对购物便利性的要求，又能与消费者保持高频互动。

## 案例　　日本便利店：提供便捷服务

1974 年，第一家社区便利店 7-Eleven 在东京开张。现在，日本的便利店提供无所不包的"一站式生活服务"，成为日本民众生活的"生命线"。

日本便利店的服务特色如下。

- 24 小时营业，到处都有门店。
- 销售日常生活用品，食品种类丰富，既有面包、零食和饮料，也根据当地口味推出饭团、关东煮和熟食便当组合。
- 提供 ATM 及缴费服务。消费者可以在便利店缴纳水电费、叫出租车、购买电影票和公园门票等。
- 消费者可以免费使用店内的复印传真一体机，在便利店收发快递，甚至使用洗手间。一些便利店还提供送货上门服务。

日本便利店的经营特色如下。

- 重视食品研发。根据季节变化推出丰富的应季食物，例如有些便利店在春天推出樱花便当、樱花寿司、樱花与玫瑰口味的冰激凌等。
- 主题便利店越来越多。在横滨山下公园，"Happy 罗森"便利店的亲子服务闻名遐迩，店内有大量儿童读物、玩具和儿童食品，还有室内儿童游乐设施和用餐区。东京久原的罗森便利店宣传健康理念，配有大型药柜和24小时服务的药剂师，顾客可以免费使用体脂测量仪；店内还出售合作农场种植的蔬菜及营养便当，每个月都会推出新款健康食品。

● 满足个性化需求。日本社会老龄化程度高，便利店针对老年人推出了越来越多的服务。全家便利店推出低热量便当，非常受欢迎。全家便利店通过扫描会员卡获取详细的消费行为信息，从中挖掘出诸如什么天气人们喜欢买什么等规律，有针对性地进行产品开发和货品陈列。

（2）防止过度服务

所谓过度服务，是指由于不了解客户的需求和心理，服务人员提供了过多的、不恰当的、干扰客户正常消费行为的服务。尽管服务人员是真诚的，本意是好的，但客户感觉这种"过分热情"打扰了自己。

要避免过度服务，需要准确把握客户的需求和心理变化，找准客户的痛点，提供让客户满意的贴心服务。要洞察客户的需求，尤其是隐性需求。很多时候，客户并不清楚自己到底想要什么，企业要未卜先知，掌握客户需求的发展趋势。例如，餐馆意识到人们越来越注重养生和健康，就将菜品做得口味清淡一些，营养价值高一些。

企业要设身处地，站在客户的立场，看看企业的服务内容与流程是否合理。例如，顾客在餐馆点菜时，服务员不能说"这道菜绝对好吃"，这会让顾客感觉受到了胁迫，而要客观地介绍菜品的特点，让顾客自己做决定。

（3）不用服务才是最好的服务

有时候，不用服务才是最好的服务。客户体验不到服务商的存在，不打扰客户才是最高水平的服务。完美的客户体验就像宽带网络、电话、自来水和电力一样，"润物细无声"，一旦有客户联系，就可能是某个方面的运作出现了问题，例如网络出故障或者水电不通了。

苹果的维修点极少，因为苹果把所有努力都放在打造卓越的产品上了，产品很少发生故障，几乎用不着维修点。某瑞士钟表的广告是"本公司在世界各地的维修人员闲得无聊"。而一些国内企业经常宣传"我们的维修人员一周 7 天、每天 24 小时为您服务"。

Google 的哲学是"用完就走",让客户尽快完成任务,尽快离开,客户停留的时间越短,体验就越好,黏性反而越高,因为客户还会回来。

> **案例**　　　　格力：最好的服务是没有售后服务

家电品牌普遍重视售后服务。但是,身为行业标杆人物,格力电器的董明珠却说:"最好的服务就是没有售后服务。售后维修服务是对消费者的一种打扰,消费者买你的产品,你天天上门服务,态度再好他也很痛苦。"

没有售后服务才是最好的服务,这是格力对于产品质量的执着追求,具体做法如下。

第一,选用优质元器件,确保产品质量。

第二,制订严格的安装规范,强调服务细节。比如室外机的挂架很多厂家只打四个孔,而格力要求打六个孔,对钻孔的深度也有要求——深 10 厘米;管线转角必须成直角,既美观,又充分利用了原配材料。

第三,确保安装服务质量。格力发现,80% 的售后问题是源于安装人员没有严格执行业务规范。于是,格力将安装费用计入产品成本,从产品价格上保证安装服务质量。经销商或维修点为用户免费安装,然后与格力结算安装费。同时,格力对安装人员进行技术培训,对安装服务质量进行监督、奖励和处罚。

有一类企业,产品体验不够好,却把服务当成弥补产品不足的手段,炫耀"庞大、高效"的维修团队和"一流"的售后服务。这类企业不怕生产"垃圾产品",因为它们有强大的维修服务体系,必要时还有法律顾问来摆平一切。

### 2. 简化客户旅程

简捷顺畅的客户体验,源于简单的客户旅程。企业需要重新规划营销与销售工作，让客户能够尽可能容易地发现、购买以及开始使用产品。

简化客户旅程的方法很多，比如，将相似产品整合为单一产品，利用方便的数字支付手段，制定整数价格等，这能减少客户心理负担，改善客户体验。

你可以考虑以下问题。

①怎样让客户更容易理解和评估产品？怎样在不降低解决方案有效性的情况下提供更少的产品、功能或性能？

②怎样让定价更加透明和一致？有的企业依据客户忠诚度、购买季节、购买地点、渠道或人口结构等制订不同的价格，这可能会增加利润，却会给客户增加决策的困难。

③怎样优化店内布局并利用技术（比如相关产品自动推荐、移动支付等工具）来创造通畅无阻的购物体验？

④怎样策划有针对性的营销活动，在对客户最有效的时间和地点，用客户的语言向客户宣传？

### 3. 正确认识简捷化

（1）简捷化很难做到

构建简洁的客户体验需要付出巨大的努力，因为弄清楚客户真正想要什么（而不是他们说自己想要什么）通常是极其复杂的。要打造最有用和最有针对性的产品，首先要明确客户的痛点——客户想要什么，以及客户的使用场景——怎样使用产品；然后再以尽可能简单的方式设计产品来满足这些需求。

（2）简捷并非放之四海而皆准，例外经常有

通常情况下，为客户着想而让事情简捷化是正确之道；但有时，简捷化可能适得其反。例如，面对没有经验的新客户，可以采取高度简化的宣传方法；面对富有经验的客户，高度简化的沟通可能让客户感到不受尊重。客户有时候喜欢只能做好一件事的简单产品，有时候则需要自定义个人设置、个性化的产品。因此，奈飞（Netflix）将极简的定价结构、用户界面与复杂的产品种类结合起来。

## 秘诀 9 产品社交化

产品社交化，就是使产品成为社交沟通工具，用户使用产品的行为会吸引其他人；产品外显化，就是使产品公共化，容易被人看见，用户使用产品就是在宣传产品。产品实现了社交化、外显化，就能自我传播、自动销售。

## 一、产品社交化，让用户吸引用户

### 1. 社交性产品能够自动销售

亚里士多德说过："离群索居者，不是野兽，便是神灵。"作为社会性动物，我们需要与他人联系、交流，以获取信息、建议或者物质、情感上的支持，这能让我们的生活更加安全、丰富、富有成就感。

产品社交化，就是使产品成为社交沟通工具。社交是人类普遍的基本需求，具有社交功能的产品，容易受到人们的青睐。

沟通性产品和社交性产品属于网络性产品，都具有网络效应——一种奇妙的自动销售能力，用户使用产品会吸引新用户（参见本书第一部分）。在设计产品时，如果能让产品具有社交和沟通功能，将分享机制融入产品，那么用户使用产品就是在宣传产品，老用户就能吸引新用户。

随着消费升级，人们的很多消费行为，不仅为了追求产品的功能利益，而且将产品作为社交手段或身份象征。企业在策划设计产品时，要关注客户的全方位需求，尤其要挖掘客户潜在的社交需求，在产品中融入社交元素。

需要注意的是，社交需求经常表现为隐性需求，容易被忽视。另外，社交需求通常不会单独表现出来，而是与其他需求混在一起出现，例如朋友聚会可能是餐饮、娱乐、社交等多种需求的混合。

**2. 产品社交化的方法**

实现产品社交化的方法很多，笔者将其归纳为 8 个方法：实物产品具有社交功能；服务具有社交功能；娱乐产品具有社交功能；产品成为沟通工具；分享产品带来社会资本；方便分享；刺激分享；强制分享。

（1）实物产品具有社交功能

让产品具有社交功能，激发人们潜在的社交需求，产品就会受到消费者的欢迎。

玩具可以融入社交功能。孩子们在第一次看到遥控车或变形金刚时会很兴奋，但是玩上一会儿就没有兴趣了，甚至再也不碰了。而对一些简单的小玩具，例如悠悠球、对战卡等，孩子们却能长时间保持兴趣，这是为什么呢？因为孩子们的小伙伴都在玩这些玩具，不仅经常谈论，还会一起比赛。这些玩具实际上是孩子们的社交工具。

---

### 案例　　小天才手表：小学生的社交神器

手机普及之后，手表的时间功能就成了鸡肋。手表的发展方向，一是成为象征身份和品位的奢侈品；二是成为个性化的饰品；三是成为可穿戴设备，不断添加语音通话、健康监控、NFC（近场通信）等功能。

广东小天才科技公司推出的小天才电话手表（英文名 imoo）是专为小学生量身打造的，市场份额遥遥领先。但是，小天才电话手表的性价比并不高，例如，Z6 巅峰版的售价与苹果 Watch Series 3 相当，是市场上同等配置儿童手表的 3 倍。小天才是怎么做到的呢？

儿童产品是家长购买、孩子使用。如果孩子不爱用，产品再好也无济于事。所以，儿童产品既要抓住家长心理，让家长心甘情愿买单；又要抓住儿童心理，让儿童在无形之中，一传十、十传百地为品牌进行自发宣传。

小天才电话手表集打电话、定位、一键求救、学习、微聊、交友等功能于一体。"喂——不管你在哪里，一通电话马上能找到你，马上能找到你……"这句广告语，一边向孩子宣传交友功能，一边向家长宣传安全功能——孩子遇到危险，家长马上就能找到孩子。其实，这就是小天才的成功秘诀——定位为安全与社交。

家长需要安全。家长需要随时找到孩子，与孩子沟通联系。以小天才电话手表Z6为例，家长可远程切换摄像头，前置看清孩子，后置看清周围环境；支持GPS、GLON-ASS等多种定位技术；家长APP端随时可见孩子的定位轨迹，孩子到家、到校或进入陌生区域时，家长的APP会有提醒。

孩子需要社交和玩具。小天才的配色、外观符合儿童审美，还以"好玩"的方式，切中了儿童交朋友的社交需求。两个佩戴小天才的小朋友碰一碰手表就能互加为好友——这只能在小天才手表之间实现。这在学校形成了一个奇特现象：智能手表分两种，小天才和其他。当身边朋友都用了小天才，小朋友也渴望自己拥有。

另外，小天才还具有拍照片、听故事、公交刷卡、字典、取词翻译、智能识物等功能，这不仅吸引小朋友，还使家长有更多理由买单。

---

## 案例　可口可乐的"昵称瓶"与"歌词瓶"

2013年夏天，可口可乐推出了"昵称瓶"，每瓶可乐上都有"分享这瓶可口可乐，与你的××"的字样。这些昵称迎合了当时的网络文化，例如"白富美""天然呆""高富帅""邻家女孩""纯爷们""有为青年""文艺青年""小萝莉""臣妾做不到"等，几乎所有喜欢可口可乐的人都能找到属于自己的"昵称瓶"。很多人找到自己的"昵称瓶"后非常高兴，通过微博、微信晒图片，在网上形成了传播热潮，使可口可乐的销量增长了20%。

2014年，可口可乐推出了"歌词瓶"。瓶身上的歌词大多出自人们耳熟能详的歌曲，从周杰伦到五月天，从世界杯主题曲到毕业季歌曲，无所不包。年轻人非常喜欢这种有趣的沟通方式。小情侣约会时来一瓶"你是我最重要的决定""蝉鸣的夏季，我想遇见你"，显得特别温馨，可能比去吃一顿大餐更容易加深感情；年轻朋友聚会时来一瓶"让我们乘着阳光，看着远方""下辈子还做兄弟"，也显得特别亲密。另外，扫描瓶身上的二维码，就可以观看音乐动画，并分享到社交平台上。

可口可乐通过"昵称瓶"和"歌词瓶"，为产品注入社交功能，使产品能够传情达意，受到了年轻人的喜爱，吸引人们广泛谈论，实现了自动销售。

（2）服务具有社交功能

近年来，传统百货、大型商超等业态纷纷转型为集休闲、娱乐、社交和购物于一体的城市综合体。无印良品除了传统的零售业务，还跨界提供餐饮、住宿、文化艺术、时尚美容等服务，为消费者提供一种全方位体验的社交场所。

当前，电竞酒店比较火爆，很多年轻人去那里不是为了睡觉，而是为了玩游戏。客房里面有大量主机游戏，如X-box、PS5、Switch等；酒店Wi-Fi有特殊权限，你的《王者荣耀》中没有的英雄和皮肤，连接Wi-Fi就有了；点开酒店小程序选择桌游或者剧本杀，可以向全酒店的人发出邀请，大家可以来我的房间一起玩线下社交游戏，这其实是线下版的陌陌，但它更真实、更安全，因为所有房客都是实名制登记的。

航空业竞争激烈，大多数航空公司只会拼价格，而维珍航空推出了"约空姐"活动，鼓励乘客在飞机到达目的地后主动邀请空姐或空少共进午餐。小猪短租提倡"有人情味的住宿"，让旅客直接住在当地的人家，感受本地文化。

2000年，中国移动推出的虚拟网（又称"集团V网"）业务风靡一时。该产品借鉴了美国MCI通信公司早期推出的"家人和朋友"业务，几位亲友、同事可以建立一个虚拟网，虚拟网成员之间联系时只需拨打 3～6 位的短号码，既方便，又显得关系紧密，还能享受网内通话资费优惠，大大节省了内部沟通成本。在移动通信市场的成长阶段，如果一个用户加入了该运营商的虚拟网，就很容易吸引他的同事、亲友加入，也成为该运营商的用户。

（3）娱乐产品具有社交功能

手游公司闲徕互娱推出《熟人麻将》，用户花几元钱买张"房卡"，就可以通过微信邀请亲朋好友玩上几局。公司成立仅 8 个月，就以 20 亿元的高价被收购。

## 案例　　　　《王者荣耀》：社交娱乐工具

2017 年 8 月，腾讯旗下的多人在线对战类游戏《王者荣耀》成为全球手游下载量和收入双料冠军，用户数达到 2 亿，日活跃用户数超 8000 万，月营业收入超 30 亿元。《王者荣耀》成为"爆款"有两个原因：一是碎片化娱乐；二是游戏社交化。

《王者荣耀》的游戏规则简单，门槛低，用户不需要打怪升级就能很快学会，不少女性和老年人也成为忠实玩家；游戏设计得比较好玩，不花钱也能玩得很精彩，方便用户打发碎片时间。

为了方便用户享受社交乐趣，《王者荣耀》建立了多层次的用户社交体系，包括熟人及陌生人社交 5 类关系链。

● 社交好友。《王者荣耀》支持使用微信、QQ 账号登录，用户可以导入微信、QQ 中的社交关系，一进入游戏就有了好友，不用发愁没有人和自己一起玩。

● 游戏好友。一起玩游戏的社交好友会默认成为游戏好友。另外，通过用户搜索、"附近的人"和"最近一起游戏的人"等方式也可以找到游戏好友。游戏好友亲密度体系也激励用户成为游戏好友，并刺激好友之间持续互动。

● 寻找陌生朋友。通过"交友名片"和"朋友搜索"等功能，帮助用户寻找陌生朋友。

● 附近的人。与微信"附近的人"一样，支持性别筛选，可以查看用户资料及用户当前状态。

● 师徒体系。好友间形成师徒关系，协同完成任务，可以获得经验、金币、称号等奖励。这种机制激励用户互动，建立起密切关系。

通过多层次的用户社交体系，《王者荣耀》具有了较强的社交属性，成为一款社交工具。以前，人们和亲戚、朋友、同学、同事的日常联系较少，只是节假日问候一下；现在，人们打开《王者荣耀》，发现其他朋友也在玩，就一起组队玩上几局，在娱乐的同时联络了感情。

---

**案例** 　　　　　　网易云音乐：打造音乐社交

以前，音乐软件只能提供音乐下载及试听服务，人们听音乐的方式是播放本地音乐。而音乐的本质是情感，人们听音乐时需要传达和分享情感。网易云音乐通过歌单、乐评、个性化推荐等功能打造"音乐社交"，颠覆了传统的"曲库模式"。

歌单就是歌曲列表集合，用户可以收集自己喜欢的音乐作品，创建一个歌单。网易云音乐改变了传统曲库型产品发现音乐的模式，把歌单作为音乐内容的组织形式，用户通过收藏、评论、分享歌单等行为，丰富了用户之间的社交连接关系。2021年年底，用户自主创建了4亿多个歌单，日均创建62万个歌单。

用户可以在歌曲下面撰写评论，超过50%的用户边听歌边看评论（行业平均水平不足10%），"999+"乐评也成为判断歌曲热门程度的重要标准。2021年年底，网易云音乐累计产生4亿条乐评，用户日均生产150万条乐评，成为国内规模最大的乐评库。

在乐评功能的基础上，网易云音乐推出了点赞机制和精彩评论置顶功能，激励和引导用户自主创作内容。高质量的评论内容吸引了大量新用户，人们的听歌习惯得以逐渐改变，很多人从评论中找到共鸣。运营人员通过算法推荐等手段，引导优质音乐评论等内容的产生、发酵、爆发和沉淀。

通过海量的歌单库和丰富的乐评内容，网易云音乐逐渐成为国内领先的音乐内容社区，形成了浓厚的社交氛围，评论、动态等社交互动有效拉近了音乐人与用户、用户与用户的距离。

（4）产品成为沟通工具

一旦你使用某种沟通工具，就会吸引你的朋友也使用这种工具，以便相互联系。如果能使产品成为一种沟通工具，就像电话、QQ或者微信一样，那么产品就能自我传播、自动销售。

在使用微信时，用户可以把手机通信录里的朋友添加为微信好友，这个功能迅速把手机通信关系转变为微信关系，将通信运营商的用户转变为腾讯的用户，使微信的用户数量实现了爆发式增长。

## 案例　　　　　　　　报事贴变身沟通工具

3M公司开发的报事贴（Post-it）在刚进入市场时销售情况很差，于是公司准备放弃这个产品。最后关头，报事贴的产品经理说服了公司的总裁秘书，将一些报事贴寄给世界500强公司的总裁秘书。一夜之间，世界上最有影响力的公司里最有影响力的人都在传送便签——写着潦草留言的报事贴。真是歪打正着，报事贴竟然是个沟通工具！短短几个月，作为便捷的企业内部非正式沟通工具，报事贴流行起来。

（5）分享产品带来社会资本

我们的很多社会行为是为了经营自己的声望，提升自身的形象，给自己带来社会资本。如果发现一件好东西，或者觉得一件事情非常有趣、新奇、神秘、有争议，我们往往会主动分享给朋友，以增加自己的社会资本，显得自己很优秀。例如，社交电商拼多多提供拼团服务，用户邀请亲友拼团，就可以以低价购买优质商品。

> **案例**　　　　　　　　　　**老会员推荐新会员**

一位技艺精湛的厨师在芝加哥开了一家名为"Les Nomades"的餐馆。这家餐馆不对外开放，不接受陌生人订餐，只对会员开放。

怎样才能成为这家餐馆的会员呢？前500名会员是这位厨师原来所在餐馆的老客户，是他本人邀请来的。这些老会员可以推荐新会员加入。

当然，如果餐馆不怎么样，这个办法就没有作用。如果餐馆的菜品和服务都很好，那么对推荐人而言，餐馆为他们提供了一个利他的工具，为他们提供一个帮助朋友进入当地最好的餐馆的机会，餐馆通过这个方式让客户替自己做宣传。

> **案例**　　　　　　**滴滴红包：分享红包带来社会资本**

2014年年初，滴滴和快的进行了一场惨烈的补贴大战。在停止发放补贴之后，滴滴推出了"打车发红包"，把促销活动变成一个社交产品，利用社交的方式放大了传播范围。

在用户使用滴滴打车后，可以获得红包，并可将红包分享给朋友。这样做对朋友有好处，所以很多人都会把滴滴的红包发到微信群或朋友圈中。另外，人都有炫耀和联络朋友的需求，有时主动联系别人可能显得唐突，而发红包是一个很好的由头。

（6）方便分享

很多时候，如果人们没有用过某产品，就不知道自己是否需要它。如果产品的使用门槛比较高（例如需要劳神费时地下载、安装才能使用），人们就不知道该产品有什么好处、是否好用，也就不可能向别人推荐，因为这可能会给别人带来麻烦。

要想方便用户分享，就要尽可能降低产品的使用门槛。传统做法是让用户免费试用。互联网企业先给用户一个无须下载、性能稍逊的版本，让用户在不需要费时费力地下载程序、输入个人信息注册登录的情况下就可以轻松地了解产品。如果用户试用后感觉不错，他就会投入更多时间进一步使用，甚至花钱购买产品并推荐给别人。

Flip 生成的数字视频文件很容易分享，例如作为电子邮件的附件、分享到社交媒体上。摄像机内置的视频制作软件简单易用，用户几分钟就能制作一段视频贺卡，不仅可以在其中加入音乐和字幕，还能选择是否在片尾放上 Flip 的标志。由于用户体验很好，很多人乐意在贺卡后面加上 Flip 的标志，并用电子邮件把贺卡发给朋友，而这些视频贺卡都成了 Flip 的广告。

Dropbox 下功夫完善其推荐计划，保证从欢迎页面到发送和接受邀请的每个环节都简单有趣，让用户邀请朋友的过程轻松愉快，用户乐在其中，甚至迫不及待地向其他人推荐该产品。

现在，网络文章的页面上通常有一个用于分享的点击框，只要点击即可将文章发送给朋友，而分享功能已经成为 APP 的标配。

## 案例　　　　　　　　Ofoto 数字相册

在互联网发展初期，Ofoto 数字相册是产品具有分享功能的经典案例。不用将胶卷交给街头的商店，只需将数码相机上的文件传给 Ofoto，它就能给用户寄回漂亮的照片。用户可以免费将自己喜欢的数字照片放到网上的数字相册中，邀请朋友们欣赏。没有人看的相册将一文不值，一旦上传了照片，用户就会鼓动亲友上网观看，也就成了 Ofoto 的宣传大使。

例如，家长为孩子所在的足球队拍些照片，传到网上，告诉其他家长到哪里去找这些照片，如果其他家长非常喜欢这些照片，就有可能把它们买下来，这样 Ofoto 就有了新客户。

但是，用户通过 Ofoto 数字相册进行分享，还不够简单和方便。如果想上传照片，用户必须会使用数码相机上传文件，还要告诉别人自己上传了照片。如果有人想欣赏照片，他需要通过电脑上网才能看到照片。如果想购买照片，不仅需要输入姓名、地址，还要付款。总之，还是有点麻烦。

（7）刺激分享

刺激分享是指用利益诱导用户分享，例如发放优惠券、减免现金等优惠活动。

亚马逊经常开展"会员招揽会员"的促销活动，如果你告诉朋友到亚马逊买书可以节省 5 美元，那么你也可能得到 5 美元。

Dropbox 在首页放置了一个"获得免费空间"的点击框，只要用户邀请朋友注册 Dropbox，就可以免费获得 500MB 的容量。加上这个点击框不到 3 个月，Dropbox 的注册量就提高了 60%，每个月产生了 280 万个直接邀请，35% 的用户来源于这种朋友邀请。

---

## 案例　　　　　　　　博报堂的有奖贺年卡

日本人互寄新年贺卡的潮流是广告公司博报堂制造的。人们在邮局购买有奖贺卡——信封和邮票已经配好，寄贺卡不用再花钱。当寄出贺卡时，同时寄出了一张彩票，如果收卡人中奖（奖品通常是自行车、收音机等），寄卡人也会得到同样的奖励。寄出的贺卡可以让朋友高兴，寄卡人也会因此而高兴。

1998 年，1/4 的日本人曾经收或寄出至少 1 张博报堂贺卡。博报堂通过在每张卡片上销售广告位获益丰厚。

### 案例　　Zynga 网页游戏：依托社交平台，注重关系传导

美国社交游戏开发商 Zynga 曾为 Facebook 开发《德州扑克》《开心农场》《咖啡世界》《你画我猜》等网页游戏，这些游戏的页面上设有"邀请"点击框，用户邀请好友加入就能获得游戏中的虚拟货币。游戏设计注重吸引玩家开展人际互动、关系传导，利用社交平台 Facebook 的网络效应，促使已有用户去吸引新用户。

《开心农场》游戏上线 5 周，活跃用户数达到 2000 万，占了 Facebook 游戏用户的一半以上。

（8）强制分享

强制分享是指人们在使用某产品的过程中必须分享给别人才能继续使用。例如，答完题以后需要分享才能看到答案或得分，这种做法会让人不舒服，要谨慎使用。

### 案例　　强制用户分享

（1）《疯狂猜图》：求助朋友

在《疯狂猜图》游戏的页面上，上半部分是一幅图片，图片下面有一些空格，空格数量代表这幅图片的谜底是多少个字，再往下有一些备选文字，提示图片中的内容（如人物、成语、国家），但也包含一些干扰信息。玩家通过图片的内容来猜，需要思考才能解答，问题包罗万象，难度逐渐增加。页面的右上角有一个"求助朋友"的点击框，玩家点击以后就可以直接把当前页面截图发送到微信朋友圈，并附上要说的话。由于微信朋友圈是强关系，所以如果有朋友知道答案，就会帮助玩家。同时，这些朋友有可能下载《疯狂猜图》，以展示自己的特长，在朋友

圈中炫耀。

（2）《百度魔图》："草根"的明星梦

《百度魔图》是一款掌上美图工具，提供手机图片拍摄、美化、分享和云端相册存储的一站式服务。

独特的"PK大咖"功能可以把用户的脸与明星的脸进行比较，看看用户像哪位明星。这一功能是通过百度的人脸识别系统，将用户的照片与图片库里的明星图片做对比，得出用户与明星的相似程度。"草根"也渴望成为明星，这提高了这款工具的传播速度。

（3）《魔漫相机》：漫画自拍

《魔漫相机》可以将真人拍成漫画。在拍摄后，用户不能直接将照片保存到手机里，只有在朋友圈或微博上分享之后才能保存自己的肖像。漫画讲究神似，不认识的人看到漫画不知道这是谁，但熟悉的朋友仔细分辨就能认出来，这保护了用户的隐私，消除了人们对用社交媒体传播照片的恐惧感。因此，《魔漫相机》在朋友圈得到了大范围的传播。

以上几款网络产品具有如下共同特征。

一是操作简单。页面简洁，功能清晰，用户容易学习，老少咸宜，因而迅速流行起来。

二是强制分享。当用户使用基础产品后，需要分享产品或者推荐朋友加入才能继续使用后续增值服务。用户不分享也可以使用该产品，但是分享了就有好处，例如看电影没有广告、上直播平台可以送主播礼物、使用分答平台可以获得一定的免费次数或者时长等。这种做法的前提是基础产品足够好，能吸引用户先用起来。

## 二、产品外显化，让产品吸引用户

产品外显化，又称产品可视化，就是用户使用产品时，周围的人可以看见。这是产品流行的重要条件。

## 1. 外显产品能自动销售

显性消费，即看得见的消费、炫耀性消费，是可以彰显身份与地位的消费行为，是对外显产品的消费。外显产品，即具有外显性的产品，例如服装、汽车、手机、旅游、别墅、饮食、休闲娱乐、体育运动等。人们对外显产品的消费行为是公开的，容易被他人看见。外显产品是人们与外界进行沟通的工具，能够展示消费者的身份、个性和形象。与外显产品相对的是内隐产品，是指在私人场合自用的产品，用户不会介意他人的眼光，例如袜子、牙刷、牙膏、地板等。

消费外显产品能产生口碑效应与模仿效应，影响他人的购买决策。产品的外显性强，人们公开谈论它的可能性就大，口碑效应就强。对于外显产品，熟人、意见领袖的消费行为会直接影响人们的消费决策。例如，人们看见某明星穿的某品牌外套很漂亮，就有可能跟风购买。

## 2. 产品外显化的方法

产品外显化，就是提升产品的外显性，使私人的东西变得公开，容易被别人看见，利用人群的模仿效应与口碑效应实现产品的自动销售。

产品外显化的方法主要有 4 种：多曝光；外观独特；公开化；品牌化。

（1）提高产品曝光度

增加产品展现在公众面前的机会，包括产品名称、品牌 LOGO，以及二维码、网址、地址等，展示足够的线索，方便人们查找与购买。

①利用人们在公开场合经常使用的物品，制作可视性强的标识、礼品等，例如将品牌 LOGO 印在耐用的购物袋、T 恤、水杯、签字笔上面。这一点也要学习苹果，苹果笔记本电脑上的 LOGO，不仅醒目，摆放位置和角度还能让周围的人感觉舒服。星巴克为什么卖杯子？桌子上的星巴克杯子时刻提醒周围的人：不要忘了星巴克。

②鼓励消费者谈论分享产品，包括将产品分享在朋友圈、晒自拍照。

③吸引消费者与企业在线互动，鼓励人们创建相关内容、发表相关评论，

让更多的人对产品产生兴趣，例如开展与产品相关的线上比赛或活动、让消费者投票等。

提高产品曝光度，要大胆创新，匪夷所思的做法可能才是有效的方法，建议读者参考"病毒营销三部曲"之《感染力2.0》。

（2）产品外观独特

有些时候，核心产品本身难以外显化，可以在产品外观、外围服务等方面寻找外显化机会。

①标志引人注目。阿迪达斯的LOGO是三条杠，识别度很高。

②产品外观具有识别度。三精口服液是蓝瓶的，广告也提示消费者"认准蓝瓶的"；元气森林推出的"燃茶"，突出零糖零脂特性，瓶身上突出一个"燃"字，简单明了地告诉消费者产品卖点，包装设计简约时尚，第一时间吸引注意力；大众的甲壳虫、宝马的Mini Cooper等车型，宝马、Jeep车头格栅设计都具有识别度。

③产品配件独特。以前的耳机都是黑色的，苹果iPod最先使用白色耳机，既显得时尚，又具有外显性。每个iPod用户都成了产品的代言人，白色耳机成了iPod的代名词，一看见有人戴白色耳机，大家就认为他在使用iPod。

④服务过程外显。以送货过程为例，顺丰快递的送货车就很显眼。有家名叫"小丑鲜花"的花店，送花员打扮成滑稽可爱的小丑模样，走在街上会吸引路人的目光，让人们知道这家花店的品牌。

⑤使用动作外显。在微信的起步期，"摇一摇"这个功能吸引了很多用户。在传统的手机应用中，用户要点击按键来完成某个操作，而"摇一摇"这个动作不仅有点夸张，还挺有趣，让人好奇，所以吸引了很多人参与。试想一下，在大多数人还不知道微信的时候，有人在朋友面前使劲摇手机，这个奇怪的动作肯定会成为人们谈论的热点。

⑥使用声音外显。典型案例是滴滴打车，在晚上加完班准备回家的时候，办公室里"滴滴一下，马上出发"的声音就此起彼伏。

（3）使隐秘的事情公开化

如果你想鼓励某种行为，就要尽可能提升这件事情的外显性和公开性，使隐秘的事情公开化，让人们知道大部分人都在做这件事情。如果人们能看到别人的行为，就可以提高这种行为发生的概率；反之，如果要禁止某种行为，就要让公开的事情私人化。

## 案例　　　　　　　　　　南希的反毒品运动

20世纪80年代，在罗纳德·里根执政期间，第一夫人南希·里根在美国组织开展了一项青少年反毒品运动"不"。该运动是一个公益广告宣传活动，旨在减少青少年的吸毒行为。由于孩子们经常会被朋友或陌生人以各种形式引诱吸食毒品，所以，应当让孩子们知道怎样拒绝毒品，学会抵制毒品的诱惑。

但是，这场声势庞大的反毒品宣传运动却以彻底失败告终，这些广告并没有使青少年减少吸食毒品——12～18岁的青少年看过广告后，吸食大麻的欲望反而增加了。为什么会这样呢？因为这些广告将吸食大麻这件秘密的事情公开化了。

## 案例　　　　　　　　航空公司的常旅客飞行计划

航空公司经常利用"常旅客飞行计划"来培养顾客的忠诚度。可是，人们的飞行习惯是私密性的，平时几乎没有机会与他人提起，也很少有人了解他人的飞行习惯。该怎么办呢？如果发生了某些特殊的事情，乘客又希望夸耀一番时，他就会与朋友们说起此事。例如，用飞行里程让全家人享受免费机票，航空公司允许人们转让、交换飞行里程等。

某航空公司曾经举办了一个活动，在一次商务旅行者云集的大会上宣布："如果你能在本次会议上找到和你的飞行里程数相同的人，我们会奖励你们每人100万千米的里程。"转眼间，每个人都扭头去询问别人的飞行里程，该航空公司一次又一次被人们提起。

（4）塑造高端品牌

人们将时尚品、奢侈品作为社会证明，来展示自己的身份、地位、形象或个性。企业要塑造品牌的社会价值，制造稀缺、排他的身份识别效应，提升识别度，满足人们的虚荣心。

奢侈品品牌的识别度往往很高，人们很容易认出来——LOGO醒目，具有独特鲜明的设计风格，形象统一。如果奢侈品无法被人们从众多物品中识别出来，那购买者岂不是白花钱了？例如，博柏利（Burberry）的产品图案都是格子状的，人们很容易就能发现某人使用了该品牌产品，如果采用10种设计风格，人们就很难识别了。

# 第四部分

## 宣传价值
## 实现自动销售

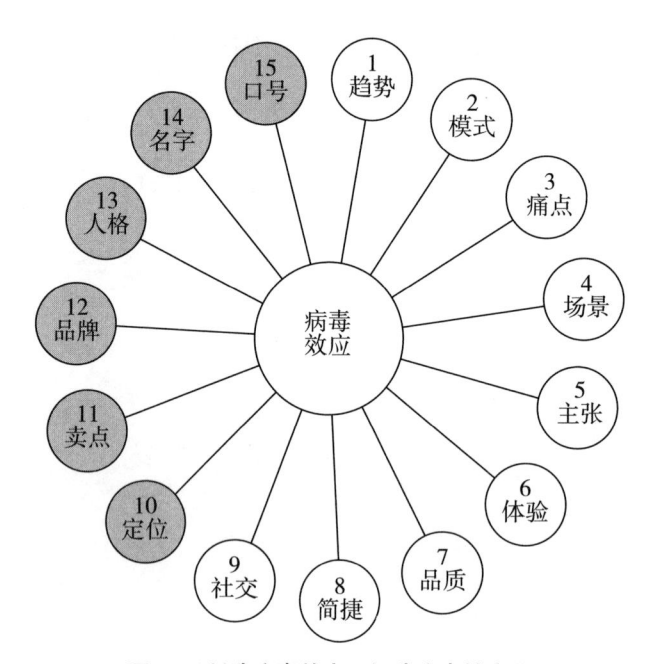

图 17　制造病毒效应，打造病毒性产品

第四部分介绍怎样宣传价值、实现自动销售，包括 6 个秘诀：打造心智定位、打造产品卖点、塑造品牌价值、品牌人格化、起个好名字、设计品牌口号（如图 17 所示）。

## 秘诀 10
## 打造心智定位

对于新品牌、新产品，企业可以使其成为某个新品类或新特性的代表，在消费者心智中占据一个位置。企业还要减少客户购买顾虑，建立客户信任，降低客户的购买风险，使客户快速购买。

### 一、打造心智定位的原理与方法

企业要影响消费者心智，让消费者建立心理认知，就要设计价值主张，提供购买理由，减少购买顾虑，从而简化购买决策过程。

设计品牌（产品）的价值主张，给消费者提供购买理由，方法之一是打造心智定位，本章阐述打造心智定位的原理与方法。

作为价值主张别称的"价值定位"是广义的"定位"，本部分是关于打造心智定位的"定位"，是狭义的，特指里斯和特劳特提出的"定位理论"，前者包含了后者。

#### 1. 打造心智定位的原理

我们的大脑通过简化、走捷径来提高效率，归类就是大脑提高信息处理效率的基本方法。当我们接触到一个新物品、新信息、新体验时，总是倾向于将其归入某个熟悉的类别之中，在少数情况下我们会感到意外并创造一个新类别。

大脑能够储存无数的类别，但同一类别内的信息是有限的，因为同类别信息在记忆中具有竞争关系。当你想到某个类别时，通常只有少数几个信息会第一时间在头脑中浮现出来，其他信息则很难出现。

美国营销专家艾·里斯（Al Ries）和杰克·特劳特（Jack Trout）于1969年提出了著名的定位（Positioning）理论。

所谓定位，就是让品牌（产品）成为某个品类或品类中某个特性（子品类）的代表（唯一或者第一），使其在用户心智中占据一个位置。例如，加多宝是"红罐凉茶"，香飘飘是"杯装奶茶"，拼多多是"拼团低价"，唯品会是"特卖"，借呗是"手机贷款"，知乎是"答案"，豪华汽车品类中奔驰代表"豪华经典"，宝马代表"驾驶乐趣"，沃尔沃代表"安全"，特斯拉代表"科技"。

所谓品牌定位，就是确定品牌在品类中的位置。定位是基于消费者心智的差异化竞争策略，使品牌在消费者心智中占据一个位置（概念），从而使消费者节省决策的精力与时间，简化购买决策过程，实现快速购买——当消费者产生相关需求时，就会将该品牌作为首选，自发主动购买。

可见，定位就是创新产品，要么创造一个新品类，要么创造一个新特性（子品类）。当品牌创造了一个新品类时，该品牌就是领导品牌，甚至成为品类的代名词——施乐就是复印机，全聚德就是烤鸭，喜之郎就是果冻，汇源就是纯天然果汁，百度就是中文搜索，腾讯就是即时通信，阿里巴巴就是电商平台，东阿阿胶就是滋补国宝，等等。

## 2. 创造新品类的方法

创造新品类，就是证明自己在品类中的优势地位，具体方法包括强调销量、高端、领导者以及比附领导者等。

①强调销量，占据品类位置，例如：

- 波司登羽绒服：畅销全球72国
- 猿辅导：全国累计用户突破4亿
- 加多宝凉茶：全国销量领先的红罐凉茶
- 瓜子：二手车领军者，成交量遥遥领先

- 新日：电动车行业冠军，连续四年销量世界第一
- 香飘飘——杯装奶茶开创者，连续7年销量领先，一年卖出3亿多杯，杯子连起来可绕地球一圈

②强调高端，区隔竞争对手，例如：

- 雅迪：更高端的电动车
- 飞鹤：高端销量遥遥领先
- 美尔凯特：高端厨卫吊顶
- 良品铺子：高端零食，连续3年全国销售领先
- 竹叶青：高端绿茶，连续10年高端销量遥遥领先
- 安吉尔：高端净水专家；高端净水器；安吉尔销量领先

③强调品牌在品类中的领导地位，例如：

- 爱玛：中国电动车领导者
- 诺贝尔瓷砖：中国瓷砖领导品牌
- 草晶华：新型中药饮片行业领军者
- 老乡鸡：中式快餐领先品牌

④比附品类中的领导品牌。当品牌不是第一的时候，就想方设法与领导品牌扯上关系，例如：

- 剑南春：中国三大名酒之一
- 珍酒：贵州三大酱香品牌之一
- 安酒：贵州两大历史名酒之一
- 青花郎：中国两大酱香白酒之一

## 3. 创造新特性的方法

如果品牌不能在品类中占据领导位置，毕竟行业第一只有一个，那就创造一个新特性（子品类）——做细分市场的老大，这比做品类老二、老三好。

创造新特性并占据领导地位，具体做法如下。

（1）直接创造一个新特性（子品类）

一种方法是在品牌名和品类之间加一个词，比如电信精品宽带、公牛安

全插座、巴奴毛肚火锅等。

另一种方法是给品类加一个限定词，比如，王老吉是预防上火的饮料，脑白金是看望老人的礼品，神州专车更加安全，ThinkPad 是商务笔记本电脑，唯品会是特卖网站，劲霸是男装夹克等。

（2）对品类进行细分，在细分品类中占据领导位置

例如，方太占领了抽油烟机品类的领导位置，老板电器便细分品类，占据"大吸力抽油烟机"子品类的领导位置。

（3）聚焦于细分客户群，占据领导位置

飞鹤：更适合中国宝宝体质，与强大的外资奶粉品牌相区隔。

今麦郎凉白开：更适合中国人的肠胃。怡宝是纯净水老大，农夫山泉是天然水老大，百岁山是矿泉水老大，但今麦郎更适合中国人喝。

### 4. 心智定位的实施要点

（1）建立品牌认知

通过强调"销量""高端""领导者"，定位帮助品牌在消费者心智中占据一个品类（或子品类）的领导位置，让消费者知道品牌是做什么的，卖什么产品。对于没有知名度的新品牌，品类地位能为其背书，让消费者产生信任和消费信心。对于没有领导品牌的行业，消费者有需求却难以选择品牌，打定位广告就能吸引消费者眼球。

（2）饱和攻击，使定位落地

当品牌开创了一个新品类或新特性的时候，要大力开展内容营销（如广告）、事件营销（如借势、造势）、活动营销（如促销），制造消费者认知，使品牌定位落地——通过高频投放，用简单的信息不断冲击消费者的心智，让一个词或者一句话"霸占"用户的脑海。例如，脑白金的"收礼只收脑白金"、耐克的"Just Do It"，使品牌在消费者心智中形成一个概念，成为品类或者特性的代表。

（3）及时调整定位

企业要把握市场发展趋势，洞察消费者内在需求的变化，及时调整品牌定位。

> **案例**　　香飘飘奶茶的再定位：从品类转变为特性

香飘飘开创了杯装奶茶市场，其定位不是好喝、便宜、方便，而是热腾腾的奶茶所营造的暖心浪漫，如同情人节的玫瑰。

作为一种青年男女谈恋爱时喝的冬季热饮，香飘飘的消费场景比较窄。另外，有些消费者认为奶茶中有添加剂，不健康。多种因素导致奶茶市场逐年萎缩。

2015年，香飘飘将品牌重新定位——"小饿小困，喝点香飘飘"。在消费者的心智中，"小饿小困"是一种常态：下午三点，有没有"小饿小困"的感觉？早上没吃东西来到办公室，买了个面包，喝点什么呢？晚上加班，有没有"小饿小困"？熬夜看热门电视剧，有没有"小饿小困"？

凭借"小饿小困，喝点香飘飘"，加上"新西兰奶源加印度红茶，一年12亿人次都在喝"的宣传，香飘飘开创了新的特性，成功进行了再定位，市场份额有所回升。

（4）了解定位理论的局限性

定位理论的局限性有三个方面。

其一，定位只适合于新品牌发展初期。

定位理论认为，一个品牌只占据并代表一个品类，如果品牌延伸多品类产品，就会导致消费者心智混乱。所以定位理论反对企业经营多元化，反对品牌延伸。从这个意义而言，定位其实是企业战略。初创企业资源有限，实施定位战略，聚焦于一个品类发展容易获得竞争优势。

宣传定位与卖点只是在传递信息，主要作用是提升知名度。通过铺天盖地的定位与卖点广告对消费者进行洗脑，能迅速提高品牌知名度，短期内促进收入增长；如果停止打广告，收入增长就会停滞。

其二，定位不适合大企业。

根据企业成长规律，一个新品牌可能只有一款产品、几种规格，品牌就等于产品。随着企业发展壮大，它通常会开展多产品、多品类经营，这会导致品牌与产品逐步脱节。在这种情况下，不能只宣传某产品的定位，定位理论就失效了。例如，可口可乐不是"饮料领导品牌"，而是代表快乐与爽，当你想放松的时候，就会想喝可口可乐。

其三，定位不能建立品牌认同。

当品牌知名度越来越高，消费者已经了解品牌产品的功能，信任你的品质，如果还反复宣传定位与卖点，就会让消费者感到审美疲劳。如果耐克今天还讲产品品质、销量领先，你会听吗？年复一日地自卖自夸，并不能积累品牌资产。脑白金几十年就投资了一句广告语，加多宝十几年一直宣传怕上火、销量领先，虽然品牌知名度提高了，但宣传的边际效果递减，难以建立品牌认同。

定位广告喊"高端"并不能让消费者认同品牌，难以赢得客户的喜爱，只能给品牌带来高知名度和品类关联这种低级品牌资产，不能赋予品牌高端的形象，不能提升品牌的情感价值与社会价值。而情感与文化上的认同才能走心，引发用户参与、讨论，制造社会影响力，扩大需求规模。

## 二、减少购买顾虑

在很多情况下，即使产品能解决客户痛点、体验好、品质优、使用方便，消费者也未必会购买产品。消费者在做出购买决策时，尤其是对一些复杂、昂贵的产品，通常会存在一些顾虑。这时候，企业要提供决策支持信息，消除客户的担忧与顾虑，降低客户的购买门槛。

减少客户的购买顾虑，包括两个方面：建立客户信任；降低客户购买风险。

### 1. 建立客户信任

信任是交易的基础。

消费者总认为"无商不奸""商家说的是假的"，总害怕自己上当受骗。

对汽车、房子等复杂产品，消费者缺乏购买经验，决策的时间长，需要搜集大量信息，反复分析、比较、评价，甚至与家人、朋友进行集体决策。对B2B产品，企业的更换成本和机会成本较高，购买流程是一个复杂的理性决策过程，建立信任尤为重要。

建立客户信任的常用方法如下。

（1）利用模仿效应与从众效应

①销量。卖得好自然就是好产品，就是有品质保障的产品。比如"一年12亿人次都在喝的香飘飘奶茶"，"4亿人都在看的猿辅导"，"7亿人都在用的拼多多"，"中国每卖出10台大吸力油烟机，6台是老板抽油烟机"等，都是利用消费者的从众心理。

②产地。好的产地代表更正宗、品质更优。农夫山泉用产地千岛湖背书，"我们不生产水，我们是大自然的搬运工"；伊利、蒙牛用大草原的产地背书；光明来自上海，而上海代表着时尚、高端，所以光明做高端、时尚的牛奶。

③权威机构。权威的影响力很大，人们通常会下意识地顺从权威。央视的名牌节目展播、奥运会赞助商、国家队指定用品、行业协会奖项与专业媒体报道、第三方专业机构的认证、行业报告的客观评价等，都是很有价值的。例如，茅台获得巴拿马万国博览会金奖，90分旅行箱获得德国红点设计奖。

④明星或权威人物代言。当红影星、歌星担任代言人，知名专家设计等会产生一定的影响力，如某品牌产品的包装由日本知名设计师原研哉所设计。我们经常看到各种专家站台的营销活动，例如在健康讲座上，就少不了各种权威专家，包括名牌大学博士、三甲医院主任、××疗法传承人等。

（2）利用典型客户的示范效应

标杆客户的真实案例胜过千言万语。观看图片和视频比阅读文字轻松，并能够获得更加丰富的体验。典型客户实际应用场景的图片、几十秒的短视频具有强大的说服力。服饰店主让模特身穿衣服来展示细节，让客户更好地感受产品。

（3）展示实力

实力强大的企业才能一直陪伴客户成长，客户不会担心企业突然无法提供服务。

①历史悠久。时间是最好的品质证明，中华老字号、非物质文化遗产等，都是很好的时间背书。例如，王老吉凉茶始于清朝道光年间，西门子有一百多年历史，"国窖 1573"等。

②技术先进。人们总是迷信数字，可以用数字来表现技术的先进。1 亿像素的手机比 5000 万像素的手机卖得更好，百千米耗油 6 升比 10 升更受客户青睐，"零度保鲜"的冰箱、"每天只用一度电"的空调让人们觉得技术更先进。

③产能。产能是企业实力与品质的象征，尤其对于快消品而言，产能大就说明实力强、品质高、销量好。

④制造方法与材料工艺。比如厨邦酱油"晒足 180 天"，安吉尔 A6 净水器"美国原装进口陶氏滤芯"。

（4）提供产品知识

很多客户缺乏产品知识，所以购买时犹豫不决。他们乐意接受引导，企业要提供相关的产品知识，减少客户对未知的恐惧，让客户相信产品会带来好处和乐趣。例如，葡萄酒是一种难以选择的产品，潜在客户希望了解葡萄酒的相关知识，包括不同产区和不同酿酒方式的差别，如何为晚宴选择一瓶合适的酒，在不同场合、不同季节如何选择葡萄酒，由于他们缺乏相关知识与经验，所以在购买时犹豫不决。

（5）坚持开放与透明

控制与信任成反比，企业控制的越多，获得的信任就越少。封闭的企业企图控制消费者，反而很难走进消费者的内心。坚持开放与透明，诚实地面对客户，当出现问题时，及时与客户沟通，这样才能赢得客户的信任。

## 案例　　Salesforce：透明与真诚赢得信任

2005 年年末至 2006 年年初，Salesforce 遭遇了一系列严重的服务器宕机事故，其提供的 SaaS 服务的可靠性被质疑，各路消息被炒得沸沸扬扬，客户的信心开始动摇。

Salesforce 的应对举措是停止开发新功能，集中精力提高服务性能和可靠性，并将相关信息公开。Salesforce 建立了 trust.salesforce.com 网站用于展示 Salesforce 服务器的实时运行状态，包括最新的例行维护信息、交易和速度的历史信息、目前及最近的网站钓鱼和恶意软件报告、最新的安全技术和最佳的安全实践。Salesforce 告知现有客户、潜在客户及媒体记者，trust.salesforce.com 网站有他们需要的所有信息，公司不会隐瞒任何问题。

这种做法让 Salesforce 获得了舆论的主动权，也赢得了客户的信任。

**2. 降低客户购买风险**

（1）降低客户购买门槛

向别人提要求时，高手的做法是先提出小要求，再逐步提出更高的要求，这样对方比较容易接受。这种心理现象叫作"登门槛效应"。

消费者准备购买复杂、昂贵的产品时，通常会再三思考，介入度和行为门槛较高。一般的广告最多只能吸引几秒钟的注意力，往往无法让人们做出重大决策。在这种情况下，就要降低行为门槛，先让人们花时间知晓产品，再提高要求，逐步实现购买行为，具体方法如下。

①吸引人们参加各种推广活动。例如，新创企业通过赠送礼品让客户关注企业微信公众号；保险公司、理财公司举办专业报告会，邀请客户参加，顺便讲解自己的产品。

②刺激人们尝试，而不是购买。例如，楼盘广告通常先鼓励人们前去看房，而不是直接刺激人们买房。

③提供免费产品，让人们试用、试吃等。

（2）让客户放心

消费者总会有不安全感，害怕自己吃亏。因此，企业要降低消费者的"后悔成本"，通过设置购买后的"反悔期"等措施让客户放心购买。例如，承诺"不满意7天无条件全额退款""退货包运费"，而不是仅提供"7天内包换，3个月保修"。

美国鞋类电商美捷步（Zappos）就做到了让顾客100%放心。美捷步承诺"免费送货，365天免费退货"。顾客买了一双鞋，只要没有穿过，在一年内感觉不满意，随时都可以退货，退货运费由美捷步承担。尽管退货率高达25%，但美捷步却因为超预期的服务赢得了客户的口碑，60%的客户是回头客，25%的客户来自朋友或家人的推荐。

公司承诺赔偿损失，保险公司承保等，也能让客户放心购买。

## 秘诀 11 打造产品卖点

企业向客户宣传产品价值，关键是设计与传播产品卖点，就是结合产品的特性与优点，提炼产品能给客户带来的好处，并通过营销宣传活动向客户传递购买理由，以打动消费者，使其下决心购买。

### 一、卖点就是产品价值点、给客户的购买理由

"卖点"是"独特销售主张"（Unique Selling Proposition，USP）的简称，是指挖掘出来的产品利益及给消费者的购买理由。

卖点理论是美国 Ted Bates 广告公司创始人罗瑟·瑞夫斯（Rosser Reeves）在 20 世纪 50 年代提出的，是广告创意的经典理论。广告的目标是让消费者认知产品的卖点，使产品从竞品中脱颖而出，吸引眼球，最终说服消费者购买。

卖点与品牌都是制造消费者心理认知，给消费者购买理由。卖点是用独特的理性利益打动消费者，使其瞬时产生共鸣，以迅速实现销售。品牌是在消费者心智中形成长期认知，树立品牌形象，促进长期销售。

产品营销策划的重要任务就是设计价值主张（如卖点），给客户一个购买理由。传统的产品开发模式是先有产品，再臆想并强塞给客户一个购买理由。数字时代的新模式是先有购买理由——根据客户痛点设计价值主张（如卖点），再研发制造产品，这样才能实现自动销售。

## 二、打造产品卖点的方法

打造产品卖点的方法很多，笔者将其归纳为8种方法。这些方法的应用场景、侧重点各不相同，也存在交叉重合的情况。

### 方法1——强调利益（FAB法）

（1）强调利益，而非功能

人们购买产品，是为了解决自己的问题。营销宣传要注意克服知识诅咒效应，你是谁不重要，重要的是你能给消费者带来什么。

产品卖点是企业对消费者做出的利益承诺，是产品能给消费者带来的利益。企业要强调产品能给客户带来的利益（解决问题），而不是强调产品本身的属性，或者介绍产品功能，更不是把产品特色或公司的座右铭推销给客户。例如，某手机的卖点是"打造移动生态"，如果消费者想购买手机，"打造移动生态"和他有什么关系？

与客户切身利益有关的信息，能通过大脑的信息屏蔽机制进入客户的意识之中。例如，珍珠面膜突出"老公回家早"，高通8核处理器宣传"玩游戏快"，全自动洗碗机强调"节省时间"。

（2）FAB法

提炼卖点的常用方法是FAB法，也称作利益销售法。"FAB"指的是"Feature"（特征）、"Advantage"（优点）和"Benefit"（利益）。

特征（Feature）表明产品是什么，优点（Advantage）表明产品有什么用，利益（Benefit）是产品能给消费者带来的利益。基本逻辑是：因为……，所以……，对客户意味着……（如图18所示）。

F，是特征（Feature），代表产品支持点，表明产品是什么。

产品所具有的特性、属性，即产品的客观事实，是支撑并实现产品功能的元素，包括成分、技术、工艺、原材料、核心部件等。例如，桌子是木头做的，特征包括木头的材质、产地等；某品牌护发素含有多种精油，特征是

```
Feature(特征)        Advantage(优点)      Benefit(利益)
产品本身       →     工作原理       →     消费者获得
因为……               所以……               对客户意味着……
```

图 18  FAB 法

小分子精油容易被发丝吸收。

产品特征能够支撑产品功能，让消费者相信产品为何具有特定功能。

表达产品特征的内容通常有较多的技术领域用语，普通消费者难以理解。如果营销人员将沟通重心放在产品特征上，消费者可能觉得产品过于复杂，从而放弃购买。

A，是优点（Advantage），对同类产品而言，表明产品有什么用。

产品的功能与优点是什么？具有什么效用？例如，木头桌子环保、轻便、易于搬运；精油护发素能改善头发状况，让头发变柔顺。

B，是利益（Benefit），对消费者而言，表明对消费者有什么好处。

产品能给消费者带来的利益及好处，如手机可以提供"海量的免费影视资源"，精油护发素可以带来"美丽""自信"。

需要注意的是，不能将利益（Benefit）和优点（Advantage）混淆。优点是产品固有的，无论是谁购买，产品的优点（效用）不变；而利益是特定的，对不同的人，利益不同。

有些企业只宣传产品质量好、效果好、使用方便、安全、节能环保等利益，但语言缺乏说服力，人们不会轻易相信，企业必须要说清楚究竟是什么原因导致产品质量好、效果好、使用方便、安全、环保？

FAB 法就是按照从特征到优点、再到利益的逻辑设计卖点与宣传文案，利益的根源是特征，卖点是指产品的某个特征所带来的好处。要用具有逻辑结构的语言说服人们："桌子是木头做的，搬起来很轻便，所以使用非常方便。"

可见，单纯的产品特征没有用，只有当特征转化成利益的时候，才能成为卖点；只有当卖点比竞争对手更强的时候，才能形成"产品优势"。

表 1　FAB 法示例

| 产品 | Feature（特征） | Advantage（优点） | Benefit（利益） |
|---|---|---|---|
| 真皮沙发 | 真皮 | 柔软 | 舒服 |
| 汽车 | 12 缸发动机 | 0～100 千米加速时间为 8 秒 | 快 |
| iPhone 手机 | APP Store | 形成封闭生态 | 保护隐私 |
| SK-II 神仙水 | 含有 PITERA™ 成分 | 从根本上帮助肌肤恢复活力，让肌肤富有弹性、净白 | 皮肤晶莹剔透，个人状态好 |
| T 恤 | 纯棉质地 | 吸水性强，不会产生静电 | 柔软，不刺激皮肤，耐用 |
| | 网眼布织法 | 不易皱 | 透气，舒服 |
| | 小翻领 | 款式简单 | 自然，大方 |

### 案例　互联网产品强调客户利益

印象笔记（Evernote）是一款笔记管理软件，能帮助客户记录、安排事务。使用 Evernote 的好处就是"Remember Everything（为你记录一切）"。

推特（Twitter）在其官方网站上列出了自己能给用户带来的好处"Start a conversation, explore your interests, and be in the know（开始对话，探索你的兴趣，以及掌握一切信息）"，而非其所具有的功能。

Nest 恒温器的宣传语很简单，清楚地告诉客户使用 Nest 的好处是"Saving energy is a beautiful thing（节能是一件炫酷的事）"。

领英（LinkedIn）的口号是"Be great at what you do（在你的领域成为最佳）"。

### 案例　快消品的卖点设计

近年来，市场上畅销的快消品品牌都是卖点设计专家。

（1）养生堂：卖点鲜明

养生堂旗下品牌拥有鲜明的卖点，并通过广告宣传不断强化卖点。农夫山泉的卖点是天然水、水源好，"农夫山泉有点甜"，"好水喝出健康来"；母亲牛肉棒的卖点是有营养，"一根母亲牛肉棒等于一块牛排"，"一根22克母亲牛肉棒等于一大杯牛奶或50克新鲜牛肉"。

（2）王老吉：怕上火，喝王老吉

王老吉凉茶品牌创建于清朝道光年间，已有近两百年的历史，但是在2002年以前，王老吉只是广东的一个地方性小品牌。

广东的凉茶品牌五花八门，人们认为喝凉茶能够去火、清热、解暑。2002年，王老吉打出"怕上火，喝王老吉"的口号，风靡全国。"预防上火"的卖点和其他竞争对手的"清热解暑"形成差异，极大地扩展了消费人群。

2002年王老吉实现销售额1.8亿元，2007年实现销售额70亿元，2011年销售额达到160亿元。9年时间，王老吉的销量超过了可口可乐在中国的销量。

（3）营养快线：早餐来一瓶，精神一上午

作为娃哈哈旗下的一款单品，营养快线于2005年上市，2011年销售额150亿元，2015年销售额494亿元，成为中国市场上销量最大的饮料单品。除了"牛奶+果汁"的产品创新以外，营养快线针对早上来不及吃早饭的年轻人，打造卖点"来不及吃早餐，就喝营养快线"，快速占领了市场。

（4）六个核桃：经常用脑，多喝六个核桃

2005年，河北养元保健饮品公司推出核桃蛋白饮品六个核桃，卖点为"经常用脑，多喝六个核桃"，2011年销售额30亿元，2015年突破150亿元。

## 案例　　小米手环：一个月不充电

在普通手环使用一个星期电量就耗光的情况下，小米手环的卖点是"一个月不充电"。为了省电，小米公司内部组织了5个团队相互竞争，分别设计了5种芯片解决方案，最后选择了其中效果最好的方案。为了省电，小米手环去掉了屏幕。

市场上的主流手环价格在 699～899 元，而小米手环定价为 79 元，仅为竞品的大约 1/10。小米手环上市 8 个月，销售 600 万只，大获成功。

**方法 2——针对客户的焦虑**

营销宣传针对消费者生活中的焦虑，容易打动消费者，实现自动销售。

想象一下，你接到一个任务——为某品牌汽车撰写广告，品牌方提供的背景材料是：目标客户是 40 岁左右的中产阶层；汽车品牌形象好，准豪车品牌；新款车型、价格实惠；起步加速度快，性能接近跑车；很省油；折旧率很低，保值；越野能力强，能穿越泥泞和冰雪路面。

普通文案是这样的：一位成功的企业高管，白天开车急速飞驰，把路上其他车甩在身后，高效率地开会、洽谈，赢得一大把订单。周末，他带着老婆孩子穿越山林，快乐地郊游。

这种广告很美好，但是人们却没有阅读的欲望。

这是 20 世纪奥斯汀汽车（Austin）给奥美广告的任务。

奥美的奥格威接过任务以后，他的出发点不是汽车，而是洞察消费者的内在需求。想象一个中年男人，中产阶层，中型企业的中高层员工，他每天早晨睁开眼睛，最让他焦虑的事情是钱，你想和他聊汽车性能，他没有兴趣。

奥格威认为，目标客户脑子里考虑的是这些事情：

中年人 45 岁，那么父母衰老多病，医疗要钱；

孩子 15 岁，想接受好的教育，要钱；

自己是中高层，年纪不小了，开的汽车不能太差，而买好车要钱。

所以，你的文案跟他聊汽车，他没感觉。你应该与他聊生活，把话题从汽车提升到破解人生焦虑的层面。

据此，奥格威写下了这样的文案标题：

"我用驾驶奥斯汀汽车省下的钱，送儿子到格罗顿学校读书。"

文案的前半部分如下。

最近我们收到一位曾在外交领域建功立业的前辈的一封信。

"离开外交部不久，我买了一辆奥斯汀车。我们家现在没有司机——我妻子承担了这个工作。每天她载我到车站，送孩子们上学，外出购物、看病，参加俱乐部聚会。

"我好几次听到她说：'如果还用过去那辆破车，我可对付不了。'

"而我本人对奥斯汀车的欣赏更多是出于物质上的考虑。一次晚饭的时候，我发现自己在琢磨：'用驾驶奥斯汀汽车省下的钱可以送儿子到格罗顿学校读书了。'"（注：格罗顿是美国著名的重点高中。）

亲爱的读者们，您可能会觉得我们这位外交官先生太夸张了吧。其实不然，根据下面的事实您可以自己算一算：

①您现在只要花 1795 美元（包括 250 美元的额外配件）就能买到新款的奥斯汀默塞特豪华车，非常合算；

②美国的汽油是每加仑 60 美分，因此我们要研制出更省油的车，新款奥斯汀车每加仑油可以跑 30 英里，如果开慢一点更省油；

③油箱里可以加 10 加仑的油，能行驶 350 千米——从纽约出发不用加油可以开到弗吉尼亚州的里士满。

就我们的估算，奥斯汀使您的总费用下降近 50%。

今天，奥斯汀品牌已经消失了，但当时奥格威这篇广告助力奥斯汀在美国市场上大获成功。

如果你销售种植牙，常规文案的标题是"装上种植牙，我能啃排骨吃猪蹄"。除了吃饭，老年人更大的焦虑是什么？一篇《你生二胎我来养》曾经引发热议，讲的是一个老太太种好牙，饮食规律了，肠胃调养好了，医药费少了，她终于说服女儿生了二胎，因为自己身体好，少花医药费，而且有体力带两个娃！从吃饭吃菜，提升到多子多福、传宗接代，种植牙的吸引力就更大了。

如果你推广围棋培训课程，怎么写文案呢？4~10 岁孩子家长最大的焦虑是什么？北京某围棋学校的文案是：孩子以前多动，上课不听讲，老被老师投诉；自从学了围棋，小屁股能坐得住了，一坐半小时，学习成绩也上来了，而自己也不用天天跟在孩子后面，上班辛苦了一天后，终于有时间玩摄影、读读书了。

**方法 3——极端化**

好的卖点，要别出心裁，与众不同，让人眼前一亮——发现唤醒消费者心智的独特机会，并占领消费者心智。

卖点必须是独特的，是竞争对手没有的、做不到的，或者是竞争对手有，但没有说出来的。

我们生活的这个世界，从来都是"极客"的世界。我们做任何事情，都应该做到极致。唐德宗年间，张光晟叛乱，后来投降，最后也没有逃脱被处死的命运。他临死前说："传语后人：第一莫做，第二莫休。"这句话后来演变为成语"一不做，二不休"。

人们往往只能记住"第一"，比如人们大都知道世界第一高峰是珠穆朗玛峰，却很少有人知道世界第二高峰叫什么名字。极端才能进入大脑，"第一""最"容易抓住人们的眼球，让人们印象深刻、津津乐道。世界纪录，以及"最大""最快""最好""最坏""最酷"等，都是基于比较的，即与其他明显不同，甚至只有一个；而人类有猎奇之心，总想挖掘"第一"背后的秘密。

所谓极端化，就是将产品的某方面突出到极致，让人记住。企业可以发掘自己在信誉、历史、工艺、质量、技术、销量、发展潜力、地域等方面的特点，使自己在某个方面独占鳌头或者名列前茅，制造"第一"或者"世界纪录"，甚至制造一些表面的、虚拟的特点，让人印象深刻，例如，"最贵""最便宜""最老""最新""最快""最慢""最热""最有效""最大声""最艰难"。崂山白花蛇草水定位为"中国最难喝的饮料"，轻松引起市场轰动。

产品策划必须避免中庸，要想方设法让产品在某个方面形成极端：如果不能"最快"，"最慢"也行；如果不能"最重"，"最轻"也行；如果不能"最安静"，"最吵闹"也行。

创造产品的极端概念，需要放飞想象力，创意至上。如果你在一个队伍里跟着大家统一行动，就很难凸显自己；但如果你在一个队伍里倒着走，你就成了"倒着走的第一人",就成了"第一"。如果要把"最快"的那辆车比下去,可以换个角度定义"最快",例如"0～80千米加速最快"等。宝马的Mini Copper就是"最小",尽管大部分人可能不接受"最小"这个概念,想想开着小车挤在一群气势汹汹的越野车里面,感受就很特别,但确实有一小部分人喜欢"最小",这就足够了。

### 案例　MacBook Air：最薄的笔记本电脑

2008年1月,苹果公司发布了全新的超薄笔记本电脑MacBook Air。当时,乔布斯只带了一个牛皮纸信封就走上了发布会的舞台。观众在鼓掌时难免有一丝失望——一个薄薄的信封里能有什么新产品呢?等到乔布斯从牛皮纸信封里把笔记本电脑抽出来的时候,全场欢声雷动。谁也想不到,笔记本电脑会这么薄,薄到可以放在一个牛皮纸信封里面。薄就意味着重量轻,这对经常出差的商务客户而言非常重要。在后来的电视广告里,只有一个简单画面:从牛皮纸信封里抽出来一台笔记本电脑。无须明星代言,这个过程清楚地传递了一个信息:MacBook Air是全世界最薄、最轻的笔记本电脑。

### 案例　奇虎360：全玻璃摄像头

奇虎360做摄像头的时候,发现小米摄像头的宣传文案是"全玻璃摄像头",市场反馈很好。

其实,所有的摄像头都是玻璃镜头。营销人员先参考小米,给周鸿祎一个全玻璃镜头的文案。周鸿祎问"那我们与小米之间有什么不一样吗?"营销表示:"我们是五片,小米是四片。"周鸿祎表示,那就写上,第二稿"五片全玻璃镜头"文案就出来了。为了能够比小米好一点,他们又在文案里加上了"五片光学全玻璃镜头";为了展现出透光性好,最终文案是"五片全光学超高清透光玻璃镜头"。

### 方法 4——突出比较优势

大卫战胜歌利亚是一个著名的以弱胜强的故事。身体弱小的大卫怎样才能战胜强壮的歌利亚呢?大卫出征前,大家都劝他穿上更厚的盔甲,但是他认为,穿上盔甲是弥补自己身材小、防御弱的劣势,这不会改变结果——更厚的盔甲可以帮他多挡几下续命,但无法扭转战局。他真正要做的是发挥长板,而非弥补短板,即发挥自己移动灵活、速度快、投射准的优势。所以,大卫脱下盔甲,充分发挥自己速度快的优势,进行远程投石攻击。这样一来,歌利亚身材高大的优势反而成了劣势——靶子更大。最终,大卫战胜了歌利亚。

同质化时代,吸引消费者眼球的有效方法是扬长避短、突出比较优势。也就是说,要创造一个对自己有利的场景,使自己的优势最大化,使自己的劣势变得不那么重要,而不是想方设法去弥补劣势。

人无所舍,必无所成。许多人碌碌无为,不是因为没有能力,而是因为"擅长"的东西太多导致精力分散。其实,只要能清醒地认识自我,知道自己的优势和劣势,给自己一个合适的定位,扬长避短,将精力和目标聚焦在适合自己的领域,充分发挥自己的特长,就能成就一番事业。

---

**案例**               神州专车的宣传目标

产品在不同的发展阶段,竞争对手不同,营销目标也不同。在专车行业起步时,神州专车面临的问题是"人们不习惯乘坐专车",竞争对手是出租车、地铁等交通工具,营销目标是呼吁人们乘坐专车。随着专车行业逐渐成熟,神州专车的竞争对手就变成了优步(Uber)、滴滴等其他专车公司,营销目标也相应改变。优步专车采用平台模式,司机来源广泛,可能是投资人、夜店歌手,也可能是退休的老大爷,在乘车过程中经常发生有趣的事情。而神州专车的司机全是专业司机，给人一种安全、稳定的感觉。于是，神州专车便强调自身的"安全"优势，呼吁"坐专车就要坐安全的"。

## 案例　　　　三一集团：将服务打造成卖点

三一集团原董事长梁稳根非常重视服务："用偏执的态度，穷尽一切手段，将三一的服务做到无以复加的地步。"

从2008年开始，三一集团每年将销售额的5%～7%投入服务资源建设，推出"服务价值承诺""服务速度承诺""服务资源承诺"等举措，成功打造了"中国挖掘机服务第一品牌"的独特卖点，超越众多对手，步入发展的快车道。2010年销售挖掘机11985台，2011年销售20614台，销量居全国第一，颠覆了国内市场外资品牌独大的格局。

## 案例　　　　A齿轮公司：将品质优势打造成卖点

A齿轮公司是拥有50多年历史的国有汽车齿轮专业公司，一直位居行业前三名。由于很多民营企业以低价格、高赊销、快速反应的优势参与市场竞争，A公司的销售额急剧下滑，市场排名跌出了前十名。

通过市场调查发现，A公司齿轮的使用寿命至少1年，而竞争品牌只有6个月。按1个用户1年计算，每年使用A公司齿轮能比使用其他齿轮节约2400元。于是，A公司决定将品质优势作为卖点，大力宣传"比一比，算一算，贵了200也合算"，"贵200，赚2000"，同时提供让用户信服的证据——第三方权威实验机构的检验报告显示，经过100万次循环测试，A公司齿轮没有任何损坏，而行业标准是30万次循环为合格，50万次循环为优秀。

不到4年时间，A公司齿轮不断超越竞争品牌，销售额由2亿元增长至10亿元，重返国内市场前三名。

### 方法 5——化劣为优

化劣势为优势，把竞争对手的优点变成缺点，例如：

可口可乐宣传自己是百年传承正宗可乐，百事可乐宣传自己是"年轻一代的选择"；

京东通过相同的定价、更快的送货速度和更优质的产品，与阿里巴巴竞争；

国际奶粉品牌达能、雀巢的优点是国际化、专业和安全，飞鹤奶粉定位为更适合中国宝宝，把本土品牌的缺点变成优点；

武汉市江汉路上有家烤肉店门口有一棵大树，老板将店命名为"被树挡住的烤肉店"。

### 方法 6——打造特殊概念

打造特殊的产品概念，面对消费者心智反复宣传，也能让人印象深刻。

（1）地域

一个地区的自然环境资源、发展历史和文化，往往会造就在某些领域的特殊优势，如瑞士手表、法国香水与红酒、意大利时装、德国汽车、贵州酱香酒、阳澄湖螃蟹、五常大米等。善用被消费者认同的地域联想，可以节省传播成本，例如中国人在意大利注册服饰品牌、温州产品以上海品牌的面目亮相等。

（2）特定人群

娃哈哈酸奶面向儿童，达能、光明酸奶面向成人；奔驰汽车比宝马汽车更适合年长、稳健的商界成功人士，沃尔沃不仅代表安全的品质，还是"低调知识精英"的选择；舒肤佳是"爱心主妇"的选择。

（3）价格档次

让消费者记住品牌的档次和相对价格，可以简化购买决策过程。例如，海尔电器在国产品牌中价格相对较高，而格兰仕则追求"价廉物美"。

（4）销售渠道

欧莱雅旗下的薇姿化妆品只在药店销售，让人觉得安全、专业。

（5）独特功能

空气炸锅的原理是高温脱水，这不同于传统的烹饪方式，无油健康的特点成功抢占了年轻人的心智。

### 方法7——利用心理账户，改变产品品类

人们对不同的事物有不同的价格预期，也就是具有不同的心理账户。两千元的衣服给自己买觉得贵，送给心爱的人作为生日礼物，就会毫不犹豫地购买——这是由于人们把这两类支出归到了不同的心理账户，前者是使用功能，后者是情感维系。

企业要分析目标客户具有哪些心理账户，舍得在哪个账户上花钱，在此基础上，对产品进行情感化包装，改变产品品类，让其满足与类似产品完全不同的需求，为客户找一个冠冕堂皇的花钱理由，弱化花钱时的愧疚心理，从而把原本低价的产品卖到高价。

这样的例子不胜枚举：

黄太吉把传统小吃煎饼转变成快餐，一个煎饼20元偏贵，但一顿快餐20元就不太贵；

Zippo打火机把日常用品转变成工艺品/礼品，一个打火机500元偏贵，但一个"送给男朋友的礼物"500元就不太贵；

猫王把收音机转变成工艺品，一台收音机2000元偏贵，但一件复古工艺品2000元就不太贵；

陈克明把挂面从"农副产品"转变成像方便面一样的标准快消品；

真功夫把快餐转变成中餐；

小罐茶把农产品转变成礼品；

东阿阿胶把养生品转变成礼品。

### 方法8——价值易感知

消费者既不是为产品成本付费，也不是为产品价值付费，而是为产品的"价值感"付费——消费者对价值的感知才是关键。但是，产品价值通常是内

在的、隐性的，比如产品应用了什么先进技术，拥有多少专利，品质管控多么出色等，消费者往往难以快速认识到产品的价值点。

只有被感知到的价值才是价值，感知价值是销售的前提。不要与客户争论价格，而要向客户展现价值。在客户不了解产品价值之前，任何价格都偏高，所有的打折、赠送等促销活动都是浮云！

---

## 案例　　　　　　　　　　故事：齐白石买白菜

齐白石问菜贩："一车白菜多少钱？"

菜贩答："十元"。

齐白石说："我给你画幅白菜，换你一车白菜，行不行？"

菜贩不知道齐白石画作的价值，很不高兴地说："你这老头儿真不讲理，竟然想拿假白菜换我的真白菜！"

企业要向客户传递易感知的价值感，比如科技感、美感、专业、安全、体验等。科技不等于科技感，美不等于美感。2021年，蔚来对女性消费者的调研发现，她们认为蔚来车具有科技感，一个原因是蔚来的中控台上有个小机器人，可以跟车主聊天，做各种表情、摆头等，而不是让司机对着屏幕聊天。

产品使用体验要符合消费者的常识。例如，在用磨砂洗面奶洗脸时，你会明显感觉到摩擦，真切地感受到面部的油腻、脏污等被洗干净了。再如，用薄荷牙膏刷牙时那种清凉的感觉，会让你觉得用这种牙膏刷牙是一个清洁、杀菌的过程。

某运营商策划的手机卖点是绿色、无辐射，但消费者无法感知。后来，该运营商对几种网络制式的手机进行现场对比实验，邀请意见领袖、标杆客户现场操作体验，让客户直观地感知该手机的价值特点。

网络安全产品能够保护客户网络免遭攻击。但是，防住了客户不知道，没防住客户却知道，这就需要实现防护效果可视化，及时通知客户：制作防攻击的流量图，展现安全防护过程；定期提交纸质的安全防护报告等。

奇虎360善于让消费者感知抽象的价值。360安全卫士的电脑体检、开机自检等功能，将复杂抽象、难以感知的电脑健康状况简单量化，用户使用360软件后会发现电脑的得分提高了，从而清楚地感受到产品的价值。360手机助手的悬浮窗集成了一键清理、快捷开关等功能，手机屏幕上有一个小精灵，平时不影响用户界面；当手机内存占用过多时，小精灵就会变成红色，用户轻轻一点，进行手机清理后，小精灵就会变成绿色。这种设计既能让用户感知到手机助手的价值，又不会影响用户正常使用。

公益品牌粉红丝带发起过一系列宣传预防乳腺癌的活动。它与服装品牌合作，将服装店的模特衣架未套衣服就展示在商场里、店门口——这些衣架模特都只有一个乳房。这种直观的后果展示，比科普文章更让人深刻意识到及早预防和发现乳腺癌的重要性。

## 案例　伟哥：让消费者感知价值

伟哥万艾可被誉为20世纪最伟大的发明之一，它让无数男人重振雄风。伟哥的蓝色小药片非常独特、显眼。辉瑞医药创造了"四级硬度"的概念，用小黄瓜、香蕉、剥皮香蕉和豆腐四种食物区分阴茎勃起时的硬度，形象地说明了伟哥的功效，把难以感知的事情变得容易感知了，使产品价值容易被消费者认可。

2015年，女版伟哥阿迪依获得美国食品药品管理局（FDA）批准上市。阿迪依的药片是粉色的，与伟哥的蓝色一样显眼。但是，阿迪依的原理是通过改变大脑内神经递质的分布来提升女性的性欲，这种说法就不知所云了。

## 案例　运动鞋品牌：概念可感知

运动鞋品牌的产品材质、性能都差不多，营销关键在于包装令人兴奋的概念，让消费者感知价值。

耐克的气垫跑鞋，鞋底的一部分露出了透明空气柱，让人感觉"脚下踩着空气"，以此来展现它的缓震能力。阿迪达斯的 Boost 跑鞋将缓震材料外露，消费者能看到、摸到那些柔软、有弹性的橡胶颗粒。

## 三、提炼营销目标、宣传卖点的实操要点

企业要基于产品卖点，提炼营销目标，撰写内容，策划事件，制作各种宣传物料，如产品海报、详情页、产品介绍视频、推文、种草笔记等。

提炼营销目标、宣传产品卖点的实操要点如下。

### 1. 生活化

根据布罗代尔定律，营销语言应该描述产品怎样改善消费者的生活或工作，要避免使用技术语言，远离技术参数和产品规格。但在现实中，很多产品的宣传语和文案都在强调新技术、新功能，这说明该产品只是提供了一些新选择，不能给人们带来自由与便利，满足的通常是弱需求。例如，某电视机品牌聚焦于产品，宣传液晶面板、等离子、量子点、全矩阵背光、高刷屏等大多数消费者听不懂的技术，这样自话自说，没有人会感兴趣。

如果品牌融入了人们的生活，让人们觉得它不可或缺，它就成为人们生活的一部分。例如，电视机的广告可以展现晚餐后全家聚在一起的温馨和放松，或者电视为人们打开一扇看世界的窗户，让人们感受世界的广阔与精彩。许多牛奶品牌、装修品牌、家电品牌、汽车品牌的广告通常以美好生活为叙事背景。奈飞（Netflix）的宣传语是"加入奈飞，看 DVD，马上看"——没有使用技术词汇，而是使用了简单、直接、带有情感的语言"马上看"。

你的产品怎样改善人们的生活？能让人们的生活更轻松、更有趣吗？能让人们的工作效率更高、让工作变得简单吗？这样的营销语言容易激发人们的想象，产生代入感，让人们感觉真实可信，促使人们购买。

## 案例　　　　　　　　　　IT 产品的宣传文案

（1）无线路由器

● 速度是现有产品中最快的。

● 视频流不仅能从互联网到电脑，还能从电脑到电脑，从电脑到电视。

● 你可以在电视上欣赏家庭照片，通过音响播放电脑中的音乐。

注意：不要谈"兆比特每秒"，或者"802.11n""802.11q""802.11z"，因为目标客户不理解这些技术名词。

（2）笔记本电脑

● 携带非常方便，在沙发、阳台、甲板上都可以使用。

● 音乐、电影、照片，你生活中的这些记忆都很安全，而且价格低得不可思议。

● 液晶显示屏很清晰，孩子脸上的每个细节都很清晰，你绝不会错过任何一个细节！

注意：谨慎使用"硬盘空间""存储器内存""兆赫""兆字节""分辨率""百万像素"这样的字眼，目标客户可能看不懂这些晦涩难懂的术语。

（3）移动硬盘

● 能够存储 5 万张照片或 50 小时的高清电影。

● 按照指示自动备份，你的生活和工作资料都很安全。

● 外形小巧，方便携带，你甚至感觉不到它就在办公桌上。

注意：不要使用"兆字节"或"每分钟转数"等术语，消费者已经习惯于关注产品的存储容量，当提到存储容量时，要按照消费者的理解来解释。

### 2. 体验化

企业宣传产品时，不要直接说产品多么好，而是让消费者去感受产品的好；不仅要宣传功能利益和品质（包括材料成分、技术专利、工艺流程、作业理念等，这些都是消费者难以直观感知的），更应该强调产品带给消费者的体验。例如，企业协作与管理软件飞书，就强调产品使用起来便捷、高效，有助于一站式无缝办公。

为了宣传产品细腻顺滑的口感，德芙巧克力用了一个词"丝般感受"，并在广告中创造了一个视觉物——巧克力色的丝绸，用人和丝绸的互动这种表现手法，让人感受巧克力的美妙口感。这比宣传可可豆的产地、生产工艺、产品配方更加有效。

地毯品牌STEP，将新款地毯剪成鞋子形状，做成居家拖鞋，装进礼盒寄给客户，让其亲身体验纯丝地毯的触感。STEP寄出了400份礼盒，有342位客户购买了地毯。

卫生巾品牌苏菲实际上是在销售体验，主打产品裸感S、HOT暖℃、口袋魔法，分别卖的是触感、温度和便捷：裸感S宣传"丝绸般触感"，强调巾身极薄，用起来仿佛不存在；HOT暖℃运用暖腹技术，添加艾草、生姜等汉方植物精华，温暖小腹，缓解生理期寒冷；口袋魔法的特点是1/2手掌尺寸，永远在口袋里等待召唤。

### 3. 场景化

把产品优势转化为消费利益的关键，是聚焦于目标客户的使用场景。利用"场"来连接"货"与"人"，通过使用场景将产品优势与目标客户连接起来，这样提炼的卖点具有代入感，能让用户快速产生联想，因而吸引人。

产品优势 + 目标客户 + 使用场景 = 客户实际利益 = 营销诉求点

王老吉聚焦于吃火锅担心上火的场景，广告语是"怕上火，喝王老吉"；红牛聚焦于困与累的场景，广告语是"累了，困了，喝红牛"；益达洞察用户吃完饭、喝完饮料（酒）后口腔中有异味的困扰，广告语是"吃完喝完嚼两粒"；RIO面对独居独处人士，广告语是"RIO微醺，一个人的小酒"；海底捞聚焦于年轻朋友周末聚会的场景，广告语是"一起嗨，海底捞"；喜之郎果冻聚焦于多个场景，广告语是"休闲娱乐来一个，婚庆节庆来一个，开心时间来一个，全家团聚来一个……果冻我要喜之郎"。

麒麟（KIRIN）宣传午后红茶的广告画面是欧洲贵妇在草坪上悠闲地享受

红茶，娃哈哈希望人们在幸福与喜悦的时刻想到要喝非常可乐，雀巢咖啡提示的饮用场合是"温馨一刻"，费列罗巧克力最适合作为送给恋人的礼物。

### 案例　松下静音空调：空调不吵，让孩子安心写作业

松下静音空调的优势是静音，产品支持点（产品特征）是松下原装压缩机，睡眠音量低至21dB。

把静音这个优点放到目标客户的生活场景中去理解，如果目标客户是家庭人群，卖点就是不干扰孩子写作业；如果目标客户是白领人群，卖点就是晚上安心睡觉，白天效率更高。

### 案例　亲子型SUV：看过世界的孩子更强大

SUV汽车的基本功能是越野。不同的目标客户，使用场景不同，提炼出来的卖点与创意文案，区别非常大。

对于重视亲子关系的家庭，使用场景主要是周末带娃出去看世界，卖点就是让孩子多亲近大自然，创意文案的主题就是"看过世界的孩子更强大"。

对于没有孩子的家庭（包括单身），使用场景主要是野外探险，卖点就是开阔视野和胸怀、享受自驾体验，创意文案的主题就是享受自由、用经历定义自己。

### 4. 对比化

企业可以利用锚定效应，制造价格锚点，就是提供一个用来对比价值的参照物，通过对比提升人们对产品的价值感知。

消费者要的不是便宜，而是感觉自己占了便宜。把100克冰激凌放在只能装90克冰激凌的小杯子里卖，比放在大杯子里卖更受欢迎。装在大杯子里，

顾客会感觉量少，而装在小杯子里，冰激凌都溢出来了，顾客感觉量大。

怎样吸引消费者购买 2399 元的某品牌手机？不妨在旁边放上几款价格更贵的同品牌手机，有了参照系，2399 元的手机就显得便宜了。

某冷饮店设计了一大一小两种杯型，准备将大杯卖给成年人，将小杯卖给小孩，结果大人和小孩都更愿意购买小杯。后来，店主在大杯旁边放上超大杯，将原来的大杯变成中杯。三个一排，顾客怎么选？大杯太多，喝不完，小杯不够喝——要中杯！只是多放了个杯子，销量提升了 6 倍。

## 案例　　通过"跑分"展示卓越性能

智能手机发展初期，同类产品很多，手机性能差异较大，用户难以分辨优劣。一些手机厂商强调自己的产品性能领先、性价比高。为了使用户能够感知其优势，厂商经常使用"跑分战术"，与竞品对比，展示自己产品的卓越性能。"不服跑个分"成为业内人士互相叫板的口头禅。

所谓"跑分"，就是通过手机测试软件，对手机的 CPU、GPU、RAM、多任务处理性能等硬件参数进行测试，并以打分的形式评价其性能。一般来说，得分越高，性能越好。当时，市场上的主流跑分软件有安兔兔、鲁大师手机版、360 优化大师、卓大师等。

雷军就投资了跑分评测软件安兔兔，并成为其法人。周鸿祎的 360 旗下有奇酷手机、360 优化大师、鲁大师等。从历届的小米发布会来看，小米手机的安兔兔跑分成绩总是遥遥领先，难免让人浮想联翩。

小米推出空气净化器时，找了一个美国的标准（CADR 值，空气净化能力，即每小时净化多少立方米的空气）与松下、飞利浦、Blueair 等一线品牌进行性能和价格的对比，直接"秒杀"了对手。

### 5. 细节化

具象化的内容容易传播，具体的细节容易吸引消费者。企业应该围绕产品卖点，深挖产品细节，宣传产品的具体功能，以小见大，以点带面，凸显产品的独特优势，最终提升品牌知名度与美誉度。

例如，广告大师大卫·奥格威为劳斯莱斯撰写的经典广告"在时速 60 英里[①]时，这辆劳斯莱斯汽车上的最大噪声来自它的电子钟"，至今还被人称道。

纯净水刚开始流行时，所有的纯净水品牌都说自己的水纯净，消费者却无法判断哪个品牌的水更纯净。这时，乐百氏推出广告——"27层净化"，给消费者一种纯净、可以信赖的印象，有力地支持了"纯净"的卖点。这则广告使乐百氏纯净水脱颖而出，很快家喻户晓。

卖苹果的网店都讲自己的产地、纬度、土壤、气候、光照、品种、含糖度等信息，以证明自家的产品好，而阿克苏苹果直接将卖点定为"冰糖心"，冰糖心是可视化的，可以让人直观地看到、尝到。

## 案例　　星河湾：通过细节打造高端楼盘

星河湾是北京著名的豪宅楼盘。星河湾的广告不是宣传户型面积大、建筑金碧辉煌等，而是宣传小细节。星河湾曾发布一组平面广告，讲述的都是一些小细节。

《两年前，有人把巨款悄悄埋入地下》，在建楼前两年将一套国际级地下管网排污系统植入地下，在园林种植前两年将一套散水固土系统植入地下。

《一夜之间，北京的井盖全消失了》，小区路上没有井盖，路面用特殊材料、特殊工艺铺就，比常规的道路降噪80%。

《五辆专列悄悄进京……》，景观石都是从几千里外运来的黄蜡石。

《边界问题，全靠鹅卵石解决》，八千多吨鹅卵石打造立体园林。

《她400岁，正值妙龄》，从智利运来南美的珍贵树种蜜棕。

---

① 英里，英美制长度单位，1英里合 1.6093 公里。

> **案例** **喜立滋啤酒：酒瓶经过高温蒸汽消毒**

喜立滋啤酒广告是霍普金斯的代表作。

在设计广告语之前，霍普金斯参观了喜立滋的酿酒车间，观看了酿酒过程。他看到，在被厚厚的玻璃板隔开的屋子里，啤酒从管子里滴出来。工程师解释说，屋子里的空气经过过滤，啤酒可以在纯净的环境中冷却。他看到装满白木浆的巨大过滤器，工人们不仅要清洗水泵和管道，还要用机器把酒瓶清洗4遍。他还了解到，生产啤酒所用的水是从地下4000英尺[①]处抽上来的。

霍普金斯发现，虽然每家啤酒厂的工艺流程基本一致，但大多数人并不了解啤酒的生产过程，因此人们肯定会对此感兴趣。当时大多数的啤酒广告都在宣传自身的"纯净"，霍普金斯却构思了一个啤酒生产商很熟悉但大众却从未听过的故事：巨大的过滤器如何工作，怎样清洗水泵和管道，机器怎样将瓶子清洗4遍，怎样从地下4000英尺处抽取纯净水……

霍普金斯还将给自己印象最深的一个细节打造成卖点，并将其作为广告主题。他发现车间工人用高温蒸汽对瓶子进行消毒，便设计了"每个喜立滋啤酒瓶都经过高温蒸汽消毒"这个卖点。有了这个卖点，"纯净"的概念不再模糊，有了确切的含义，还给消费者造成了一种错觉——其他品牌的啤酒瓶不是用蒸汽清洗的。这个卖点给了消费者一个购买的理由，让他们成为喜立滋的拥趸。

广告播出后几个月，喜立滋啤酒的销量从全美第5位上升到第1位。

---

① 英尺，英美制长度单位，1英尺合0.3048米。

秘诀 12
# 塑造品牌价值

营销就是沟通，而品牌是沟通的工具。瞄准消费者的痛点，有针对性地宣传相应的价值主张，塑造品牌的核心价值（功能价值、情感价值或者社会价值），使品牌在客户心中形成独特的记忆或联想，使产品实现自动销售。

## 一、品牌形象的核心：品牌价值

功能相近的运动鞋，耐克售价 700 多元，阿迪达斯售价 500 多元，安踏、李宁售价 300 多元，为什么？

在商品供大于求的今天，我们已经从产品生产时代进入品牌塑造时代。谁能洞察客户的核心需求，有针对性地塑造品牌形象，提升品牌价值，谁就能在市场竞争中脱颖而出。

### 1. 品牌与品牌形象

品牌是一种心理现象，品牌营销就是为了影响消费者心智。在消费者眼中，一个产品"有品牌"，代表着它有一定的知名度、美誉度、品牌形象等无形资产。20 世纪 60 年代，奥美广告创始人大卫·奥格威提出了品牌形象理论（Brand Image），即消费者购买的不只是产品，更是心理的满足，广告应该为品牌赋予情感、塑造形象，从而打动消费者。

品牌是一种复杂的象征，它不仅是产品（产品名称、标志、包装、价格、历史、声誉、广告宣传、代言人）的符号化，是产品附加值、客户掌握的产品知识及对产品的联想的总和，还代表某种承诺、情感或文化。

品牌形象，是企业在消费者心智中制造的长期认知——消费者对品牌产生的联想与印象，帮助消费者快速识别企业及其产品，节省认知与选择成本，降低企业的交易成本，比如苹果的创新与颠覆、华为的民族情怀、小米的性价比等。

品牌从产品出发，但是由客户定义，客户认知价值决定了品牌价值。品牌赋予产品以差异和风格。消费者对一个产品的认知，其实认知的不是产品本身，而是品牌。人们把对一个品牌的各种体验、联想、情感进行综合后投射到了产品之上。人们对品牌的认知和感受，完全左右了他们对产品品质和价值的评判。

数字时代，品牌更是消费者关系。塑造品牌的关键是与消费者形成连接，建立关系。当消费者对品牌产生了信任和忠诚，就会形成非理性的偏爱——愿意重复购买，甚至多支付价格，还会向别人推荐，这就使得营销工作简单化。因此，品牌是企业的重要资产，甚至比设备、厂房等有形资产还重要。使企业盈利的不是工厂，而是客户关系，而品牌能使客户关系更加牢固。

### 2. 塑造品牌形象的步骤

塑造品牌形象，包括以下8个步骤（如图19所示），其中，塑造品牌价值、品牌人格化是重点与难点。

明确品牌理念 → 提炼品牌主张 → 塑造品牌价值 → 品牌人格化 → 设计品牌口号 → 建立品牌识别系统 → 策划品牌营销活动 → 开展品牌传播

图19 塑造品牌形象的步骤

（1）明确品牌理念

品牌理念又称品牌文化，核心是品牌的愿景、使命与价值观。

（2）提炼品牌主张

品牌主张，即品牌价值主张，又称品牌定位，是品牌给消费者的购买理由、承诺给消费者的所有利益的组合，是消费者认同、喜欢、购买品牌的主要动因。

（3）塑造品牌价值

塑造品牌价值，就是直指客户的现实需求、挖掘客户的潜在需求或者激发客户新需求，在客户心智中塑造品牌的核心价值（功能价值、情感价值或者社会价值），以降低客户决策成本，满足客户心理需求，提升产品溢价空间。

（4）品牌人格化

品牌人格化是塑造品牌形象的重要手段，包括设计品牌个性、品牌角色及品牌原型。消费者往往把品牌视为一个具体角色，甚至会把自我形象投射到品牌上。品牌建立拟人化的个性，能体现特色形象，与消费者建立联系。

（5）设计品牌口号

独特鲜明的品牌口号是品牌形象的集中承载和体现，向消费者传播品牌价值主张、提供购买理由，是品牌宣传的核心内容。

（6）构建品牌识别系统（CIS）

品牌是客户体验的总和，是消费者通过不同触点形成的综合印象。消费者接触品牌的触点非常多，包括产品、包装、价格、门店、渠道、经销商、广告、代言人、活动、公关、品牌LOGO以及服务等。

品牌识别系统，又称企业形象识别系统（Corporate Identity System，CIS），包括品牌的名称、口号、LOGO、标准字、标准色、富有寓意的象征图案，以及品牌吉祥物和专用字体等品牌信息，能够具象化地传达品牌形象。为了让品牌变得更有价值，更有魅力，在消费者心目中变成独一无二的存在，企业要对各个消费者触点进行全方位管理，以形成统一、显著的品牌体验。

（7）策划品牌营销活动

为品牌赋予故事、内涵、文化和精神属性，让消费者对品牌产生丰富、多元的认知和体验，让品牌形象立体化。企业要围绕品牌理念、品牌主张、品牌核心价值与个性，生产品牌内容，策划品牌事件，包括品牌软文、品牌故事、借势与造势活动等，并将品牌信息有机融入内容与事件活动之中。

（8）开展品牌传播

开展内容营销、事件营销，将品牌信息潜移默化地传递给目标客户，增强客户对品牌的认知与认同，提升品牌的知名度、美誉度和忠诚度。

## 二、品牌价值 = 功能价值 + 情感价值 + 社会价值

### 1. 品牌价值是客户认知的品牌承诺

品牌价值，是品牌核心价值的简称，是客户认为品牌所带来的利益和承诺。

品牌价值是品牌资产的源泉，是企业营销宣传的核心，是驱动消费者购买、认同品牌的主要力量。企业要根据品牌主张与品牌价值特点，明确提升品牌价值的方向与方法。企业经营活动要以创造、丰富、宣扬、维护品牌核心价值为中心，要确保所有员工及合作伙伴都能够清晰明白品牌带给消费者的好处。

### 2. 品牌价值的构成

消费者的需求是多方面的：既要求产品具备功能与品质，还要求产品能带来感官愉悦、情感满足，或者代表消费者的社会地位和身份，体现消费者的个性、形象和生活方式。例如，可口可乐对消费者意味着快乐和爽，是一种心理满足。

随着消费升级，人们在精神层面上的需求增加，从注重产品功能和价格等逐渐转变为注重情感体验和社会表现等。与需求层次相适应，品牌价值可分为功能价值、情感价值与社会价值三个方面（如图20所示）。

功能价值属于理性价值，是消费者可以通过视觉、听觉、嗅觉、触觉、味觉等感知到的价值，包括产品的功能、性能、技术、品质、外观以及使用体验，对应马斯洛需求层次中的低级的生存需求。在舒肤佳进入中国前，力士是香皂市场的领导品牌，品牌价值是"美容护肤"，而舒肤佳宣传自身含有

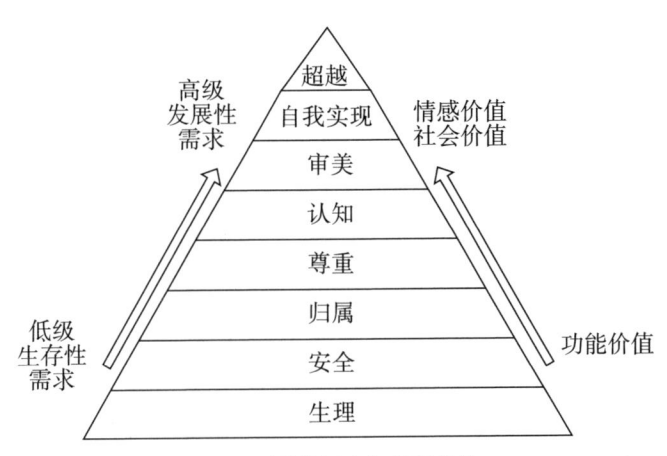

图 20　需求层次与品牌价值

护肤成分，能有效去除细菌，品牌价值是"美容＋杀菌"，并有中华医学会背书，很快就成为中国香皂市场的领导品牌。

情感价值、社会价值属于感性价值，是品牌带给消费者的心理感觉，对应马斯洛需求层次中的高级的发展需求。情感价值与社会价值，消费者看不见、摸不着，必须依靠品牌来承载与表现，实现无形价值的有形化。情感价值重在美好的情感体验，例如爱情、友情、亲情等情感的呈现，以及品位、价值观、审美体验等；社会价值重在向外界展示自我，例如身份、地位、名誉、财富、个性等。

品牌价值通常是功能价值、情感价值与社会价值的有机统一（如图 21 所示）。

图 21　品牌价值的构成

不同品牌的核心价值不同。就某一品牌而言，品牌价值可能包括功能价值、情感价值与社会价值，可能是三者之一，也可能兼而有之。

没有功能价值，情感价值与社会价值就没有根基，正所谓"皮之不存，毛将焉附"。手表的功能价值表现在走时准确、做工精良、防水、防震等方面。欧米茄手表在接近零度的水里放 1 小时也不会浸水，1969 年阿姆斯特朗戴着它登上月球，50 多年来奥林匹克运动会一直用它计时，可见其品质卓越。这种过硬的功能价值是欧米茄"代表成就与完美"的情感价值与社会价值的基石。阿迪达斯拥有技术创新的传统，不断创造新产品，提供实实在在的功能价值。但随着市场的发展和演变，这个策略失效了。到 20 世纪 90 年代，阿迪达斯为品牌注入情感元素，重新赢得了消费者的喜爱。现在，阿迪达斯品牌既强调情感价值，也大力宣传产品技术创新。同样，耐克也不只是运动装备，更代表了人类通过运动挑战自我的体育精神。

### 3. 不同场景下，品牌价值塑造的重点不同

（1）产品满足需求的性质不同，营销诉求点不同

根据产品所满足的客户需求的性质，我们可以将产品分为三类：功能性产品、情感性产品、社会性产品。相关品牌的价值就来自产品功能利益、使用感受或象征意义。

①功能性产品，主要提供功能利益，通过物理的功能特性和品质保障来解决客户的现实问题，体现为满足客户需求的效用和效率。功能性产品的价值有限，市场容量容易遇到天花板，例如药品、食盐、牙膏、香皂、家用电器、电脑以及各种工业品等。

对于功能性产品，消费者最关注功能、性能、技术、品质以及颜值、使用体验等，功能价值是相关产品品牌的核心价值。这类品牌的营销宣传主要强调功能价值，如功能、性能、质量等，例如，电脑会强调处理速度和稳定性，锅炉会强调热效率及节能性等。

②情感性产品，主要满足消费者的个体感性需求，代表客户的态度、

情感与价值观。消费者不会在意别人的看法，产品有机会重复销售，市场容量没有上限，例如美食、饮料等，这类品牌注重通过传达情感利益去打动消费者。

③社会性产品，主要满足消费者的自我表达需求，满足炫耀、模仿、从众等社会心理，代表客户的形象、个性、身份或社会阶层。社会性产品主要包括奢侈品与个性化产品。奢侈品的核心价值是品牌带给消费者的尊贵、成就、完美、优雅等精神体验，例如高档服饰、皮具、名表、名车等。个性化产品的核心价值是展现个人形象（例如品位、地位、魅力、个性等），较少考虑产品本身的质量、设计、做工等，例如服装等外显性产品。

有些产品满足多种需求，要兼顾功能价值、情感价值与社会价值。例如，化妆品宣传不但要强调产品的美白、嫩肤等功能价值，还要借助于诱人的画面和词语，引发消费者的想象和向往。

（2）根据品牌发展阶段，确定品牌建设的重点任务

在品牌发展的不同阶段，营销宣传的侧重点不同。塑造品牌形象时，要遵循"认识—认知—认同"的消费者认知规律。

在品牌初创期，核心任务是强化认识，让消费者认识品牌，知道品牌叫什么名字、有什么特征、卖什么产品。企业要重点告诉消费者"我是谁"，赋予品牌独特的内涵和鲜明的形象，把品牌变成消费者心目中强有力的记忆符号，让品牌脱颖而出，一眼就能被认出来。

在品牌成长期，核心任务是强化认知，让消费者认知产品的功能、质量、使用体验，与竞品相比有何竞争优势与独特之处。企业要宣传品牌功能价值与差异点，占领用户心智，形成心理认知，如沃尔沃的"安全"。

在品牌成熟期，核心任务是强化认同，企业要重点塑造品牌的情感价值与社会价值，让消费者从情感和文化上认同品牌，产生心理共鸣。

（3）把握品牌的核心价值

在不同的消费场景中，消费者看重的品牌价值不同。例如，一位男士请女友吃饭，他会按照情感价值或社会价值来选择红酒，而当他结婚以后，他

与妻子在家里吃饭，在选择红酒时则主要考虑功能价值。

一般而言，同一行业的不同产品具有大体相同的品牌塑造与宣传规律，营销经理要掌握本行业的基本营销规律。如果品牌核心价值定位不准确，犯了方向性错误，南辕北辙，营销宣传活动就会事倍功半，甚至是白花钱。

行业不同，满足的客户需求不同，所处的发展阶段不同，企业战略定位不同，品牌的核心价值也不同，功能价值、情感价值与社会价值各占多少比重，需要具体情况具体分析。企业要根据行业、产品、市场发展阶段及客户需求的不同，平衡功能价值、情感价值与社会价值的构成比例。

## 案例　　洗发水品牌：功能价值为主

洗发水是一种典型的功能性产品，品牌核心价值是功能价值为主、情感价值为辅。例如，宝洁旗下的海飞丝宣传"去屑"，广告语是"头屑去无踪，秀发更干净"；潘婷宣传"营养发质"，广告语是"由发根渗透至发梢，补充养分"；飘柔宣传"柔顺"，广告语是"洗发护发一次完成，令头发飘逸柔顺"；沙宣宣传"锁住水分不干枯"。

前些年，一些国内洗发水品牌不了解行业的基本营销规律，品牌核心价值定位不准确，内涵不清晰，例如：

- 百年润发，健康调理
- 爱生活，爱拉芳
- 蒂花之秀，青春好朋友
- 美丽生活有丽涛
- 用信婷，好心情
- 飞越无限，我有飞歌
- 名人，献给天下有情人

这些洗发水品牌强调情感，忽视传达功能利益，品牌价值构成是"情感价值为主、功能价值为辅",这违背了行业的基本营销规律,因而无法打动消费者。这些品牌在市场上辉煌一时,现在大都灰飞烟灭了。

> **案例**　　　　化妆品品牌:功能与情感并重

大宝、蜂花等民族化妆品品牌,在十多年前是电视上的常客。大宝的广告贴近普通人的生活。大街上扛着三脚架照相的男子说:"干我们这行的,风吹日晒,用了大宝,嗨,还真对得起咱这张脸。"蜂花洗发水的广告"主角",是一枚弹起的1分硬币,目的是告诉消费者,用蜂花洗发水洗一次头发只需要1分钱。

化妆品品牌的核心价值宣传是功能与情感并重,既强调产品的功能价值,又向消费者销售美丽和希望。露华浓(Revlon)的创始人查尔斯·莱弗森(Charles Revson)说:"在工厂,我们制造化妆品;在商店,我们出售希望。"没有哪个国际化妆品品牌单纯强调产品的性价比,大宝不知道自己在卖什么,不明白品牌核心价值究竟是什么,后来就被美国强生公司收购了。

## 三、塑造品牌核心价值

品牌的核心价值可能是功能价值,也可能是情感价值或社会价值。塑造品牌核心价值的关键是,针对消费者的痛点,宣传相对应的核心利益,提升品牌在消费者心智中的认知。在产品同质化超竞争的数字时代,对大多数品牌而言,功能价值只是基础,情感价值与社会价值才是消费者的核心需求。

企业要深刻洞察消费者的需求变化,顺应市场发展趋势,及时调整品牌的核心价值。例如,在全球"保护孩子,杜绝垃圾食品"的舆论压力下,2003年,麦当劳调整品牌核心价值,目标客户从孩子转向年轻人,品牌宣传语从"常常欢笑,尝尝麦当劳"转变为"我就喜欢"。

**1. 塑造功能价值**

功能价值是指品牌带给消费者的功能利益,包括卓越的品质、优秀的体验、高性价比等。对功能性品牌,消费者是理性消费,重视产品的功能和价格,而情感价值和社会价值是次要的。

塑造品牌的功能价值,重点是以理服人,通过分析和比较展示产品的功能特点及优势,常用方法有比较法、量化法、证言法、突出材料和工艺。

(1)比较法

对比让人印象深刻。将自己的产品与竞争产品相比较,或者将现在与过去相比较,显示产品更有效、更便宜,从而吸引消费者的注意。

**案例　　日用品品牌的广告:不比不精彩**

舒肤佳的著名广告"有效消灭细菌"宣扬一种新的皮肤清洁观念,通过显微镜下的明显对比,使用舒肤佳香皂的皮肤上残留的细菌少得多,显示了产品强大的杀菌能力。这则广告的创意平平,但冲击力很强,使舒肤佳后来居上,很快成为香皂市场的第一品牌。

在玉兰油防晒乳的广告中,两位女士在灿烂的阳光下对比肤色。"为什么我也美白,却不像你牛奶般白皙呢?""因为我用了全新的玉兰油美白防晒乳。"

佳洁士的广告将对比方式进行了创新,用鸡蛋的两半进行对比。"鸡蛋为什么会一半变软了呢?""因为一半受到了酸的腐蚀,就像我们的牙齿,时间长了不注意保护也会像这个鸡蛋一样……现在有佳洁士牙膏,其中独特的配方,可以有效地防止蛀牙。"

宝洁的四大洗发水品牌飘柔、潘婷、海飞丝、沙宣,功能特点各不相同,但其广告都使用了比较法,尤其是将现在与过去进行比较。在潘婷的广告中,章子怡说:"以前我的头发……现在我的头发……"在海飞丝的广告中,叶童说:"以前我有头皮屑,不敢……用了海飞丝后,穿上黑色的衣服也不怕。"

(2)量化法

消费者往往感觉数字信息比较专业,可信度高。例如,"非常爱读书"就不如"1年看200本书"或者"一年写50万字读书笔记"有说服力。用数字来解释产品功能,将产品价值量化,显得具体、科学,说服力强。

在iPhone 7的发布会上,库克不是直接说iPhone"很畅销"或者"很受欢迎",而是晒销量,告诉大家"这是地球上卖得最好的手机"。在说到APP Store时,库克列举了"1400亿次下载"和"2倍竞争者的收入"两项数据,得出"这是最好的平台"的结论,不容置疑。

例如,当市场上智能手机的主流配置是512MB内存时,小米手机的配置是1GB内存,就凸显了其高性能;富康汽车的座椅30万次耐久性实验、288小时整车曝晒考验、50000次车门开启耐久性实验,数据让人感到产品的可靠性。

### 案例　　玉兰油广告:用数字增强说服力

洁面乳:"含有BHA活肤精华……只需7天,就能让肌肤得到改善。"

活肤沐浴乳:"24小时不断滋润,令肌肤持续得以改善。一星期内,肌肤会更有光泽,更富弹性。"

润肤沐浴乳:"含75%的玉兰油滋润成分,使用14天后,能体验到肤质的明显改善和滋润。"

多效修复霜的广告不厌其烦地列举皮肤的干燥粗糙、细纹、色斑等"7种痕迹",然后声称"帮助抵御7种岁月痕迹,令肌肤焕发青春光彩"。

(3)证言法

通过名人的证言来证明产品的良好品质与使用效果。例如,SK-Ⅱ的广告利用刘嘉玲、关之琳等人的证言，突出"晶莹剔透"的产品效果。尽管SK-Ⅱ的面膜售价高昂，还是广受欢迎。

（4）突出材料和工艺

英国劳斯莱斯（R&R）以生产贵族化汽车享誉全球。劳斯莱斯汽车年产量只有几千辆，物以稀为贵。公司曾经规定只有贵族才能购车，现在仍然要审查购车者的身份。

劳斯莱斯一直坚持手工制造，车主可以观看生产过程，包括工人制造、装配发动机的过程。据统计，装配一台散热器要花费一个工人1天的时间，进行打磨加工又要花5小时，制作一个方向盘需要15小时，装配一辆车的车身需要31小时，安装一台发动机需要6天。正因如此，一辆劳斯莱斯在装配线上每分钟只能移动6英寸。此外，每辆劳斯莱斯汽车都要经过5000英里的运行测试。这一切都告诉消费者："这辆车用了最好的材料，花了很长时间，是精心为你打造的。"

### 2. 塑造情感价值

从iMac、iPod，到iPhone、iPad，乔布斯以一系列革命性的产品告诉人们，消费电子产业依靠计算能力、硬件配置制胜的时代已经过去，现在要制造让客户难忘的体验，与客户产生情感共鸣，"情感经济"将取代"理性经济"。

随着消费升级，消费者不仅想要高品质的产品，还期望获得情感利益，消费行为主要取决于自己"喜欢"还是"不喜欢"。年轻一代更加重视追求精神层面的共识和共情，寻求文化价值的集体认同和归属感。

情感价值是品牌带给消费者的情感利益，即美好的情感体验，例如快乐、爱情、友情、亲情、时尚、行善、励志以及审美等。

可口可乐擅长激发消费者的情感体验，提供精神满足。2013年和2014年，可口可乐分别推出"昵称瓶"和"歌词瓶"。这些瓶子能够传情达意，为品牌赋予情感色彩，受到了年轻人的喜爱。2016年，为了摆脱销量的颓势，可口可乐将广告语"Open Happiness"（畅爽开怀）改成了"Taste the feeling"（品味感觉），希望激发生活在高压力、快节奏下的消费者的"享乐"心理，强调"活在当下，及时行乐"，将可口可乐融入人们的日常生活，给人们带来心理愉悦与精神享受。

健身软件 KEEP 强调价值观，而非功能卖点。KEEP 的广告语"自律给我自由"没有宣传它有多少优质又免费的健身课程，没有宣传有 3000 万健身用户，没有试图说服消费者用 KEEP 健身减肥效果更好。"自律给我自由"这一态度打动了很多人，让消费者认同了 KEEP。今天很多人提到 KEEP，马上就想到"自律给我自由"，这句口号成为 KEEP 的识别符号，成为消费者记忆的抓手。

塑造品牌的情感价值，重点是以情动人，感动消费者，通常利用图像或视频，请明星代言，让消费者感觉愉悦，引起美好的联想。

戴比尔斯钻戒的"钻石恒久远，一颗永留传"，让人们感动于纯真爱情的伟大。铁达时手表的"不在乎天长地久，只在乎曾经拥有"，让每位历经沧桑的人在回首往事时产生共鸣。美加净护手霜的"就像妈妈的手，温柔依旧"，在我们的内心世界掀起阵阵涟漪，觉得美加净的呵护如妈妈一样温柔。江小白通过"我是江小白，青春很简单"等走心文案，让年轻人产生共鸣。还有 JEEP 汽车的"用实力让情怀落地"，途胜汽车的"去征服所有不服"，麦当劳的"我就喜欢"，不胜枚举。

《感染力 2.0》阐述了营销活动与产品怎样激发人性情感，制造感觉，怎样利用大众心理，激发共鸣，请读者朋友参考。

## 案例  斯沃琪手表：打造情感产品

传统手表行业强调精准、耐用、做工精良，而斯沃琪把手表定义成情感产品，使曾经衰落的瑞士手表行业神奇地再创辉煌。

斯沃琪公司创始人哈耶克宣称，手表不再是普通的计时工具，而是一种传递个性的情感产品："我们不是用来计时，也与地位无关，我们是时尚产品。"既然手表能够传递某种情感，那么它为什么不可以像衣服一样，根据不同的心情每天更换样式，让人们可以拥有第二块、第三块乃至更多的手表呢？

现在，斯沃琪公司每年都会推出多款手表，分别表达年轻、新鲜、时尚、活力等。

### 案例　　999感冒灵：温暖陪伴

2002年，999推出中西合璧的颗粒剂型产品感冒灵，进入西药主导的感冒药市场。999感冒灵连续四年大规模投放广告，宣传"中西药结合，疗效更好"，说服消费者改变对感冒药的传统认知。代表性广告《婆媳之争》给很多人留下了深刻印象，但市场效果并不好。2006年起，999感冒灵转向宣传"暖暖的，很贴心"，并请周华健代言拍了一系列温情广告片，从家人、父母、朋友等不同角度去拉近品牌与消费者之间的距离。

"温暖"，是999感冒灵的差异化形象，在一众功能广告中脱颖而出，让人记住了品牌；温暖陪伴的品牌理念契合消费者心理，容易引发共鸣。2009年999感冒灵单品销售超过10亿元，以后连续多年称霸感冒药市场，当前年销售额已达20多亿元。

### 案例　　耐克：激发人们行动起来

1988年，W+K广告公司创始人丹·威登（Dan Wieden）受命为耐克公司撰写广告语，以提振耐克运动鞋的市场业绩。

威登仔细观察了消费者的生活。当看到有些人正挣扎于要不要起床去健身，有些人正在遭受腰酸背痛的折磨，有些人则喜欢编织各种自欺欺人的借口时，威登意识到，创意的关键是激发人们行动起来，让那些想健身但尚未行动的人产生心理共鸣。灵感一来，他便创作了"Just Do It"（只管去做）这句广告语。"Just Do It"不是告诉人们要做什么，而是唤起一种情绪、表达一种洒脱的感觉。

后来，耐克打出了"Yesterday You Said Tomorrow"（你说过，就今天）的广告语，通过激发人们的内疚感来帮助人们克服"拖延症"。

耐克激发人们行动起来，引领了全世界的健身浪潮，这使其在运动鞋市场的份额持续回升，1990年销售额达8.8亿美元，超越锐步，重回全美第一。2014年耐克销售额达到278亿美元，2015年达到306亿美元。

### 3. 塑造社会价值

社会价值是指品牌带给消费者的社会利益，即作为消费者展现地位、身份与个性的手段和对外沟通的工具。人们消费某品牌是想成为某类人，即让别人认为自己是某类人。虽然消费者可能花费不菲，但少了很多沟通成本，不用解释，品牌就能自动展示消费者的优越感和个性。安利的讲师都是开着奔驰去上课的，他用不着拍着胸脯信誓旦旦地说"跟着我一定能成功"。在传统的"江湖"里，虎皮是权力的象征，虽然羊毛细腻、柔软，坐着更舒服，但土匪和山大王坐的永远是虎皮，而不是羊皮。

对外显性产品，例如服装、汽车、手机等，要注重塑造品牌的社会价值，见本书的"秘诀9"。

欧洲的奢侈品久负盛名，例如路易威登、古驰、普拉达、迪奥、香奈儿、爱马仕、阿玛尼、卡地亚、劳力士、江诗丹顿、人头马、拉菲等。这些高端品牌将材料、设计、工艺与品牌形象完美结合，用高价格将普通消费者挡在门外，为用户塑造"排他""稀缺"的身份识别效应，成为高端人士彰显财富占有与社会地位的工具。

名牌产品的营销部门实际上是生产部门，因为它负责生产价值——赋予品牌情感价值或社会价值。例如，人们喜欢可口可乐，主要源于其品牌的情感价值；一位女士对LV皮包的感觉和购买动机，主要源于LV的社会象征价值。

> **案例** 哈雷摩托车：张扬个性

1903年，哈雷公司成立。1905年7月4日，哈雷发表了一篇《个性解放宣言》，开始旗帜鲜明地打造"个性"形象。从产品设计到品牌故事，哈雷身体里流淌着"个性"的血液。

哈雷摩托的价格与中档汽车相当，性能却不及日本的本田和铃木摩托，并不是一款实用的交通工具。但是，哈雷摩托实行个性化定制模式，客户可以根据自己的喜好和创意，选择自己喜欢的零部件，当场改装——每一辆推出店面的哈雷摩托都是独一无二的。

"哈雷太子"（哈雷车主的绰号）们认为，哈雷并不是一辆摩托，而是一件宝贝、一件高级玩具，吸引他们的是"哈雷精神"——个性、自由、激情、勇敢。

### 4. 塑造生活方式品牌

所谓生活方式，就是某类人群日常生活的方式，涉及消费、娱乐、穿着与社交关系等方面，反映特定的品位、审美、个性与社会现象。人有千万种，生活方式亦然，每个人都有自己认同和向往的生活方式。消费者通常利用生活方式品牌来表达自我，包括彰显个性与社会地位、展现专业能力以及展示价值品位。

可见，生活方式品牌既具有功能价值，又具有情感价值与社会价值，重点是情感价值与社会价值。

塑造生活方式品牌，就是将品牌作为某种生活方式的象征，甚至是某种身份、地位的识别标志，以消费者形象为中心，塑造一整套的生活方式，描述一幅美好生活图景，从而吸引对该生活方式向往的人群。例如，肯德基、麦当劳、星巴克能成功进入中国市场，就是因为它们满足了刚刚富裕起来的中国人对美式生活方式的好奇。户外品牌营销的切入点多是户外活动，抓住了目标人群渴望冒险与挑战的心理。

生活方式品牌不再以具体品类来定义自己，而是针对某个生活场景提供整体解决方案。企业不再把业务局限于某一领域，而是跨界、"通吃"多个品类和细分市场，并且传达统一的生活态度。当前，领先企业纷纷转型为生活方式提供商，打造生活方式品牌，用一个品牌"通吃"多个品类和细分市场（如表2所示）。

表2 典型生活方式品牌

| 品牌 | 生活方式 | 产品风格 | 产品品类 | 商业模式 |
| --- | --- | --- | --- | --- |
| 星巴克 | 咖啡馆生活 | 美式休闲 | 咖啡、甜品、轻食、杯碟 | 餐饮+零售 |
| 苹果 | 高品质体验的数字生活 | 简洁、智能、易操作 | 手机、电脑、手表、智能家居、无人驾驶 | 掌握核心技术和设计，控制供应链，软件生态闭环 |
| 宜家 | 北欧生活 | 设计感、简洁、方便（安装+运输） | 家具、餐厅、酒店 | 通过批量化生产控制成本，产品标准化，体验式购物 |
| 无印良品 | 简洁生活 | 朴素、简约、品质、环保、设计感 | 服装、生活杂货、食品、家具、咖啡店、酒店、餐厅 | 极简设计，个人生活领域 |
| 特斯拉 | 智能、环保 | 科技感 | 电动汽车 | 掌握核心技术和设计，跳过经销商 |
| 小米 | 高性价比的数字生活 | 科技感、高颜值、高性价比 | 手机、平板电脑、空气净化器、路由器、扫地机器人 | 数字商品提供商 |

## 秘诀 13
## 品牌人格化

塑造品牌形象的关键是使品牌人格化，即建立拟人化的个性，形成独特而鲜明的形象，包括设计品牌角色、品牌个性以及品牌原型。人格化品牌受到消费者的喜爱，容易与消费者建立联系，实现心灵沟通。

品牌营销有多种理论（流派），品牌价值论强调品牌价值（如情感价值），品牌形象论强调品牌个性，品牌理念论强调品牌的使命、愿景与价值观。这三种理论并不矛盾，只是各有侧重，企业要兼而用之。

品牌形象是人们对产品、生产企业、消费者所产生的综合性联想，包括三个方面：产品形象（人们对产品的价格、品质、技术、类别、广告、包装、渠道、服务等形成的印象）；企业形象（人们对企业的规模实力、行业属性、技术水准、企业文化、国别地域以及创始人等形成的印象）；消费者形象（人们对产品使用者产生的特定认知和联想）。通常情况下，消费者形象代表着品牌形象，品牌形象是典型消费者形象的投射。

品牌形象论的代表人物是奥美广告的大卫·奥格威，他指出："每一广告都是对品牌形象的长期投资。"我们的大脑会偷懒，走捷径——利用直觉快速做出决策，而不是收集大量信息、分析对比，找到最优方案。在多数情况下，我们仅凭自己的印象、喜好或熟悉程度做出购买决策，而鲜明的品牌形象令人印象深刻，能缩短决策过程。

品牌形象的内核是品牌个性与原型，形式是品牌角色。企业要从内核与形式两个方面打造品牌形象，使品牌有具象化的载体，将品牌变成一个有血有肉、有灵魂的存在，让消费者产生深层共鸣。

## 一、品牌角色

### 1. 品牌角色理论

角色，即戏剧、影视剧中演员扮演的剧中人物，涉及角色的性别、年龄、外貌特征、衣着风格、标志性动作和表情、职业、阶层、生活方式，以及身世经历、性格特点、兴趣爱好、情感等。

品牌角色，又称品牌人设，是品牌个性的具体化身和有形载体，就是将品牌拟人化，影响消费者的认知和感受，让消费者与品牌建立紧密的情感纽带。基于品牌角色设计品牌 LOGO 和吉祥物，作为品牌符号，方便消费者记忆。消费者透过鲜明的角色可以快速把握品牌的内涵与形象，清晰理解品牌所要传递的价值及个性态度，帮助品牌在消费者心目中形成深刻印象。

品牌角色及其所处环境为品牌赋予了色彩，使品牌形象变得可视化、具象化。例如，万宝路塑造了品牌角色牛仔，在广告中创造出一个广袤的西部世界，牛仔们在自由自在的天地纵马驰骋。消费者看到牛仔会感受到豪迈、粗犷、男子气概等，这使万宝路品牌变得丰满、立体，容易激发消费者的情感共鸣。

### 2. 品牌角色类型

常见的品牌角色有三类：人物，动物与虚拟形象。

有些品牌角色是人物，如肯德基上校、万宝路牛仔、欧仕派赤裸上身的健壮男人、江小白、小茗同学、张君雅小妹妹等。

有些品牌角色是动物，如天猫的黑猫、京东的 JOY 狗、小米的米兔、多乐士的古牧犬、吉百利的猩猩、卡地亚的猎豹、可口可乐的北极熊、金霸王的兔子、招商银行的"招小喵"。

可口可乐推出酷儿品牌时，就设计了一个角色"Qoo 酷儿"，并在公司内颁布了一份《酷儿圣经》，对酷儿的身份特征、使用规则等进行了详细解释和规范，说明了酷儿的来历、年龄、血型、特征、性格、技能、口头禅、喜爱和讨厌的东西、最好的朋友以及允许和禁止事项等。

随着元宇宙时代来临，日本率先推出了风靡全球的虚拟歌手"初音未来"，国内互联网企业也纷纷推出了虚拟人（数字人），例如B站的"洛天依"、字节跳动的"A-SOUL"、阿里的"AYAYI"、百度的"希加加"和"度晓晓"、网易的"Eassy"、小米的"小爱同学"、创壹科技的抖音虚拟人"柳夜熙"等。

随着社交媒体成为品牌营销主阵地，传统品牌也开始打造虚拟代言人，用虚拟形象开设账号，和粉丝交互。例如哈尔滨啤酒的"哈酱"、麦当劳的"开心姐姐"、花西子的"花西子"、江小白的"江小白"、屈臣氏的"屈晨曦"、欧莱雅的"M姐"、奈雪的"NAYUKI"等。

品牌角色及其虚拟形象都需要内容来滋养，企业要围绕虚拟形象持续打造创意内容，赋予角色以生命力，从而吸引粉丝，例如哈酱推出多首单曲和MV、柳夜熙推出系列短剧、江小白推出网络动画《我是江小白》等。

### 3. 转换角色，重塑品牌

当企业需要重新塑造品牌时，可以重新设定品牌角色，扭转消费者的品牌认知。

## 二、品牌个性：品牌形象人格化

### 1. 品牌个性理论

品牌个性，就是为品牌赋予人的性格特征和态度观念，让消费者产生人格化的品牌联想，也称品牌性格、品牌调性。品牌个性是目标客户个性的类化，代表特定的性格特点、价值观与生活方式，设定的目的是使品牌与客户建立坚强的情感纽带，实现深层次的心灵沟通。

具有个性的品牌能够向消费者高效传达"我是谁"——表明自己的价值观、

生活理念、身份和个性特征，消费者之所以会接受一个品牌，很大程度上是因为接受了该品牌的个性。例如，如果消费者觉得自己是一个尊贵、稳重的人，在买车时可能会选择奔驰；如果消费者觉得自己是一个渴望力量和自由的人，在买车时可能会选择路虎。

### 2. 品牌个性类型

品牌个性理论的研究成果丰富，中外专家学者提出了多种品牌个性理论。

1997年，美国品牌学者詹妮弗·阿克（Jennifer Aaker）研究发现了美国消费者感知明显的5种品牌人格及18种品牌个性。5种品牌人格分别是真诚（Sincerity）、能力（Competence）、强壮（Ruggedness）、刺激（Excitement）、高雅（Sophistication）。阿克还发现，不同文化背景下的品牌个性维度具有差异。国内也有多位学者研究了中国消费者的品牌个性维度。

综合国内外多位学者的研究成果，笔者尝试将消费者的品牌个性维度归纳为"仁""能""强""乐""雅"，这与阿克的5种品牌人格对应，如表3所示。其中，"仁"与"Sincerity"对应，代表务实、诚实、正直等品质；"能"与"Competence"对应，代表智能、可靠和责任等品质；"强"与"Ruggedness"对应，代表强壮、阳刚、冒险等品质；"乐"与"Excitement"对应，代表刺激、活力、新潮等品质；"雅"与"Sophistication"对应，代表优雅、魅力、精致等品质。笔者认为，"仁""能""强""乐""雅"这五大品牌个性维度具有较强的普适性。

表3 品牌个性的维度指标

| 品牌个性维度（5种） || 品牌个性类型（18种） | 品牌人格（51个） |
| --- | --- | --- | --- |
| 仁 | 真诚 | 务实 | 顾家、实际、小城镇 |
|   |   | 诚实 | 真诚、直率、真实 |
|   |   | 健康 | 绿色、原生态 |
|   |   | 愉悦 | 快乐、感性、友好 |

续表

| 品牌个性维度（5种） | | 品牌个性类型（18种） | 品牌人格（51个） |
|---|---|---|---|
| 能 | 能力 | 智能 | 技术、合作、认真 |
| | | 可靠 | 可信、勤奋、安全 |
| | | 成功 | 领导、自信、有影响力 |
| | | 责任 | 精心、充满爱心 |
| 强 | 强壮 | 户外 | 阳刚、冒险、运动 |
| | | 强壮 | 粗犷、力量 |
| 乐 | 刺激 | 勇敢 | 时髦、刺激、不寻常 |
| | | 活力 | 活泼、酷、年轻 |
| | | 想象力 | 艺术、独特 |
| | | 现代 | 独立、新潮、最新 |
| 雅 | 高雅 | 高贵 | 魅力、好看、优雅 |
| | | 迷人 | 迷恋、女性、柔顺 |
| | | 精致 | 精美、含蓄、雅致、细心 |
| | | 平和 | 和平、礼貌、温和 |

一个品牌可能拥有多重个性，例如既强壮有力，又有技术感，但这些个性不能互相冲突，也不能经常变化。

结合国内外的著名品牌，对18类品牌个性进行举例（如表4所示）。

表4　品牌个性举例

| 个性维度 | 个性类型 | 品牌案例 |
|---|---|---|
| 仁 | 务实 | ● 优衣库：通过全世界统一的服务，以合理可信的价格，大量持续提供任何时候、任何地方、任何人都可以穿着的服装 |
| | 诚实 | ● 海尔："真诚到永远"<br>● 肯德基：举办"探秘之旅"活动，消费者可以参观餐厅的后厨 |
| | 健康 | ● 元气森林：无糖、健康的气泡水<br>● 农夫山泉："大自然的搬运工"，在长白山优质水源地建水厂 |
| | 愉悦 | ● 柯达："串起生活每一刻"<br>● 佳能：广告体现幸福、温暖的普通人生活<br>● 乐高积木："LEGO"来自丹麦语"LEg GOdt"，意为"Play Well"（玩得快乐） |

续表

| 个性维度 | 个性类型 | 品牌案例 |
|---|---|---|
| 能 | 智能 | ● 本田：广告体现技术感，将一大堆零件逐渐组合成一辆汽车<br>● 安德玛（Under Armor, UA）：智能、技术创新、团队<br>● 特斯拉：掌握核心技术和设计，打造激进科技感形象 |
| 能 | 可靠 | ● IBM：广告给人可信赖的感觉<br>● DHL 快递：广告塑造值得信赖、安全的形象<br>● Avis 租车公司："我们更努力" |
| 能 | 成功 | ● 奔驰、劳力士、金立：广告宣传自己是成功人士的选择 |
| 能 | 责任 | ● 中国工商银行：打造人民满意银行 |
| 强 | 户外 | ● 万宝路：豪迈奔放的形象<br>● 哈雷：冒险精神，自由和独立 |
| 强 | 强壮 | ● 南孚："1 节更比 6 节强" |
| 乐 | 勇敢 | ● 保时捷："无畏无极""唯保时捷才能胜保时捷"<br>● 阿迪达斯："没有不可能"（Impossible Is Nothing）<br>● 耐克："只管去做"（Just Do It） |
| 乐 | 活力 | ● 统一冰红茶："年轻无极限"<br>● 百事可乐："渴望无限"（Ask for More），"突破渴望"（Dare for More），突出年轻和活力感，不同于可口可乐给人的愉悦、享乐的感觉 |
| 乐 | 想象力 | ● 苹果："非同凡想"（Think Different）<br>● 小米："为发烧而生" |
| 乐 | 现代 | ● ZARA 等快时尚品牌强调新潮、流行 |
| 雅 | 高贵 | ● 奔驰、雷克萨斯：给人豪华尊贵的印象 |
| 雅 | 迷人 | ● 香奈儿：闻起来像女人的香水 |
| 雅 | 精致 | ● 红酒、手工艺品、餐厅、精选类商品的品牌 |
| 雅 | 平和 | ● 无印良品：朴素、简约、品质、环保的形象 |

## 3. 打造品牌个性的要点

品牌与消费者沟通时表现出的拟人化风格与气质，既要与目标客户、品牌核心价值相一致，又要与竞争品牌有所区隔，这样才能让人印象深刻。

（1）品牌个性与目标客户一致

品牌个性要符合目标客户的特点，包括性别、年龄、收入状况、生活方式与价值观等。百事可乐的目标客户是年轻人，年轻人在运动之后想喝冰镇饮料，因此，百事可乐将品牌个性设定为活力、激情和渴望。天猫女装品牌欧莎的目标客户是都市年轻白领女性，她们既追求品质和美丽，又想保留淑女的端庄和矜持，因此，欧莎的品牌个性设定为优雅、浪漫与时尚。奔驰的目标客户是成功人士、社会名流，广告宣传中呈现红地毯、镁光灯、演讲台、应酬与交际的上流社会场景，给人豪华尊贵的印象，因此，奔驰的品牌个性是高贵。

（2）品牌个性与品牌核心价值一致

品牌满足的客户核心需求不同，品牌的核心价值就不同。有的品牌主要体现功能价值，有的品牌主要体现情感价值或社会价值（详见"秘诀12"）。

品牌个性要符合品牌产品的特点，与品牌核心价值一致，这样就能与客户进行深层沟通。斯沃琪集团旗下的雷达表，品牌核心价值是功能价值，宣传重点是高科技的制表工艺和材料的坚固，例如"表面为硬度仅次于钻石的蓝宝石水晶，紧贴手腕"，"白色表带由高科技陶瓷材料制成，坚硬耐磨、永不褪色"。因此，雷达表的品牌个性就是可靠与坚韧，这与斯沃琪品牌活泼、时尚的个性相去甚远。

（3）品牌个性与社会观念、流行文化相适配

品牌个性要与社会观念、流行文化相适配，变成社会流行文化的一部分，形成广泛认同，从而吸引更多原来对品牌没有需求的人。如果社会观念已经变迁而品牌个性没有改变，品牌就会被消费者无情地抛弃。

随着日本社会进入"第四消费时代"（参见秘诀1），无印良品打造"平和"的品牌人格——"原真天然和低调极简主义"，代表了现代都市人追求朴素、简约、品质、环保的生活方式。无印良品以"物有所值"为宗旨，推崇"去掉没必要的功能""对设计做减法""这样就好"的简洁，这种价值观体现在

产品设计、包装风格等方方面面。例如，无印良品舍弃了过度的包装和制造流程，商品标签使用未经过漂白的淡褐色纸张。

### 案例　　内衣品牌：个性的变迁

前些年，维密是女性内衣市场的领导品牌，维密内衣就是性感的代名词。维密拥有众多全球顶尖的超级模特，一年一度的"维密秀"堪称全球时尚界的春晚，名流云集，一票难求。

但是，2019年"维密秀"停办，2020年维密品牌被母公司出售。维密为什么快速没落了？这是因为消费者的价值观变了，品牌跟不上社会观念的变迁，自然要被淘汰。

今天的女性在选择内衣时，更加注重自身的感受和体验——健康、舒适自然，而不是性感。新兴的内衣品牌迎合了这种潮流，如American Eagle强调舒适合体，提供70+的尺码选择；CK强调多元审美；Target表示适合所有女性身材；Ubras强调舒适好穿、无尺码；有棵树强调天然；内外强调"no body is nobody"（没有一种身材是微不足道的）。

（4）品牌个性要鲜明、独特

数字时代是同质化、超竞争时代，打造个性鲜明且独特的品牌是获得竞争优势的捷径。企业要打破传统思维模式，标新立异，避开多数竞争对手选择的品牌个性。

运动鞋品牌通常打造"乐"的"刺激型人格"，体现勇敢、活力、奋斗、挑战自我等，例如阿迪达斯的"Impossidle Is Nothing"（没有不可能）、耐克的"Just Do It"（只管去做）、安踏的"Keep Moving"（永不止步）等，而安德玛（UA）另辟蹊径，打造"能"的"能力型人格"，体现"智能、技术、合作"的形象，广告也展现团体活动，令人印象深刻。

银行通常打造"能"的"能力型人格"，体现可靠、负责等个性，但这可能会让人觉得呆板、缺乏活力。招商银行逆向思考，塑造一直朝向太阳的"向日葵"形象，喊出"因您而变"的口号。

豆腐给人以柔弱的印象，而日本有家豆腐店反其道而行之，名叫"男前豆腐店"，刻意塑造一种阳刚、力量的形象，与人们对豆腐行业的传统印象形成反差，令人印象深刻。

## 三、品牌原型：品牌人格化的内核

### 1. 品牌原型与人格类型

瑞士心理学家荣格（Carl Gustav Jung）把人格分成意识、个人无意识和集体无意识三个层次。意识，是我们感知到的，代表着自我。个人无意识，我们感知不到，由我们以前的经历和感受构成。集体无意识，我们感知不到，不是后天习得的，而是我们先天继承的，是世世代代生活经验的积累和进化历程的遗传。一个小孩从未见过蛇，但他见到蛇却会感到害怕，因为这种害怕帮助几百万前的人类祖先生存下来，这些远古的记忆烙在我们心底，刻在我们的基因里。如果用冰山来比喻的话，露出水面的小部分冰山是意识，隐藏在水下的大部分冰山是个人无意识，而容纳冰山的广袤大海则是集体无意识，人类的心灵在最底层是连通为一体的。

个人无意识主要由情结构成，它最热爱的舞台是人的梦境。集体无意识主要由原型构成，表现为长期流传下来的传说、神话与童话故事等。原型是集体无意识所引发的原始意象的类型和主题，它代表着人们的思想、行为的一种与生俱来的潜在模式，在所有人心中都能找到。

根据荣格的原型理论，美国营销专家玛格丽特·马克（Margaret Mark）和心理学家卡罗·S.皮尔森（Carol S. Pearson）总结提炼出一套系统的原型工具，包括4类基本动机、12种人格原型。

- 自我实现：天真者、智者和探险家
- 冒险征服：英雄、叛逆者和魔法师
- 归属认同：凡夫、情人和愚者

- 稳定控制：照顾者、创造者和统治者

这 12 种人格原型反映了人类普遍的、深层次的核心欲望与心理结构，我们觉得似曾相识，因为我们自己及身边人都或多或少有某种原型的影子。

皮尔森进一步提出了品牌原型理论，主张品牌要以人类共通的集体无意识为底色，反映人类心理最底层的共同精神和普遍性渴望。代表某种人格原型的品牌是一种"集体人"，是人类某种集体无意识的一个容器和媒介，它点燃了社会大众内心深处的集体认知和记忆，无数人的渴望、梦想、焦虑或痛苦投射到它身上并集中爆发。因此，代表原型的品牌具有打动人心的强大力量，能赢得广大消费者的信任与共鸣（如表 5 所示）。

表 5 　12 种品牌人格原型

| 基本动机 | 品牌原型 | 人格特征 | 适应客户与产品 | 典型案例 |
|---|---|---|---|---|
| 自我实现 | 天真者 | 纯粹；追求幸福；乐观；快乐自在 | 年轻人 | 江小白："我是江小白，生活很简单。"<br>奶酪博士：让年轻父母选择奶酪变得简单。 |
| | 智者 | 独立思考；冷静客观；有品位；懂得享受生活；境界高远 | 成功人士；名酒、越野车、运动用品 | 轩尼诗："世事无绝对，唯有真情趣。"<br>舍得："智慧人生，品味舍得。" |
| | 探险家 | 追求自由；探索世界；追寻新事物；体验更美好的生活 | 旅行、户外用品 | The North Face："探索永不停止。"<br>护肤品牌 PMPM："去往世界，探索世界。"<br>运动相机 GoPro：冲浪、滑雪、跳伞等极限运动专用相机。 |
| 冒险征服 | 英雄 | 力量；改造世界；迎接挑战；积极进取；勇于行动 | 成功人士、男性；名酒、越野车、运动用品 | 衡水老白干："喝出男人味！"<br>尊尼获加："Keep Walking（永远向前）"。 |
| | 叛逆者 | 特立独行；狂野傲慢；颠覆传统；渴望自由 | 创新品牌 | 苹果：广告 *Think Different* 展现特立独行和创新的文化。<br>哈雷摩托："Born to be Wild（生而狂野）"。<br>匡威："不是谁都懂。" |
| | 魔法师 | 追求变化；让美梦成真；让生活多姿多彩 | 女性用品 | 护舒宝：让烦恼和担心一扫而空。 |

续 表

| 基本动机 | 品牌原型 | 人格特征 | 适应客户与产品 | 典型案例 |
|---|---|---|---|---|
| 归属认同 | 凡夫 | 归属感；脚踏实地；平易近人；真诚；朴实无华；吃苦耐劳 | 平凡的人 | 劲酒："给生活加把劲！"<br>大宝："大宝天天见。" |
| | 情人 | 渴望亲密感；愿意建立良好关系；热情；体贴入微；更具吸引力 | 女性内衣、化妆品、珠宝、时尚品、旅游 | 体感科技品牌蕉内：推出不掉跟袜子、无标签内裤、确定杯Bra等。<br>内衣品牌Ubras：舒适好穿，不束缚身体，体现真实自然的体态美。 |
| | 愚者 | 喜欢游戏和恶作剧；崇尚享乐；活在当下 | 个人消费品如食品饮料 | 百事可乐："Live For Now（渴望就现在）""嗨就现在""耶就现在"。<br>科罗娜啤酒："This is Living（就为这一刻）"。 |
| 稳定控制 | 照顾者 | 服务；热情慷慨；保护他人；为他人竭尽全力 | 家庭清洁品牌 | 舒肤佳："有效除菌护全家""专业保护，健康全家""守护宝贝健康""给家人全面保护""12小时长效抑菌，长效保护更安心"。 |
| | 创造者 | 创新；追求愿景；天赋；想象力；艺术 | 标榜文化、体现个人品位 | 花西子："东方彩妆，以花养妆。" |
| | 统治者 | 征服；控制；领导力；追求成功 | 成功人士；豪车、名酒 | 奥迪："突破科技，启迪未来""驾驭明天的智慧""权力控制一切，你控制权力""所有的风云际会，不过是少数人的心领神会"。 |

原型是品牌角色、品牌个性的内在特质，它为品牌定下基调，反映品牌与消费者建立何种关系、满足消费者什么渴望。品牌营销首先要设定品牌的人格原型，明确品牌代表了何种普遍人性和心理原型。企业要研究消费者的生活方式和心理状态，理解社会文化趋势，挖掘目标消费者内心最普遍的渴望与焦虑，思考品牌希望与其建立一种什么样的关系，然后再定义品牌到底是一个什么样的"人"，选择最合适的品牌人格原型。

### 2.改变品牌原型，重塑品牌形象

如果一个品牌打破惯例，选用一个与常规截然不同的原型，就能让人耳目一新，从而脱颖而出。比如女性品牌采用英雄原型，讴歌女性的独立与无畏，无惧挑战。

如果要重塑品牌，可以改变品牌原型，换一个新面目示人，就能起到四两拨千斤的效果。

## 案例　　李维斯：改变品牌原型，吸引年轻一代

牛仔裤品牌李维斯（Levi's）伴随美国西部淘金热起家，最初是作为采矿工人耐磨耐用的工作服。李维斯着力塑造探险家原型，宣传活动展现开拓者、劳动者开发美国西部的场景，展现野性、叛逆与开拓等个性，例如2009年的品牌传播活动"go forth（向前闯）"、2010年的形象广告《我们都是劳动者》等。

但是，西部荒野离年轻人的生活越来越远，年轻人偏好舒适休闲、风格多变的服装，健美紧身裤取代牛仔裤成为街头流行，李维斯的销售额长期徘徊在40亿美元。2014年，李维斯重塑品牌形象，将品牌原型从探险家转为天真者，推出全新的品牌主张"Live in Levi's（穿上它，活出趣）"，强调李维斯属于每一个人，每个人都可以穿上它活出自己的人生，尽情享受每一天的喜悦和趣味，广告画面也从神秘的西部荒野转向真实的日常生活，文案和视觉风格不再前卫高深，而是轻松欢快。新品牌抓住了年轻人的心，让李维斯重回大众流行市场，2018年李维斯销售额突破50亿美元。

### 3. 基于品牌个性与原型，与消费者进行心灵沟通

营销就是沟通，就是企业与消费者沟通，为消费者策划价值、创造价值，向消费者宣传价值。企业与消费者沟通时，包括撰写内容、策划事件与活动，通过微博、微信、抖音等社交媒体与客户互动时，要按照品牌个性与原型进行深层次沟通。

（1）扮演品牌角色，用心沟通

营销人员首先要明白自己的品牌是什么个性和原型，这类人会说什么话，怎样说话？

营销人员要擅长"性格分裂"，即扮演品牌角色，把自我隐藏起来，达到"忘

我""无我"的境界。营销人员不能像作家、评论家那样随心所欲地表达自己的观点，而应该像演员演戏一样，展现需要展现的品牌个性与原型，表达应该表达的观点——应该表达所代表品牌的观点，别总是把"自我"带入营销沟通工作。

企业要基于品牌个性与原型同消费者进行对话和互动，开展各项营销传播活动，而不是说自己想说的话，开展自己以为有意思的活动。营销人员要尽快进入"角色"，说符合个性与原型的话，做符合个性与原型的事，否则消费者就会觉得违和。例如，如果为奔驰汽车撰写产品文案，你就应该扮演一个成熟稳重的男人，而不是一个亲切搞笑的"00后"；如果向都市白领宣传时装，你就应该是一个懂时尚的设计师，而不是一个把参数挂在嘴边的技术专家。

然而，在营销沟通实践中，很多营销人员不知道自己品牌的个性和原型是什么，不知道应该怎样与客户沟通，也不知道自己应该扮演何种角色。有人用"成分党"的思维与"情绪党"沟通，有人用"直男"的思维去评价女客户。营销人员要么是亲切搞笑的"00后"，在社交媒体上的口头禅是"奥利给""YYDS"，要么是把参数挂在嘴边的"技术专家"，宣传文案满是"最新××技术""颠覆性科技"，这种沟通本质上是"机器"在与客户进行肤浅的、机械的沟通，效果可想而知。

（2）优化CIS系统，培育品牌个性

从品牌管理的角度，为了培育品牌个性、塑造品牌形象，企业对内、对外输出内容的风格要保持一致。

企业要根据品牌个性和原型，优化品牌形象识别系统（CIS），产品包装、品牌名称、品牌LOGO、广告、宣传语、代言人、促销活动、客户服务、渠道门店等各方面的形象保持一致，向公众统一进行展示与传播。

产品策划、研发设计、宣传文案、运营、销售与客服人员等要快速理解、遵循这套规范，向公众传达统一的品牌形象。经过长期运营，品牌就会逐渐建立起自己的风格，形成鲜明的形象，在消费者心中留下深刻的印象。

## 秘诀 14
## 起个好名字

名字是产品与品牌的重要组成部分,用来与消费者进行沟通,传播产品与品牌的价值。

好名字能给人美好、深刻的印象,具有内在传播动力,能够提高沟通效率,使产品实现自动销售。

## 一、名字是用来传播的

### 1. 好名字能给人好印象

古人云:"遗子千金,不如教子一艺;教子一艺,不如赐子佳名。"鸡蛋花的外表再美丽,也不可能进入鲜花销量排行榜前列,"我的爱就像鸡蛋花"这样的话语可没法传情达意。曾有一项研究,调查人员拿着两张女孩的照片,在街上随机问路人哪个女孩更好看。第一轮的结果是平分秋色,大家认为两个女孩差不多好看;在第二轮中,调查人员给这两个女孩起了名字,一个叫伊丽莎白,有点梦幻、淑女、皇室的感觉,另一个叫格特鲁德,有点粗陋的感觉,结果,80%的受访者认为名叫伊丽莎白的女孩更好看。

### 2. 好名字能提高沟通效率

现在,消费者每天接触的信息很多,每条信息获得的注意力越来越少,传播深度越来越浅。对于一个新品牌（产品），名字吸引的注意力能占到一半以上。

从长远来看，名字是产品与品牌的重要组成部分，用来与消费者进行沟通，传播产品与品牌的价值，而不是企业的自我表演秀。

好名字能迅速被人记住，获得消费者的认同，高效传达产品与品牌的利益，引起消费者的美好联想。如果名字起得不好，就需要投入更多的宣传资源，营销宣传工作就会事倍功半。名字看一遍就能记住，还是看几遍才能记住，营销成本的差别不是一两倍，而是十倍、百倍。一个好名字能节省大量广告费，拥有一个好名字就等于成功了一半。

营销史上有很多通过改名成为知名品牌的例子。可口可乐早期的中文名字是"口渴口蜡"，后来改名为"可口可乐"，发音与英文名字高度统一，还带给消费者许多美好的联想。金利来最初由英文名"Goldlion"意译为"金狮"，在粤语中，其读音类似"金输"，不是好名字。后来，改为意译与音译相结合，"gold"意译为"金"，"lion"音译为"利来"，组合成"金利来"。

很多地方改名后名利双收，例如，浙江新安江水库改名为千岛湖，云南中甸县改名为香格里拉，福建崇安县改名为武夷山市，湖南大庸市改名为张家界市等。

## 二、起名字的原则与方法

### 1. 好名字的标准

产品与品牌的名字，虽然只有短短几个字，却是系统营销策划的产物，涉及市场竞争环境、企业资源优势、客户需求与应用场景、客户心理认知、品牌价值主张、品牌形象等，绝不是拍拍脑门就能轻易想出来的。

好名字通常符合4个标准："望文生义"；简单通俗；形象具体；有文化寓意。

（1）"望文生义"

好名字能直接表达产品的品类属性与功能卖点，例如，"奔驰""宝马""路虎"是汽车品牌，"鲁花"是山东出产的花生油，"蒙牛"是内蒙古出产的牛奶，"农夫果园""鲜橙多"是果汁，红牛的"牛"与力量有关，"支付宝"是关于支付的应用，"淘宝网"是可以在网上淘到宝贝的电商平台，"今日头条"是发布最新资讯的信息平台，"货拉拉"是搬家拉货的平台，"喜茶""奈雪的茶"是新茶饮品牌。

品牌名要给消费者想象空间，满足消费者的喜好、共鸣等精神需求。产品名要提供具体、清晰的问题解决方案，告诉消费者产品的具体功能等。有些名字直观地揭示了品牌价值主张（如卖点）的信息，例如，"BOSS直聘"揭示了公司的业务模式，"瓜子二手车直卖网"体现了公司的差异化价值——没有中间商赚差价，"国窖1573"这个名字将酒的历史感、价值感充分表达出来，甚至可以直接作为宣传语。

（2）简单通俗

简洁、通俗、朗朗上口的名字，人们容易识别与记忆，容易把它告诉别人，因而传播成本低。苹果、联想、娃哈哈、步步高等都是简单易记的好名字。

有些互联网公司的名字口语化，好读好记，如去哪儿、去啊、花呗、饭否、知乎、饿了么等。

苹果旗下的产品名字很简洁，例如iMac、iPod、iPhone、iPad。亚马逊畅销书排行榜前列的图书名字大都很短，平均仅有9个字母、2.2个音节。联邦快递原来的名字很长（Federal Express），有5个音节，后来将名字缩短成"FedEx"，只有2个音节。

（3）形象具体

当我们看到表示具体事物的名词的时候，大脑中马上就能呈现出具体的形象。好名字能够在消费者头脑中呈现一幅生动具体的图画，让人产生丰富的感受和联想，容易记忆和传播。大众的"甲壳虫"这个名字告诉我们，它小小的、圆溜溜的，但也坚强、友好。看到"三只松鼠"，你不仅能感受到它是一个坚果品牌，而且能联想到松鼠在树林间蹦跳寻找坚果的情景，从而联想到品牌的天然、乐趣。"每日坚果"这个品类名，在坚果前面加上"每日"

提醒消费频次，创造了一个百亿元规模的混合型休闲食品市场。"小茗同学"，小茗既代表茶，又代表"每个人心中都有一个叫小明的同学"，让人感受到浓浓的校园风和青春气息，令学生群体及职场新人产生亲近感。"东方树叶"，让人联想到中国悠久的饮茶史。"农夫山泉""海飞丝""飘柔""小天鹅""五谷道场"等名字也给人以画面感。

在竞争激烈的中国互联网行业，企业喜欢用动植物名字来为品牌命名，以降低消费者的认知成本。既有天上飞的，如艺龙、菜鸟、凤凰等；也有地上跑的，如搜狐、搜狗、酷狗、快狗、天猫、途牛、奇虎、盒马、考拉、蚂蚁、松鼠、猪八戒等；还有水里游的，如闲鱼、斗鱼、虾米等；植物，如小米、豆瓣、百合、土豆、美柚、蘑菇、芒果、梨、西瓜、豌豆荚、瓜子、荔枝、花椒、核桃等。

(4) 有文化寓意

具有文化内涵的名字，耐人寻味，容易给人留下印象。例如，"同仁堂"意为"同修仁德，济世养生"；"庆余堂"源自《周易》的"积善之家，必有余庆"；"百度"源自辛弃疾的"众里寻他千百度"；"花西子"源自苏轼的"欲把西湖比西子，淡妆浓抹总相宜"，与品牌诞生地吻合。

很多国际品牌的中文名称富有文化寓意。Revlon 的中文名字"露华浓"源自李白的"云想衣裳花想容，春风拂槛露华浓"；Shiseido 的中文名字"资生堂"源自《易经》的"至哉坤元，万物资生"；IKEA 的中文名字"宜家"源自《诗经·周南》的"桃之夭夭，灼灼其华。之子于归，宜其室家"。

前些年，丰田将中文产品名改成音译，"凌志"改为"雷克萨斯"，"佳美"改为"凯美瑞"，"花冠"改为"卡罗拉"，"霸道"改为"普拉多"，"陆地巡洋舰"改为"兰德酷路泽"，这就失去了原有的丰富内涵。

中国企业起名字，偏爱寓意美好的字。例如，老字号偏好瑞、恒、顺、通、达、德、仁、隆、裕、福、盛、同、光、康、宝等字，房地产和汽车企业偏好尊、享、雅、优、佳、豪、睿、尚、信、荣、华、爵等字。这类名字显得"高大上"，也许能让人产生美好的联想，但未必容易记忆和传播。

> **案例**　　　　　今麦郎凉白开：文化传统制胜

高温蒸馏水的市场竞争，屈臣氏与今麦郎是两个典型案例。

1995年，屈臣氏推出高温蒸馏水，宣传"爱，至清至纯"，后来改成"105℃超越热爱"，强调"我的热爱，比沸点更多5℃"。高温蒸馏水与普通纯净水在功能上、口感上差别细微，"爱情""热爱"与水关联也有点牵强，消费者没有感觉，屈臣氏蒸馏水没有火起来。

今麦郎将高温蒸馏水命名为"凉白开"，迅速赢得了市场。喝熟水在中国具备广泛的文化传统，我们从小就被教育，喝生水拉肚子，喝热水，或者煮开放凉的水才卫生、健康。"凉白开"的品牌理念符合中国文化传统和养生习惯，如"喝熟水，对身体好""不喝生水喝熟水""喝熟水，更健康""喝熟水，真解渴"，所以很快获得了市场青睐。

### 2. 品牌命名方法

常见的品牌命名方法如下。

（1）功能利益

看到名字就能联想到功能，适用于强调功能的产品，例如伟哥、帮宝适、迅雷、背背佳、妇炎洁、露得清等。宝洁旗下的众多产品用子品牌进行区分，洗衣品牌叫"汰渍""碧浪"，洗发品牌叫"飘柔""海飞丝"，护理品牌叫"舒肤佳""玉兰油""激爽"，牙膏品牌叫"佳洁士"，每个品牌名都指明其功能属性。

（2）使用体验

名字描述消费者使用产品时的感受和情绪状态，给消费者带来美好联想，例如可口可乐、百事可乐、乐事、必胜客、喜茶、自嗨锅、趣多多、尖叫、绝味、好想你等。

（3）美好寓意

暗示产品无法直接表达的价值，顺应民俗心理，打造精神象征，适用于同质化比较严重的产品，例如步步高、万家乐、好利来、金六福、黄金酒等。

（4）地理特征

运用地理关键词，发挥地缘优势，适用于原产地优势明显的产品，例如贵州茅台、云南白药、汾酒、金华火腿、青岛啤酒、西湖龙井等。

（5）人格化

品牌就像能交流、懂心思的"人"，有温度和情感，例如老干妈、江小白、莫小仙、王饱饱、七格格等。

（6）叠词

叠词的韵律感强，自带情感，消费者易接受、易传播，例如当当、滴滴、钉钉、陌陌、探探、脉脉、娃哈哈、拼多多、货拉拉、步步高、呷哺呷哺、哔哩哔哩等。叠词主要有 AA、ABB、AAB、AABB、ABAB 等形式，可根据品类特性选择使用。

（7）翻译谐音

例如可口可乐、麦当劳、万宝路、波音、达能、伟哥、优衣库、拍立得、必应、香奈儿、强生等。

## 三、命名的常见错误

糟糕的名字通常源于内部人思维，掉进了知识诅咒的陷阱。

糟糕名字的典型特点是难懂、难记，有些名字是中文、英文、数字的组合，有些还带有技术术语。像"LN55P60X-II"这种名字，人们该怎么理解？怎么记忆？怎么读？如果没法读，又怎么把它告诉别人？记者与编辑也不喜欢这种名字——文章中出现这种名字，就不受读者欢迎——这样一来，媒体就会将这种产品拒之门外，产品就鲜有机会在大众面前露脸了。

起名字要注意以下几点。

①避免同质化。例如，汽车型号命名的同质化就很严重，比如"腾""途""马"等字的重复率较高，消费者难以区分。

②避免生僻字和难读字。好名字应该易读易记，要坚决摒弃难读、难写、

难记的字。

③少用英文。有些品牌强调国际化、个性、新锐，用英文名字。但是，英文名字难读、难拼、难理解，增加沟通成本。如果一定要用英文名，建议用简单的单词或字母，如 PMPM，或者中文与字母的组合。

④避免行业术语。行业缩略语、工程型号等，可以在企业内部使用，但不要公开使用，不要把企业内部用语变成消费者的负担。对大众用户而言，技术用语往往很神秘，难以理解和记忆。例如，在苹果的官网上就很难找到苹果产品型号的踪迹。

⑤慎用谐音、特殊寓意、双关语、文字游戏。谐音梗会让人眼前一亮、会心一笑，比如钟薛高、茶颜悦色等。有些时候，我们觉得名字起得特别巧妙、有寓意，但消费者可能不认同，因此要进行用户测试。

## 案例　　笔记本电脑和高清电视的名字

笔记本电脑的名字大都比较复杂。如果你想购买一台安装了 Windows 操作系统的笔记本电脑，可以选择联想（Lenovo）IdeaPad 710S 13.3 英寸超级本电脑（i5-6200U，4GB 内存，128GB 纯固态硬盘，全高清屏幕，Windows 10 操作系统，香槟金），戴尔 XPS 13-9350-R1508S 13 英寸笔记本电脑（i5-6200U，4GB 内存，128GB SSD）或者惠普 ENVY 13-D025TU 13.3 英寸超级本电脑（i5-6200U，8GB 内存，256GB SSD，QHD+ 屏幕）——这些名字都来自京东商城的商品页面。

再看看高清电视。你可以选择康佳 LED32E330C 32 英寸窄边高清液晶电视（银色），也可以购买创维 55M5 55 英寸 4K 超高清智能酷开网络液晶电视（黑色）或者 TCL D55A561U 55 英寸 X-TV（内置 Wi-Fi，安卓系统，4K 高清液晶智能云电视，黑色），飞利浦 55PUF6056/T3 55 英寸 4K 超高清智能电视（黑色）也不错。这样的产品名字和型号在显示器和电视机行业使用非常普遍，实在令人惊讶！

对于"UN55c7000"这个名字，三星公司曾经这样"翻译"：

"UN"表示屏幕技术是液晶，是一种液晶显示器；

"55"表示屏幕尺寸——电视屏幕是55英寸；

字母"c"表示电视生产时间是2010年，而2011年生产的产品用字母"d"表示，以此类推；

"7000"是系列号，表示这款电视是超薄设计，分辨率为1000dip，刷新率为240Hz。

在这些信息中，唯一对消费者有意义的是"55"，其他对消费者都没有意义，只对企业本身有意义。

## 秘诀 15 设计品牌口号

企业要设计精练的品牌口号，传播品牌的价值主张，激发消费者行动起来。

品牌口号要有客户视角，聚焦于一点，传达具体利益，还要简单直接、生动具体。优秀的宣传语具有内在传播动力，既能打动消费者，使其下决心购买，又能提高沟通效率，方便客户将产品推荐给别人，使产品实现自动销售。

## 一、品牌口号的作用

### 1. 品牌口号表现价值主张

品牌口号（Slogan），又称宣传语、广告语，通常是企业（品牌）用来与消费者沟通的一句话，精练，朗朗上口，能激发客户的购买行为。

价值主张是企业安身立命之本，而品牌口号是价值主张的表现形式。价值是内核，品牌口号是形式。品牌口号用来与消费者沟通，偏感性；而价值主张（包括心智定位、卖点或品牌价值）相对偏理性。

品牌口号要告诉消费者自己的优势是什么，能给消费者什么价值，向消费者传递购买理由，或者增强消费者的印象。例如，"农夫山泉有点甜"，"小米手机，就是快"，"夜间出行，神州更安全"，鲁花"经典5S压榨一级花生油"，阿里巴巴"让天下没有难做的生意"等。

企业要基于价值主张设计品牌口号。例如，耐克的价值主张是"专业运动员表现"，品牌口号是"Just Do It"；宝马的价值主张是"驾驶乐趣"，品牌口号用过"纯粹驾驶乐趣"和"BMW之悦"，3、5、7系产品的品牌口号分别用过"以悦制胜""有容乃悦""悦享巅峰人生"等；珀莱雅的价值主张是"为所有消费者提供最科学、更安全、见效快的前沿科学肌肤解决方案"，品牌口号是"趁年轻，去发现"。有的企业直接用价值主张作为品牌口号与消费者沟通，例如，飞鹤奶粉的价值主张与品牌口号都是"更适合中国宝宝体质"，品牌口号还有一句"高端销量遥遥领先"。

### 2. 品牌口号用于口碑

自动销售的主要路径之一是"人引人"，即老客户吸引新客户，客户替企业做宣传。要想让客户替你卖东西，你就要设计一句话，让客户把这句话告诉别人，这句话就是品牌口号。可见，品牌口号是给客户用的。

优秀的品牌口号让人过目不忘，具有直击人心的力量，能自己走进消费者心中，具有内在传播动力——当客户向朋友介绍产品时，马上就能想到、用上这句话，轻松实现广泛传播。

例如，你觉得红牛不错，你的朋友要加班，你就会用"困了累了喝红牛"这句话向他推荐。类似的例子还有"怕上火，喝王老吉"，"今年过节不收礼，收礼只收脑白金"，"经常用脑，多喝六个核桃"，"营养还是蒸的好"，"钻石恒久远，一颗永流传"，"人头马一开，好事自然来"等。

联想早期有一句口号："人类失去联想，世界将会怎样？""联想"既是品牌名称，也指人类的想象力。想象力在人类社会的发展中至关重要，"联想"在科技发展中扮演着重要角色。这句口号瞬间拔高了联想的品牌形象。

### 3. 品牌口号作为营销主题

传统营销模式下，营销宣传主要依赖电视与平面广告，品牌名与品牌口号（广告语）是信息传递的核心，消费者对一个品牌的认知和记忆主要靠品牌口号。很多品牌口号的知名度高，甚至成为社会流行金句，其实都是用巨额广告费长期培养起来的。

今天，越来越多的企业不愿意在硬广告上砸大笔预算，而是创作内容、策划事件、发起活动，品牌口号的作用似乎逐渐弱化了。新消费品牌如钟薛高等的品牌口号是什么？它们甚至没有品牌口号。

数字时代，由于客户需求与媒体环境发生改变，品牌口号的作用亦发生了变化，品牌口号要为品牌营销提供方向与主题，指引企业的各种营销动作。企业要围绕品牌口号开展营销工作——创作内容、策划事件、发起活动，比如制造一个目标客户关注的话题，从而引发关注与讨论，最好还能在社交媒体上变成品牌的一个话题标签，扩散品牌影响力。

例如，多芬的品牌口号是"真实美"，从2004年开始多芬围绕它发起大量营销战役，衍生出丰富的内容和活动推广，如2013年的"你比你想象中更美"，2018年的"肌肤因经历而美丽"，2022年最新的"我的美，我说了算"等，引发了大范围的客户共鸣，形成了轰动全球的营销攻势。

## 二、设计品牌口号的原则

撰写品牌口号、营销文案时，要遵守以下基本原则。

### 1. 客户视角

撰写品牌口号、产品描述等营销语言，目的是影响消费者的感受、制造消费者的认知，不要书面化，不要华丽的词语。

有些企业使用工程师的语言，有些企业使用营销人员的语言。尽管它们一直在说，但消费者什么都听不到。在这方面有个段子。一个APP客户端软件的销售人员走进一家餐馆，问老板："你们需要客户端吗？"老板回答："我们一般都是伙计端，实在忙不过来的时候才需要客户端。"

有些品牌的口号成为企业的自我表演，自说自话，自娱自乐，品牌口号看起来很"战略"、很潮、很炫，消费者却没有感觉，例如"卓越""超越""乐享""畅享""创新""智造""经典""轻松""自由""卓尔不凡""极致体验"

等,这些词言之无物,其实质是用华丽的辞藻掩盖内容的空洞,人为制造沟通障碍。

怎样判断品牌口号是不是接地气?把这句话带出办公室,然后对其他人说,看看自己能不能说出口。比如当你向邻居推荐新买的手机时,你会说我这手机"卓尔不凡"吗?当你向同事推荐电视时,你能说这电视是"视觉盛宴"吗?当你向闺蜜推荐床垫时,你会说这能带来"极致体验"吗?当你向朋友推荐汽车时,你会说"突破科技"吗?当你向朋友推荐自己公司的产品时,你会说"我们××,智享人生"吗?你会对潜在客户说"我们××,引领趋势"吗?正常人不会这样说话,这不是"人话"。

### 2. 聚焦于一点

品牌口号要聚焦于一点——品牌(产品)的差异点或者提供给消费者的核心利益。聚焦于目标才容易真正占据一个概念,集中力量才能感动消费者。企业产品的优点很多,但要舍九取一,聚焦到消费者最看重的一个核心优点上,只有这样,消费者才可能记住。

如果企业推介自己产品具有五大卖点、八大优势,消费者根本记不住。很多产品都具有多方面的优势,例如功能、技术、原料、工艺、产地、品质、性价比等。常见做法是对众多优点进行归纳,综合概括成一个抽象、宏大的概念,以包容全部优点。但是,讲的越多,消费者能理解并记住的越少,营销效果反而越差。

很多创新企业喜欢提出宏大的目标,例如"让生活更美好""只为健康生活""让生活更便捷",但其实全世界的企业加起来,目标就是"让生活更美好",没有哪家企业可以定位为"美好生活""健康生活",这些目标太庞大、太空洞,没有实际意义。例如,六个核桃最早的广告语是"六个核桃,好在六点",一句话传播了六方面好处,但这六点到底是什么,消费者不知道,也没有兴趣去了解。

一个楼盘的优点非常多,地段、交通、配套、教育、户型、环境、品质、装修、物业等,这么多优点都要讲,那么宣传口号就变成了"好好好",比如针对大众人群刚需的楼盘，口号是"幸福生活"；改善型楼盘，口号是"生活美学""美好人生"；针对高净值人群的豪宅盘，口号是"思想境界""家族传承"。在幸福生活之下，户型好、配套好、环境好、地段好，都成了"幸福生活"的一个有机组成部分，但是，"幸福生活"这种综合多个优点提炼出的主张，与产品脱节，空洞抽象，无法引起消费者的兴趣，无法打动消费者。

宣传的一个基本原理是利用光环效应，放大优势。光环效应又称晕轮效应，是一种以偏概全的认知偏误。如果人们对品牌某一方面（某产品）产生认可，在这种好感的影响下，人们会对该品牌的其他方面（其他产品）也给予高度的评价。

根据光环效应，企业要做产品优势的"放大镜"：聚焦于产品某个亮点，建立起特色符号，形成光环，并经过长期积累，成为消费者的记忆点。企业要强化品牌（产品）的某种特色，单点突破，深耕细作，开展持续创新，让人们有所期待；切忌八面玲珑、面面俱到。例如，华为手机围绕"影像"这个特色优势，持续打造核心亮点，每代新机都开启"华为影业"模式：用P30拍了首部竖屏电影《悟空》，推出《暗夜追光》《影像因感性而感动》等，而不是今天突出充电优势，明天强调颜值外观。

筛选产品的核心利益点，可以使用强制排序法，即调查若干典型客户对产品利益的重视程度，进行统计排序，只留下排在前面的2~3种利益，把后面的全删掉。

**案例　　小米移动电源：设计品牌口号**

小米在设计移动电源的品牌口号时，曾经讨论过多个版本，但都被否定了，举例如下。

小身材，大容量——不直接，不具体，难以感知。

重新定义移动电源——只是戴了一顶大帽子，实际上没有重新定义。

超乎想象的惊艳——"高大上"，不抓心。

最具性价比的手机伴侣——消费者不知道产品是做什么用的，也容易联想到Wi-Fi。

一掌之间，充足一天——没有体现出差异点。

小米最来电的配件——对于配件，用户第一时间会想到手机壳。

69元充电神器——"神器"这个词曾在红米手机和活塞耳机的品牌口号中用过。

最后，小米决定直接描述性价比这个卖点，品牌口号是"10400毫安69元"，加上"LG、三星国际电芯，全铝合金外壳"的背书。

### 3. 具体利益

营销宣传要对准消费者的切身利益，直截了当，别兜圈子。抽象地谈论可能的利益，并不能吸引客户产生购买行为。要让客户感觉到产品实实在在的利益，或者将客户带入角色，使其身临其境，想象自己使用产品的情景。

有些时候，稍微改动说法也会带来很大的改变。被称为"史上最强的广告文案写手"的约翰·卡普尔斯（John Caples）说过，务必要注意"自身利益"的"自身"二字——少谈抽象利益，多强调具体利益；千万别说"用我们轮胎的人都能高枕无忧"，而要说"你要是用我们的轮胎，必能高枕无忧"。

"马里奥之父"在讲解新游戏《超级马里奥跑酷》（*Super Mario Run*）时，强调这个游戏可以单手玩。他描绘了一个常见的场景，一个人站在地铁车厢里，一手拉着把手，一手拿着手机玩游戏，充分展示了产品的利益点。

---

**案例** 坦佩市推广有线电视

1982年，心理学家以美国亚利桑那州坦佩市的部分家庭为对象，开展了一项说服力研究。一些学生志愿者拜访这些家庭，声称为了完成课程任务，请居民填写调查问卷。当时，有线电视刚刚推出，大部分家庭不甚了解。

研究人员向一组家庭介绍为什么有线电视服务值得花钱订购：有线电视

能提供多种多样的娱乐和新闻节目，用户可以点播自己喜欢的节目；有线电视可以节省保姆费、邮费，减少出门的麻烦，增加自己的娱乐时间。

研究人员请另一组家庭设想自己处在一个具体情境中：有线电视将为你提供更多的娱乐和新闻节目，你可以点播自己喜欢的节目，你可以一个人享受或者与家人共享欢乐时光，你在观看流行的电视剧时可以随时暂停去卧室照顾宝宝……再想想，这样你可以节省多少保姆费？

这两种说法有多大差别呢？前一个抽象，后一个具体、有代入感（你可以数一数后一种说法中有多少个"你"）。

一个月后，坦佩市开始接入有线电视。心理学家从有线电视公司拿到了客户资料，分析哪些家庭订购了有线电视，哪些没有订购。在前一组家庭，有20%选择了订购，与坦佩市的整体情况相当；而在后一组家庭，有47%选择了订购。这份研究报告发表时，它的副标题是"想象就能成真？答案是肯定的"。

## 案例　iPhone 7 发布会：通过应用场景介绍新功能

iPhone 7 的防水功能达到了 IP 67 级，但普通消费者对"IP 67 级"没有认识，不知道这有什么好处。库克在介绍 iPhone 7 的防水功能时放出了一张照片，上面有一个人，拿着手机意外跌落泳池。然后，他告诉大家：即使在这种情况下，你的 iPhone 也没事。在谈及 Apple Watch II 的防水性能时，库克展示了一段模拟游泳的视频——Apple Watch II 在水里经过 24 小时的撞击与浸泡后仍能正常工作。

iOS 10 的更新主要在人工智能和机器学习方面，消费者对此也没有认识。库克演示了用手机发邮件的场景，机器通过以前的输入或者邮件的数据，能预测出用户在这封邮件中可能要输入的语句，大大减少了用户的操作。

在谈到前置摄像头时，库克不得不提到一系列数据和性能的提升。在总结时，库克马上回到这个功能的使用场景——自拍。观众看不懂技术参数也没关系，他们只要知道 iPhone 7 的自拍效果更好就可以了。

### 4. 简单直接

品牌口号是对品牌价值主张的高度浓缩，是企业对消费者、消费者对消费者说的话，最好用通俗易懂的大白话，易读易记，方便口口相传。例如，阿迪达斯的"没有不可能"、金利来的"男人的世界"、飘柔的"就是这么自信"，都是人们通常说的话。小米 2 最初的品牌口号是"唯快不破""性能怪兽"等，最后决定用大白话"小米手机就是快"，让人一目了然。

品牌口号要用最简单直白的语言来影响用户的感受。人们只需要阅读关键词，就能获得完整的意义和情绪，从而降低认知成本，广泛传播。例如 OPPO 的"充电 5 分钟，通话 2 小时"。

常见的 APP 的品牌口号如表 6 所示。

表 6　APP 的品牌口号

| APP 名称 | 品牌口号 | APP 名称 | 品牌口号 |
| --- | --- | --- | --- |
| 微信 | 微信，是一个生活方式 | 网易新闻 | 有态度 |
| 微博 | 随时随地，发现新鲜事 | 腾讯新闻 | 事实派 |
| 钉钉 | 钉钉，是一个工作方式 | 搜狐新闻 | 先知道 |
| QQ | 每一天，乐在沟通 | 今日头条 | 你关心的，才是头条 |
| QQ 空间 | 分享生活，留住感动 | 南方周末 | 在这里读懂中国 |
| 百度贴吧 | 上贴吧，找组织 | 澎湃新闻 | 专注时政与思想 |
| 陌陌 | 总有新奇在身边 | 支付宝 | 知托付 |
| 豆瓣 | 我们的精神角落 | 手机淘宝 | 随时随地，想淘就淘 |
| QQ 邮箱 | 常联系 | 手机京东 | 多·快·好·省 |
| 天涯社区 | 全球华人网上家园 | 天猫 | 理想生活上天猫 |
| 腾讯视频 | 不负好时光 | 聚美优品 | 极速免税店 |
| 优酷 | 这世界很酷 | 网易严选 | 好的生活，没那么贵 |
| 斗鱼 | 每个人的直播平台 | 闲鱼 | 让你的闲置游起来 |
| 秒拍 | 超火短视频，秒拍抢先看 | 美团外卖 | 美团外卖，送啥都快 |
| 喜马拉雅 FM | 随时随地，听我想听 | 途牛 | 要旅游，找途牛 |

续表

| APP 名称 | APP 宣传语 | APP 名称 | APP 宣传语 |
|---|---|---|---|
| QQ 音乐 | 听我想听的歌 | 携程 | 携程在手，说走就走 |
| 网易云音乐 | 听见好时光 | 神州专车 | 专业司机，专业车辆 |
| 滴滴出行 | 滴滴一下，马上出发 | 赶集网 | 赶集网，啥都有 |

### 5. 生动具体

将抽象的陈述具体化、场景化，用生动具体的语言描述产品卖点（或品牌价值、心智定位），能抓住人心——使消费者迅速明白产品有什么好处，从而降低传播成本，提高沟通效率。例如，在 iPod 出现时，MP3 已经存在了很长时间，市场上各类 MP3 的卖点是"1GB 存储空间"等，为了让用户感受 iPod 的轻薄小巧和大容量，乔布斯说 iPod 是"你口袋里的 1000 首歌"。再如，为了让用户有直观的感受，小米体重秤的宣传语是"喝杯水都可精准感知"。

## 案例　　U 形枕的宣传文案

某 U 形枕的宣传文案，初稿很抽象，终稿生动具体。

表 7　某 U 形枕的宣传文案

| 初稿 | 终稿 |
|---|---|
| 便捷收纳，节省空间 | 收枕头，比收电脑还简单；仅 2 罐可乐大小，方便带去任何地方 |
| 60° 环扣设计，适应多种姿势 | 60° 环扣设计，靠在车窗都能睡 |
| 超软慢回弹记忆棉，保护颈椎 | 超软慢回弹记忆棉，减轻 75% 颈椎压力 |
| 定制高档布料，全向透气不出汗 | 顶级球衣布料，全向透气不出汗 |
| 透气遮光眼罩，极致遮光效果 | 透气遮光眼罩，让你 1 秒进入黑夜 |

### 6. 打比方

很多难以讲述的复杂道理，通过比喻就能让人豁然开朗。对于高科技产品，用技术语言通常难以描述清楚，而通过打比方就能把产品卖点或品牌价值生动地呈现出来，让消费者容易理解。例如，SaaS 服务领先企业 Salesforce 经常通过比喻解释自己的业务：Salesforce 是"业主"，在自己的服务器上出租软件应用与数据存储功能，而客户是"租户"。这样就简单直白地描述了最新的 SaaS 服务。

### 7. 与众不同

品牌口号要出自原创，与众不同，这样才容易被识别，自带传播力。人云亦云的品牌口号，不仅无法给消费者留下深刻印象，也无法与品牌建立强关联。

---

**案例**　　玛氏巧克力：只溶在口，不溶在手

1954 年，玛氏（M&M's）推出了新型巧克力豆，却一直打不开销路。营销策划人员注意到，这是当时美国唯一使用糖衣包裹的巧克力豆，最大特点是耐高温、不易溶化，便由此构思出 "Melts in Your Mouth not in Your Hand"（只溶在口，不溶在手）的金句，使 M&M's 迅速成为家喻户晓的糖果。

这句广告语简单、清晰、朗朗上口，让 M&M's 不粘手的特点深入人心，创造了独特的产品特色，既展现了 M&M's 制作之精良，又提醒人们：吃这种巧克力豆时，不用担心弄脏手。

### 8. 长期不变

品牌口号一般不会频繁更换。通过长期的营销宣传，品牌口号具有了一定的知名度，有些甚至耳熟能详，成为企业品牌资产的重要组成部分。

很多品牌口号使用几十年都不会更换，比如耐克的 "Just Do It"，就是从 1988 年开始使用的。1998 年，耐克推出一句新的广告语 "I Can" 试图替代它，结果遭到客户的一致反对。"I Can" 只使用了一年便被放弃，"Just Do It" 沿

用至今。

为了避免消费者对品牌口号产生审美疲劳，在日常传播中要注意创新，比如打造阶段性传播主题。例如，耐克在2010年世界杯的传播主题是"踢出传奇"；2014年世界杯，"搏上一切"；2018年世界杯，"全凭我敢"；2012年奥运会，"活出你的伟大"；2016年奥运会，"勇气，不信极限"。这些传播主题结合具体活动和应用场景，阶段性使用，深化与演绎了"Just Do It"。

**9. 品牌露出**

企业要尽可能增加品牌名的露出，口号最好带上品牌名，以强化品牌记忆，人们记住了口号就记住了品牌。例如"农夫山泉有点甜""小米手机，就是快""夜间出行，神州更安全""收礼还收脑白金""送长辈，黄金酒""赶集网，啥都有""有问题，上知乎""旅游之前，先上马蜂窝""满电生活用安克""找工作，直接跟老板谈，上Boss直聘""劲酒虽好，可不要贪杯"等。

## 三、设计品牌口号的要点

### 1. 提炼品牌口号的方法

企业可以参考上述原则，基于品牌价值主张（定位、卖点、品牌价值）等，提炼品牌口号，常见的方法、依据如下。

（1）依据品牌定位

基于品牌定位设计品牌口号，为消费者购买同类产品设定标准，引领消费意识变化。方法有二：一是说明品牌与品类的关系，例如，安克"全球第一的数码充电品牌"，护童"高端学习桌椅，儿童桌椅选护童"；二是建立品牌与品类的关联，例如，南孚"聚能环"，薇诺娜"怕敏感就用薇诺娜"等。

（2）依据产品卖点与品牌功能价值

基于产品卖点、品牌功能价值，表达品牌带给消费者的核心利益。例如，沃尔沃S90"唯爱与生命不可辜负"、S60"放胆放心"，公牛插座"保护电池保护人"，拉面说"家里的拉面馆""还原面馆味道"，林清轩"肌肤发光的秘密"，三棵树漆"三棵树，马上住"等。

（3）依据品牌情感价值或社会价值

基于品牌的情感价值或社会价值，表达用户使用产品的情感体验和消费态度。例如，999感冒灵"暖暖的，很贴心"，麦当劳"我就喜欢"，轩逸"幸福家轿"等。或者展示个性，表达一种生活方式和人生价值观，例如，小米"为发烧而生"，KEEP"自律给我自由"，美特斯邦威"不走寻常路"，空刻意面"让爱更简单"等。

（4）依据使用场景

表现产品的消费场景、使用方法或消费习惯。例如，RIO微醺"一个人的小酒"，淘宝"上淘宝，淘到你说好""太好逛了吧，王饱饱"早餐记得吃饱饱"等。

（5）依据品牌标志

基于品牌标志，提取品牌的差异化特征或标识符号。例如，哈尔滨啤酒"一起哈啤"，超能洗衣液"超能女人用超能"，德芙"祝你年年得福"，瑞幸"小蓝杯，谁不爱"等。

## 2. 设计品牌口号的步骤

传统企业将目标客户群当作一类客户，他们对所有客户制订同样的营销策略，发布同样的营销内容，举办同样的促销活动。实际上，目标客户通常有多种类型。数字时代，企业应该针对每类客户，开展针对性沟通宣传、活动促销和售后服务，让每位客户感到企业的所言所行都是为自己定制的。

设计个性化的品牌口号与营销文案，包括以下步骤。

（1）深入调研

设计品牌口号的前提是广泛深入地调研行业与客户。

广告大师霍普金斯认为，营销策划人必须全面了解自己的创意对象，在广告的背后，有大量的数据、信息，需要数月时间的调查研究。他写每个广告文案时，总要花几个星期查阅信息资料，做案头工作，然后再花几个月时间开展深入调研。

（2）分析评估，了解客户心目中的品牌标签

营销经理要搜集品牌过去的广告、相关内容和营销活动，分析其主要在传递什么信息。通过文本挖掘技术，分析网络上的各种文本内容，社交平台上的客户口碑、媒体对品牌的报道以及电商平台的客户购买评价等，从中提取高频词汇。

然后，将这些词按照优先级和重要性进行排序，删掉次要的词，合并意思接近的词，只留下最重要的词。

这样，营销经理会得到一个企业专属的品牌词典，并从中找到客户心目中关于品牌的核心标签——客户对品牌的看法。

（3）设计价值主张

营销经理首先要了解客户觉得你的产品有什么好处，而不是你认为你的产品有什么好处；要了解产品将怎样影响消费者的生活，以及客户的想法、动机、渴望和语言。

产品的真正价值在于对客户生活或者工作方式的改变。营销经理要根据前文所述的"目标客户的一天"模型，首先了解客户未用产品时一天的样子，然后要了解客户使用产品后的状态——客户使用产品之后，他的一天是什么样子。

根据产品给客户生活或工作方式带来的变化，以及客户心目中的品牌标签，设计品牌价值主张，例如心智定位、卖点或品牌核心价值。

（4）理解目标客户的语言

最好、最有效的营销语言，就是消费者自己使用的语言。加多宝的销售人员在走访客户时发现，客户之所以会喝凉茶是因为担心上火，这样才有了"怕上火，喝王老吉"。

营销经理要以不同的方式与不同类客户进行沟通。例如，如果你的客户主要是没有电脑操作经验的老年人，你就不能使用太专业的说法。营销经理要回答这些问题：该类客户使用什么特定的词汇？他们彼此如何交流？他们使用复杂的语言还是简单的语言？他们使用企业常用的术语、简写表达或首字母缩略词吗？等等。

寻找能引起客户共鸣的语言，最有效的方法是访谈推荐型客户（对产品非常满意、愿意将其推荐给别人的客户）。营销经理要详细了解推荐型客户是怎样说服别人试用产品的，他们看重的产品卖点、评价最高的产品特征是什么，他们的推荐语言是什么？

营销工作其实很简单，就是将老客户的感受重新包装，传递给新客户。你只需要了解消费者的语言，将它们整理、包装，再反馈给潜在消费者就可以了（如图22所示）。

深度访谈 → 消费者语言 → 整理包装 → 营销语言 → 消费者

**图22 营销语言来自消费者**

（5）明确沟通媒介

你的目标客户使用智能手机吗？他们如何与朋友或同事沟通？他们使用微博、微信、抖音、今日头条等社交媒体吗？他们去哪里闲逛？他们读什么书？他们接受传统媒体如报纸、电视吗？他们喜欢追什么剧，看什么类型的短视频或电视节目？他们有什么有趣或独特的地方吗？

（6）针对每类客户，开展个性化沟通

企业要通过产品、价格、渠道和促销等方面的营销策略来传播价值主张。例如，如果价值主张是优质优价，就必须生产高质量的产品，定高价格，通过优质的经销商分销，寻找服务声誉好的零售商，在高质量的媒体上宣传其卓越服务品质，雇用和培训更多的服务人员等。

企业既要保持品牌口号的基本稳定，以积累品牌资产，又要使营销活动（传播主题、营销文案等）与每类客户相匹配，实现个性化沟通。营销经理要与各类客户深度沟通，真正理解了各类客户，才能开展营销活动。客户感到被企业所理解时，才会接受企业营销活动的影响、产生共鸣，建立信任和忠诚，进而产生购买行为。

# 参考书目

[1] 彼得·德鲁克. 管理：使命、责任、实践 [M]. 王永贵，译. 北京：机械工业出版社，2009.

[2] 费尔南多·布罗代尔. 15 至 18 世纪的物质文明、经济和资本主义（1~3 卷）[M]. 顾良，等译. 北京：生活·读书·新知三联书店，2002.

[3] 西奥迪尼. 影响力（经典版）[M] 闫佳，译. 沈阳：万卷出版公司，2010.

[4] 阿伦森. 社会性动物 [M]. 邢占军，译. 上海：华东师范大学出版社，2007.

[5] 霍格斯黑德. 迷恋 [M]. 邱璟旻，译. 北京：中华工商联合出版社，2011.

[6] 艾萨克森. 史蒂夫·乔布斯传 [M]. 管延圻，等译. 北京：中信出版社，2011.

[7] 加布里埃尔·塔尔德. 模仿律 [M]. 何道宽，译. 北京：中国人民大学出版社，2008.

[8] 菲利普·科特勒. 营销管理（第 14 版）[M]. 王永贵，等译. 上海：格致出版社，2015.

[9] 霍金斯，马瑟斯博. 消费者行为学 [M]. 符国群，等译. 北京：机械工业出版社，2011.

[10] 西奥多·莱维特. 营销想象力 [M]. 辛弘，译. 北京：机械工业出版社，2007.

[11] 乔纳·伯杰. 疯传：让你的产品、思想、行为像病毒一样入侵 [M]. 刘生敏，等译. 北京：电子工业出版社，2014.

[12] 戴维·阿克. 创建强势品牌 [M]. 李兆丰，译. 北京：机械工业出版社，2012.

[13] 玛格丽特·马克，卡罗·S. 皮尔森. 很久很久以前：以神话原型打造深植人心的品牌 [M]. 许晋福，等译. 汕头：汕头大学出版社，2003

[14] 希思. 让创意更有黏性 [M]. 姜奕晖，译. 北京：中信出版社，2014.

[15] 赛斯·高汀. 紫牛：从默默无闻到与众不同 [M]. 施诺，译. 北京：中信出版社，2009.

[16] 格兰特·麦克拉肯. 不懂流行文化就不要谈创新 [M]. 贾晓涛，译. 海口：南

海出版公司, 2012.

[17] 哈利·贝克威斯. 畅销的秘密：非理性的神奇力量 [M]. 王冬佳, 译. 海口：南方出版社, 2013.

[18] 马丁·林斯特龙. 品牌洗脑：世界著名品牌只做不说的营销秘密 [M]. 赵萌萌, 译. 北京：中信出版社, 2013.

[19] 亚历克斯·博古斯基. 自营销：如何传递品牌好声音 [M]. 闾佳, 译. 杭州：浙江人民出版社, 2012.

[20] 三浦展. 第四消费时代 [M]. 马奈, 译. 北京：东方出版社, 2014.

[21] 稻盛和夫. 干法 [M]. 曹岫云, 译. 北京：东方出版社, 2015.

[22] 罗杰斯. 创新的扩散 [M]. 唐兴通, 等译. 北京：电子工业出版社, 2016.

[23] 亚当·潘恩伯格. 病毒循环：病毒营销如何造就伟大的企业 [M]. 刘素洁, 译. 杭州：浙江人民出版社, 2013.

[24] 艾·里斯, 杰克·特劳特. 定位 [M]. 王恩冕, 等译. 北京：中国财政经济出版社, 2002.

[25] 杰克·特劳特, 史蒂夫·里夫金. 与众不同：极度竞争时代的生存之道 [M]. 火华强, 译. 北京：机械工业出版社, 2011.

[26] 普拉哈拉德. 消费者王朝与顾客共创价值 [M]. 王永贵, 译. 北京：机械工业出版社, 2005.

[27] 克劳德·霍普金斯. 我的广告生涯·科学的广告 [M]. 邱凯生, 译. 北京：华文出版社, 2010.

[28] 约瑟夫·派恩, 詹姆斯·吉尔摩. 体验经济 [M]. 毕崇毅, 译. 北京：机械工业出版社, 2012.

[29] 姚群峰. 不营而销：好产品自己会说话 [M]. 北京：电子工业出版社, 2018.

[30] 姚群峰. 客户经营：培育私域流量与社交裂变, 制胜存量竞争时代 [M]. 北京：企业管理出版社, 2021.

[31] 姚群峰. 感染力 2.0：洞察人性, 策划走心营销 [M]. 北京：企业管理出版社, 2022.